Inhalt

Teil I

Die Fünf Wunderbaren Richtlinien

Die Fünf Wunderbaren Richtlinien

Die Erste Richtlinie: Achtung vor dem Leben

Im Bewußtsein des Leides, das durch die Zerstörung von Leben entsteht, gelobe ich, Mitgefühl zu entwickeln und Wege zu lernen, das Leben von Menschen, Tieren, Pflanzen und Mineralien zu schützen.

Ich bin entschlossen, nicht zu töten, das Töten durch andere zu verhindern und keine Form des Tötens zu dulden, sei es in der Realität, in meinen Gedanken oder in meiner Lebensführung.

Die Zweite Richtlinie: Großzügigkeit

Im Bewußtsein des Leides, das durch Ausbeutung, soziale Ungerechtigkeit, Diebstahl und Unterdrückung entsteht, gelobe ich, liebevolle Güte zu entwickeln und Wege zu lernen, die dem Wohlergehen der Menschen, Tiere, Pflanzen und Mineralien dienen. Ich gelobe, Großzügigkeit zu üben, indem ich meine Zeit, Energie und materiellen Mittel mit denen teile, die sie wirklich brauchen.

Ich bin entschlossen, nicht zu stehlen und mir nichts anzueignen, was anderen zusteht. Ich will das Eigentum anderer achten, aber auch andere davon abhalten, sich durch menschliches Leid oder durch das Leiden anderer Lebensformen auf der Erde zu bereichern.

Die Dritte Richtlinie: Sexuelle Verantwortung

Im Bewußtsein des Leides, das durch sexuelles Fehlverhalten entsteht, gelobe ich, Verantwortungsbewußtsein zu entwickeln und Wege zu lernen, die Sicherheit und Integrität von Individuen, Paaren, Familien und der Gesellschaft zu schützen.

Ich bin entschlossen, keine sexuelle Beziehung aufzunehmen ohne Liebe und die Absicht einer dauerhaften Bindung. Um mein eigenes Glück und das der anderen zu bewahren, will ich die von mir und anderen eingegangenen Bindungen achten. Ich will alles mir Mögliche tun, um Kinder vor sexuellem Mißbrauch zu schützen und um zu verhindern, daß Paare und Familien infolge sexuellen Fehlverhaltens auseinanderbrechen.

Die Vierte Richtlinie:
Aufmerksames Zuhören und einfühlsames Reden

Im Bewußtsein des Leides, das durch unachtsame Rede und durch die Unfähigkeit, anderen zuzuhören, entsteht, gelobe ich, liebevolles Sprechen und aufmerksames, mitfühlendes Zuhören zu entwickeln, um meinen Mitmenschen Freude und Glück zu bereiten und ihre Sorgen lindern zu helfen. In dem Wissen, daß Worte sowohl Glück als auch Schmerz hervorrufen können, gelobe ich, wahrhaftig und einfühlsam reden zu lernen und Worte zu gebrauchen, die Selbstvertrauen, Freude und Hoffnung fördern.

Ich bin entschlossen, keine Information weiterzugeben, ohne ganz sicher zu sein, daß sie der Wahrheit entspricht, und nichts zu kritisieren oder zu verurteilen, worüber ich nichts Genaues weiß. Ich will keine Worte gebrauchen, die Haß oder Zwietracht säen oder zum Zerbrechen von Familien und Gemeinschaften führen können. Ich will mich stets um Versöhnung und um die Lösung von Konflikten bemühen – so klein diese auch sein mögen.

Die Fünfte Richtlinie:
Achtsamer Umgang mit Konsumgütern

Im Bewußtsein des Leides, das durch unachtsamen Umgang mit Konsumgütern entsteht, gelobe ich, auf körperliche und geistige Gesundheit zu achten, bei mir selber, bei meiner Familie und meiner Gesellschaft, indem ich achtsames Essen, Trinken und Konsumieren übe. Ich will nur das zu mir nehmen, was das Wohl, den Frieden und das Glück meines Körpers und meines Geistes fördert und ebenso der allgemeinen körperlichen und geistigen Gesundheit dient.

Ich bin entschlossen, auf Alkohol oder andere Rauschmittel zu verzichten sowie auf alles, was eine zerrüttende Wirkung hat, wie zum Beispiel bestimmte Fernsehprogramme, Zeitschriften, Bücher, Filme und Gespräche. Ich bin mir bewußt, daß ich meinen Vorfahren, meinen Eltern, der Gesellschaft und den zukünftigen Generationen Unrecht tue, wenn ich meinen Körper und mein Bewußtsein derart schädigenden Einflüssen aussetze. Ich will an der Überwindung und Transformation von Gewalt, Angst, Ärger und Verwirrung in mir selbst und in der Gesellschaft arbeiten, indem ich versuche, maßvoll zu leben. Mir ist bewußt, daß eine solche maßvolle Lebensführung für die Veränderung meiner selbst ebenso entscheidend ist wie für die Veränderung der Gesellschaft.

Einführung

Ich lebe nun bereits seit siebenundzwanzig Jahren im Westen, und seit zehn Jahren leite ich Achtsamkeits-Retreats in Europa, Australien und Nordamerika. Im Laufe dieser Retreats haben meine Schüler und ich viele Leidensgeschichten gehört und mit Bestürzung festgestellt, wie viele dieser Leiden auf Alkoholismus, Drogenabhängigkeit, sexuellen Mißbrauch und ähnliche Verhaltensweisen zurückzuführen sind, die von Generation zu Generation weitergegeben werden.

Die Gesellschaft ist zutiefst krank. Wenn wir einen jungen Menschen in dieser Gesellschaft schutzlos sich selbst überlassen, erlebt er tagtäglich Gewalt, Haß, Angst und Unsicherheit und wird unweigerlich ebenfalls krank. Viele Gespräche, Fernsehprogramme, Zeitungen und Illustrierte nähren den Samen des Leidens in jungen Menschen (und in nicht mehr ganz so jungen ebenso). Wir fühlen uns irgendwie leer und versuchen wahllos, dieses Vakuum mit Essen, Lesen, Reden, Rauchen, Trinken, Fernsehen, Ins-Kino-Gehen, ja sogar mit zusätzlicher Arbeit zu füllen. Unsere Gier nach diesen Dingen läßt uns aber nur noch hungriger und unzufriedener werden, und wir müssen mehr und mehr davon zu uns nehmen. Damit wir wieder gesund werden können, brauchen wir Richtlinien, vorbeugende Maßnahmen, die uns schützen. Wir müssen gegen unsere Krankheit eine Kur finden. Wir müssen etwas Gutes, Schönes und Wahres entdecken, zu dem wir Zuflucht nehmen können.

Wenn wir Auto fahren, dann befolgen wir ganz selbstverständlich bestimmte Regeln, um keinen Unfall zu verursachen. Vor 2500 Jahren hat der Buddha seinen Laienschülern klare Verhaltensmaßregeln gegeben, die ihnen helfen sollten, friedvoll, heilsam und glücklich zu leben. Er gab ihnen die Fünf Wunderbaren Richtlinien, die alle *Achtsamkeit* zur Grundlage haben. Durch Achtsamkeit sind wir uns bewußt, was in unserem Körper, mit unseren Gefühlen, in unserem Geist und in der Welt vor sich geht; und wir werden uns selbst und anderen keinen Schaden mehr zufügen. Achtsamkeit schützt uns selbst, unsere Familien und unsere Gesellschaft, und sie gewährleistet eine sichere und glückliche Gegenwart ebenso wie eine sichere und glückliche Zukunft.

Im Buddhismus bilden Richtlinien, Konzentration und Einsicht stets eine Einheit. Es ist unmöglich, eines ohne die beiden anderen zu erklären. Wir nennen dies das Dreifache Training: *śila,* die Übung der Richtlinien, *samādhi,* die Übung der Konzentration, und *prājña,* die Übung der Einsicht. Richtlinien, Konzentration und Einsicht durchdringen und bedingen einander.

Wenn wir die Richtlinien üben, entsteht Konzentration, die wiederum nötig ist, um Einsicht zu gewinnen. Achtsamkeit ist die Grundlage für Konzentration; Konzentration ermöglicht uns ein tiefes Betrachten; und Einsicht ist die Frucht dieses tiefen Betrachtens. Sind wir achtsam, läßt sich leicht erkennen, wie wir «Jenes» am Entstehen hindern können, indem wir «Dieses» unterlassen. Diese Einsicht wird uns nicht von einer äußeren Autorität aufgezwungen. Sie ist das Ergebnis unserer eigenen Beobachtung. Das Befolgen der Richtlinien hilft uns also, ruhiger und konzentrierter zu werden, und bringt uns mehr Einsicht und Erleuchtung, was wiederum die Übung der Richtlinien selbst fördert. Alle drei zusammen – miteinander verwoben und einander unterstützend – bringen uns der Befreiung näher – wir hören auf, «undicht» zu sein. Sie verhindern,

daß wir wieder und wieder in Verblendung und Leid
zurückfallen. Gelingt es uns, aus dem Strom des Leidens
herauszutreten, erreichen wir *anasvara* – «das Aufhören des
Undicht-Seins». So lange wir noch undicht sind, gleichen
wir einem Gefäß mit einem Sprung und fallen zwangsläufig
dem Leiden, der Sorge und der Verblendung anheim.

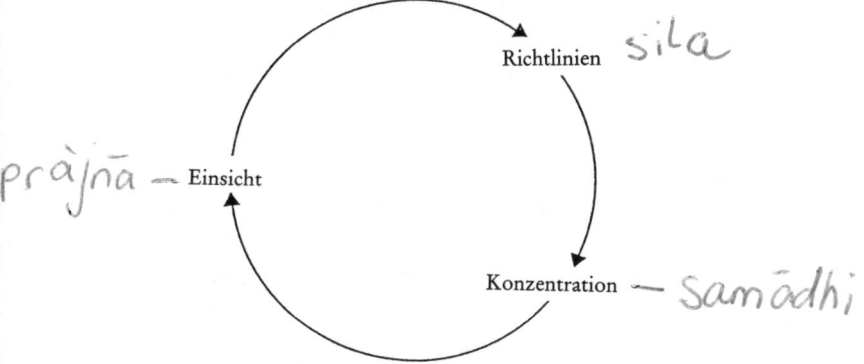

Die Fünf Wunderbaren Richtlinien sind die Liebe selbst.
Lieben heißt verstehen, schützen und zum Wohlergehen
des anderen beitragen. Die Übung der Richtlinien bewirkt
genau das. Wir schützen uns selbst, und wir schützen
einander.

Die Formulierung der Fünf Wunderbaren Richtlinien,
wie sie in diesem Buch präsentiert wird, ist neu. Sie ist das
Ergebnis von Einsichten, die in gemeinsamer Übung gewonnen wurden. Eine spirituelle Tradition gleicht einem
Baum. Wasser und Nahrung sind nötig, damit er neue Äste
und Blätter hervorbringt und eine lebendige Wirklichkeit
bleibt. Wir lassen den Baum des Buddhismus weiterwach-
sen, indem wir die Essenz der Wirklichkeit, die Übung der
Richtlinien sowie Konzentration und Einsicht, zutiefst leben. Wenn wir diese Richtlinien – im Rahmen unserer
Gesellschaft und Kultur – kontinuierlich befolgen, dann bin

ich überzeugt, daß unsere Kinder und später deren Kinder die Fünf Richtlinien noch besser verstehen und noch größeren Frieden, noch tiefere Freude erreichen können.

In buddhistischen Kreisen ist es üblicherweise ein erster Ausdruck des Wunsches, den Weg von Verstehen und Liebe gehen zu wollen, die Fünf Wunderbaren Richtlinien von einem Lehrer zu empfangen. Im Rahmen dieser Zeremonie liest der Lehrer jede der Richtlinien einzeln vor, und der Schüler wiederholt sie und verspricht, sie studieren, üben und befolgen zu wollen. Es ist sehr bewegend, den Frieden und das Glück mitzuerleben, die er in dem Augenblick empfindet, da er die Richtlinien erhält. Bevor der Entschluß gefaßt war, die Richtlinien zu empfangen, hat er sich vielleicht noch unsicher gefühlt, aber mit der Entscheidung, die Richtlinien üben zu wollen, werden viele Fesseln der Verhaftung und der Verwirrung durchschnitten. Nach der Zeremonie kann man ihm oder ihr am Gesicht ablesen, daß eine große Befreiung stattgefunden hat.

Wenn Sie geloben, auch nur eine der Richtlinien zu befolgen, dann führt dieser klare Entschluß, der ja der Einsicht entspringt, Sie zu wahrer Freiheit und wahrem Glück. Die Gemeinschaft ist zugegen, um Ihnen beizustehen und Zeugin der Geburt dieser Einsicht und Entschlossenheit zu werden. Eine Zeremonie der Übertragung der Richtlinien hat die Kraft, zu beenden, zu befreien und aufzubauen. Wenn Sie dann nach der Zeremonie die Richtlinien üben, tief schauen, um tiefere Einsicht in die Wirklichkeit zu gewinnen, werden Frieden und Befreiung in Ihnen wachsen. In der Art und Weise, wie Sie die Richtlinien üben, zeigen sich der Grad Ihrer Freiheit und die Tiefe Ihrer Einsicht.

Sobald jemand formell gelobt, die Fünf Wunderbaren Richtlinien zu studieren, zu üben und zu befolgen, nimmt er auch Zuflucht zu den Drei Juwelen – *Buddha, Dharma* und *Sangha*. Die Fünf Wunderbaren Richtlinien zu üben ist ein konkreter Ausdruck unserer Wertschätzung und unseres Vertrauens in die Drei Juwele. Buddha ist die Achtsamkeit selbst, Dharma ist der Weg von Verstehen und Liebe und Sangha ist die Gemeinschaft, die unsere Übung unterstützt. Sie sind alles andere als abstrakt – wenn wir sie studieren und befolgen, wird das uns selbst, unserer Gemeinschaft und unserer Gesellschaft mit Sicherheit Frieden und Glück bringen. Als Menschen brauchen wir etwas, woran wir glauben können, etwas Gutes, Wahres und Schönes, etwas, das innerhalb unserer Reichweite liegt. Gläubiges Vertrauen in die Übung der Achtsamkeit – in die Fünf Wunderbaren Richtlinien und die Drei Juwele – kann jeder Mensch entdecken, schätzen und in sein tägliches Leben integrieren.

Die Fünf Wunderbaren Richtlinien und die Drei Juwele haben in allen spirituellen Überlieferungen ihre Entsprechung. Sie kommen aus unserem tiefsten Innern, und sie zu üben hilft uns, in unserer eigenen Tradition tiefer Wurzeln zu schlagen. Wenn Sie die Fünf Wunderbaren Richtlinien und die Drei Juwele studiert haben, hoffe ich, daß dadurch auch Licht fällt auf die geistigen Schätze in Ihrer eigenen Kultur. Die Fünf Richtlinien sind Medizin für unsere Zeit. Ich bitte Sie inständig, sie zu üben, entweder so, wie sie hier vorgestellt werden, oder nach Art Ihrer eigenen Tradition.

Wie kann man die Richtlinien am besten üben? Ich weiß es nicht. Auch ich lerne noch – zusammen mit Ihnen. Ich schätze den Ausdruck «Wege lernen», der in den Fünf Richtlinien vorkommt. Wir wissen nicht alles. Aber wir können unsere Unwissenheit reduzieren. Konfuzius hat gesagt: «Zu wissen, daß du nicht weißt, ist der Anfang des Wissens.» Ich glaube, das ist der Übungsweg. Wir sollten bescheiden und offen sein, damit wir gemeinsam lernen können. Um die Richtlinien sinnvoll zu üben, brauchen wir eine Sangha, eine Gemeinschaft, die uns unterstützt, und wir müssen in engem Kontakt mit unserer Gesellschaft bleiben. Viele der heutigen Probleme hat es zur Zeit Buddhas noch nicht gegeben. Daher müssen wir gemeinsam tief schauen, um jene Einsichten zu gewinnen, die uns und unseren Kindern helfen können, heilsam, glücklich und gesund zu leben.

Wenn jemand fragt: «Liegt dir etwas daran? Liegt dir etwas an mir? Liegt dir etwas am Leben? Liegt dir etwas an der Erde?», dann ist die beste Antwort darauf die Übung der Fünf Richtlinien. Das heißt, Sie lehren durch Ihr Handeln und nicht bloß mit Worten. Wenn Ihnen wirklich etwas daran liegt, dann üben Sie bitte diese Richtlinien zu Ihrem eigenen Schutz und zum Schutz anderer Menschen und Lebensformen. Wenn wir in der Übung unser Bestes tun, kann es für uns, unsere Kinder und deren Kinder noch eine Zukunft geben.

Die Erste Richtlinie

Achtung vor dem Leben

*Im Bewußtsein des Leides, das durch die Zerstörung von Leben
entsteht, gelobe ich, Mitgefühl zu entwickeln und Wege zu
lernen, das Leben von Menschen, Tieren, Pflanzen und Mineralien zu schützen. Ich bin entschlossen, nicht zu töten, das
Töten durch andere zu verhindern, und keine Form des Tötens
zu dulden, sei es in der Realität, in meinen Gedanken oder in
meiner Lebensführung.*

Leben ist kostbar. Es ist allgegenwärtig, in uns und überall
um uns herum; es hat so viele Formen.

Die Erste Richtlinie entspringt dem Bewußtsein, daß
überall Leben zerstört wird. Wir erkennen das Leiden, das
durch die Zerstörung von Leben entsteht, und geloben,
Mitgefühl zu üben und es als eine Quelle der Energie zum
Schutz von Menschen, Tieren, Pflanzen und Mineralien
einzusetzen. Die Erste Richtlinie ist eine Richtlinie des
Mitgefühls, *karuna* – die Fähigkeit, Leiden zu überwinden
und zu verwandeln. Wenn wir Leiden wahrnehmen, wird
Mitgefühl in uns geboren.

Es ist wichtig, daß wir mit dem Leiden in der Welt in
Berührung bleiben. Um das Mitgefühl in uns lebendig zu
erhalten, müssen wir dieses Gewahrsein mit vielerlei Mit-
teln aufrechterhalten, mit Klängen, Bildern, direktem
Kontakt, Besuchen und so weiter. Wir dürfen uns aber auch
nicht zuviel zumuten. Jedes Heilmittel muß in der richtigen
Dosis genommen werden. Wir müssen mit dem Leiden so

weit in Kontakt bleiben, daß wir es nicht vergessen, und Mitgefühl in uns fließen und die Energiequelle unseres Handelns sein kann.

Wenn wir den Zorn über die Ungerechtigkeit zur Quelle unserer Energie machen, tun wir vielleicht etwas Zerstörerisches, das wir später bedauern werden. Aus buddhistischer Sicht ist Mitgefühl die einzig wirklich nützliche und sichere Energiequelle. Mit Mitgefühl wird Ihre Energie aus Einsicht geboren, sie ist keine blinde Energie.

Wir Menschen bestehen nur aus Nicht-Mensch-Elementen, wie Pflanzen, Mineralien, Erde, Wolken und Sonnenschein. Damit unsere Übung tief und wahrhaftig wird, müssen wir das Ökosystem einbeziehen. Wenn die Umwelt zerstört wird, geht auch der Mensch zugrunde. Es ist nicht möglich, das menschliche Leben zu bewahren, ohne gleichzeitig das Leben von Tieren, Pflanzen und Mineralien zu schützen. Im *Diamant-Sūtra* steht, daß man nicht zwischen fühlenden und nichtfühlenden Wesen unterscheiden kann. Einer der alten buddhistischen Texte lehrt also bereits Tiefenökologie. Jeder praktizierende Buddhist sollte gleichzeitig Umweltschützer sein. Auch Mineralien haben ihr eigenes Leben. In buddhistischen Klöstern rezitieren wir: «Sowohl fühlende als auch nichtfühlende Wesen werden volle Erleuchtung erlangen.» Die Erste Richtlinie besteht in der Übung, alles Leben zu schützen, einschließlich des mineralischen.

«Ich bin entschlossen, nicht zu töten, das Töten durch andere zu verhindern, und keine Form des Tötens zu dulden, sei es in der Realität, in meinen Gedanken oder in meiner Lebensführung.» Wir dürfen keinen Akt des Tötens zulassen, Töten ist unter keinen Umständen gerechtfertigt. Selbst nicht zu töten ist allerdings noch nicht genug. Wir müssen darüber hinaus Mittel und Wege finden, auch andere vom Töten abzuhalten. Wir können nicht sagen: «Damit habe ich nichts zu tun. Die haben es getan. Ich habe mir die Hände nicht schmutzig

gemacht.» Wenn Sie während des Golfkriegs nichts gesagt oder getan haben, um dem Töten Einhalt zu gebieten, dann haben Sie diese Richtlinie nicht geübt. Selbst wenn das, was Sie gesagt oder getan haben, den Krieg nicht hat beenden können: wichtig ist, daß Sie es unter Einsatz Ihrer Einsicht und Ihres Mitgefühls versucht haben.

Nicht nur indem Sie physisch das Töten vermeiden, beachten Sie die Erste Richtlinie. Auch wenn Sie nur in Ihren Gedanken den Akt des Tötens weiter zulassen, weichen Sie von dieser Richtlinie ab. Wir müssen uns sorgfältig darum bemühen, das Töten auch in unserem Geist nicht zu dulden. Laut Buddha ist der Geist die Basis allen Handelns. Im Geiste zu töten ist höchst gefährlich. Wenn Sie zum Beispiel der Überzeugung wären, Ihr Weg sei der einzig richtige für die Menschheit und jeder, der einem anderen Weg folgt somit Ihr Feind, wäre es möglich, daß Millionen Menschen wegen dieser Idee sterben müssen.

Das Denken ist die Basis von allem. Es ist wichtig, daß wir jeden unserer Gedanken mit dem Auge der Achtsamkeit erfassen. Ohne das richtige Verständnis eines Menschen oder einer Situation können unsere Gedanken in die Irre gehen und Verwirrung, Verzweiflung, Zorn oder Haß hervorrufen. Unser wichtigstes Ziel ist es, rechte Einsicht zu entwickeln. Wenn wir erkennen, daß alle Dinge einander bedingen und durchdringen, dann hören wir auf mit Schuldzuweisungen, Streit und Töten. Um Gewaltlosigkeit üben zu können, müssen wir zuallererst lernen, friedvoll mit uns selbst umzugehen. Wenn wir echte Harmonie in uns selbst schaffen, werden wir auch lernen, mit der Familie, den Freunden und den uns Nahestehenden entsprechend umzugehen.

Wenn wir zum Beispiel gegen einen Krieg protestieren, könnten wir glauben, als friedliche Menschen zu handeln, als Repräsentanten des Friedens. Das muß aber durchaus nicht der Wahrheit entsprechen. Wenn wir tiefer schauen, werden wir die Wurzeln des Krieges in der unachtsamen Art unserer bisherigen Lebensführung erkennen. Wir haben nicht genug Samen des Friedens und des Verstehens in uns selbst und anderen gesät, daher sind wir mit verantwortlich: «Weil ich so (und so) gewesen bin, sind die anderen so (und so).» Der Weg der allseitigen Verbundenheit bietet einen ganzheitlichen Ansatz: «Dies ist so, weil jenes so ist.» Das ist der Weg des Verstehens und der Liebe. Mit dieser Einsicht können wir klar sehen und dann unserer Regierung helfen, klar zu sehen. Dann können wir auf eine Demonstration gehen und sagen: «Dieser Krieg ist ungerecht und sinnlos.» Das ist wesentlich wirkungsvoller, als zornig die anderen zu verdammen. Zorn beschleunigt nur die Zerstörung.

Wir alle, selbst die Pazifisten, tragen Schmerz in uns. Wir empfinden Zorn und Frustration, und wir müssen jemanden finden, der bereit ist, uns zuzuhören, und fähig, unser Leiden zu verstehen. In der buddhistischen Ikonographie gibt es einen tausendarmigen Bodhisattva namens Avalokiteshvara. Jede der dazugehörenden tausend Handflächen zeigt ein Auge. Die tausend Hände repräsentieren Aktivität, und das Auge in jeder Handfläche steht für Verständnis. Wenn man eine Situation oder einen Menschen versteht, wird jede Handlung hilfreich sein und nicht das Leiden noch weiter vermehren. Wenn Sie in Ihrer Hand ein Auge haben, wissen Sie, wie man wahre Gewaltlosigkeit übt.

Um Gewaltlosigkeit üben zu können, müssen wir zuerst bei uns selbst anfangen. In jedem einzelnen, in jeder einzelnen von uns gibt es ein gewisses Maß an Gewalt und ein gewisses Maß an Gewaltlosigkeit. Abhängig von unserer momentanen Befindlichkeit ist unsere Reaktion auf die Dinge mehr oder weniger gewaltlos. Selbst wenn wir stolz darauf sind, zum Beispiel vegetarisch zu leben, müssen wir doch zugeben, daß in dem Wasser, in dem wir unser Gemüse garen, viele Kleinstlebewesen zugrunde gehen.

Wir können nicht völlig gewaltlos leben, aber als Vegetarier gehen wir in die Richtung der Gewaltlosigkeit. Wenn wir nach Norden gehen wollen, können wir uns zwar am Nordstern orientieren, es ist aber unmöglich, zum Nordstern zu gelangen. Es geht nur darum, in dieser Richtung fortzuschreiten.

Jeder kann auf seine Weise Gewaltlosigkeit üben, sogar ein General, wenn er sich zum Beispiel bemüht, bei einem militärischen Einsatz möglichst keine Zivilisten zu töten. Um Soldaten zu helfen, eine gewaltlosere Richtung einzuschlagen, müssen wir mit ihnen in Kontakt bleiben. Wenn wir die Realität in zwei Lager spalten – in das der Gewaltsamen und das der Gewaltlosen – und dann aus einer dieser Positionen heraus die andere Seite attackieren, wird die Welt nie Frieden finden. Wir werden immer weiter damit fortfahren, diejenigen zu verurteilen, die wir für verantwortlich für Kriege und soziale Ungerechtigkeit halten, und ihnen die Schuld an allem Übel zuschreiben, ohne je das Ausmaß an Gewalt in uns selbst wahrzunehmen. Wenn wir wirklich etwas bewirken wollen, müssen wir sowohl an uns selbst wie auch mit jenen arbeiten, die wir verurteilen. Friede und Gerechtigkeit können niemals durch unfriedliche Mittel erreicht werden.

Am wichtigsten ist es, Gewaltlosigkeit zu *werden,* damit wir in einer entsprechenden Situation nicht noch mehr Leiden schaffen. Um Gewaltlosigkeit zu üben, müssen wir unserem Körper, unseren Gefühlen und anderen Menschen mit Zärtlichkeit, liebevoller Güte, Mitgefühl, Freude und Gleichmut begegnen. Mit Achtsamkeit – der Übung des Friedens – können wir beginnen, die Kriege in unserem Innern zu überwinden, uns zu verwandeln. Dafür gibt es Methoden. Bewußtes Atmen ist eine davon. Jedesmal, wenn wir aufgebracht sind, können wir bei dem, was wir gerade tun, innehalten, nichts weiter sagen und einige Male ein- und ausatmen. Dabei sind wir uns jedes Einatmens und jedes Ausatmens voll bewußt. Sind wir dann immer noch aufgebracht, können wir eine Gehmeditation machen, indem wir bewußt auf jeden unserer Schritte und jeden Atemzug achten. Indem wir so Friedfertigkeit in uns selbst kultivieren, tragen wir den Frieden auch in die Gesellschaft. Es liegt an uns. Frieden in uns selbst zu üben bedeutet, die Anzahl der Kriege zwischen diesem und jenem Gefühl oder dieser und jener Wahrnehmung zu reduzieren, dann können wir wahren Frieden auch mit anderen finden – angefangen bei den Mitgliedern unserer eigenen Familie.

Häufig werde ich gefragt: «Was ist, wenn man Gewaltlosigkeit übt, und jemand bricht ins Haus ein und will die Tochter entführen oder den Ehemann ermorden? Was soll man dann tun? Soll man dann immer noch gewaltlos reagieren?» Die Antwort hängt von Ihrer Befindlichkeit ab. Wenn Sie vorbereitet sind, können Sie vielleicht ruhig und intelligent, das heißt möglichst gewaltlos reagieren. Um aber so reagieren zu können, müssen Sie sich vorher eingeübt haben. Das kann zehn Jahre oder länger dauern. Wenn Sie mit der Frage bis zum Augenblick der Krise warten, ist es zu spät. Eine So-oder-so-Antwort wäre oberflächlich. Selbst wenn Ihnen klar sein sollte, daß Gewaltlosigkeit besser ist als Gewalt, können Sie in einem solch heiklen Moment nicht gewaltlos reagieren, wenn dieses Wissen bloß intellektuell und nicht Teil Ihres Wesens ist. Ihre Angst und Ihr Zorn werden Sie daran hindern, so gewaltlos wie möglich zu handeln.

Wir müssen jeden Tag genau und achtsam hinschauen, um diese Richtlinie gut zu üben. Jedesmal wenn wir etwas kaufen oder konsumieren, unterstützen wir möglicherweise irgendeine Art des Tötens.

Wenn wir Menschen, Tiere, Pflanzen und Mineralien schützen, wissen wir, daß wir damit uns selbst schützen. Wir fühlen uns in dauerndem, liebevollem Kontakt mit allen Lebensformen auf der Erde. Wir sind geschützt durch die Achtsamkeit und liebevolle Güte des Buddha und vieler Generationen von Sanghas, die diese Richtlinie ebenfalls übten. Die Energie liebevoller Güte erzeugt ein Gefühl von Sicherheit, Gesundheit und Freude – das wird in dem Augenblick für uns real, in dem wir den Entschluß fassen, die Erste Richtlinie anzunehmen und zu üben.

Mitgefühl zu empfinden reicht nicht aus. Wir müssen zusätzlich lernen, ihm Ausdruck zu verleihen. Aus diesem Grunde muß Liebe mit Verstehen verbunden sein. Verstehen und Einsicht zeigen uns, wie wir handeln sollten.

Unser wahrer Feind ist die Vergeßlichkeit. Wenn wir jeden Tag die Achtsamkeit pflegen und die Samen des Friedens in uns selbst und in unseren Nächsten nähren, werden wir lebendig und können uns selbst und anderen helfen, Frieden und Mitgefühl zu verwirklichen.

Obwohl das Leben so kostbar ist, lassen wir uns im Alltag von Vergeßlichkeit, Zorn und Sorgen davontragen. Versunken in der Vergangenheit, sind wir unfähig, das Leben im gegenwärtigen Augenblick zu berühren. Wenn wir wirklich lebendig sind, ist alles, was wir tun oder spüren, ein Wunder. Achtsamkeit zu üben bedeutet, zum Leben im gegenwärtigen Augenblick zurückzukehren. Die Übung der Ersten Richtlinie ist ein Fest der Ehrfurcht vor dem Leben. Wenn wir die Schönheit des Lebens schätzen und ehren, werden wir alles in unserer Macht Stehende tun, Leben in all seinen Formen zu schützen.

Die Zweite Richtlinie

Großzügigkeit

Im Bewußtsein des Leides, das durch Ausbeutung, soziale Ungerechtigkeit, Diebstahl und Unterdrückung entsteht, gelobe ich, liebevolle Güte zu entwickeln und Wege zu lernen, die dem Wohlergehen der Menschen, Tiere, Pflanzen und Mineralien dienen. Ich gelobe, Großzügigkeit zu üben, indem ich meine Zeit, Energie und materiellen Mittel mit denen teile, die sie wirklich brauchen. Ich bin entschlossen, nicht zu stehlen und mir nichts anzueignen, was anderen zusteht. Ich will das Eigentum anderer achten, aber auch andere davon abhalten, sich durch menschliches Leid oder durch das Leiden anderer Lebensformen auf der Erde zu bereichern.

Ausbeutung, soziale Ungerechtigkeit und Diebstahl haben viele Gesichter. Unterdrückung ist eine Form des Stehlens, die sowohl hier als auch in der dritten Welt viel Leiden verursacht. In dem Moment, da wir uns für liebevolle Güte entscheiden, wird deren Energie sich in uns entfalten, und wir werden alles in unserer Macht Stehende tun, um Ausbeutung, soziale Ungerechtigkeit, Diebstahl und Unterdrückung zu verhindern.

In der Ersten Richtlinie ist uns der Begriff «Mitgefühl» begegnet; hier finden wir die Worte «liebevolle Güte». Mitgefühl und liebevolle Güte sind – nach der Lehre Buddhas – zwei Aspekte der Liebe. Mitgefühl, *karunā* (Sanskrit und Pali), ist die Absicht und die Fähigkeit, das Leiden eines anderen Menschen oder Lebewesens zu lindern. Liebevolle

Güte, *maitrī* (Sanskrit) oder *mettā* (Pali), ist die Absicht und die Fähigkeit, einem anderen Menschen oder Lebewesen Freude und Glück zu bringen. Shākyamuni-Buddha hat vorausgesagt, daß der nächste Buddha den Namen Maitreya, «Buddha der Liebe», tragen wird.

«Im Bewußtsein des Leides, das durch Ausbeutung, soziale Ungerechtigkeit, Diebstahl und Unterdrückung entsteht, gelobe ich, liebevolle Güte zu entwickeln und Wege zu lernen, die zum Wohlergehen der Menschen, Tiere, Pflanzen und .Mineralien dienen.» Selbst wenn Maitrī die Quelle für unsere Energie geworden ist, müssen wir noch lernen, tiefer hinzuschauen, um Wege zu finden, wie wir ihr Ausdruck verleihen können. Wir tun dies als Individuen, aber wir lernen ebenso Wege, es auch als Nation zu können. Um das Wohlergehen von Menschen, Tieren, Pflanzen und Mineralien zu fördern, müssen wir als Gemeinschaft zusammenkommen und unsere Ausgangslage untersuchen; wir müssen unsere Intelligenz und unsere Fähigkeit, genau hinzuschauen, einsetzen, damit wir angemessene Wege finden, Maitrī inmitten realer Probleme zum Ausdruck zu bringen.

Angenommen, Sie wollen Menschen helfen, die unter einer Diktatur leiden, dann ist bei einem gewaltsamen Umsturz immer die Gefahr gegeben, daß auch viele Unschuldige umkommen, und es vielleicht trotzdem nicht gelingt, den Diktator zu Fall zu bringen. Wenn Sie tieferes Hinschauen üben und mit einfühlsamer Güte nach besseren Wegen suchen, diesen Menschen zu helfen, ohne noch mehr Leiden zu verursachen, dann kommen Sie vielleicht zu der Erkenntnis, daß Hilfe auf lange Sicht am wirkungsvollsten ist. Wenn man zum Beispiel jungen Menschen jenes Landes die Möglichkeit gibt, demokratische Regierungsformen kennenzulernen, etwa im Rahmen eines subventionierten Studienaufenthalts, könnte das eine gute Investition für zukünftigen Frieden sein. Hätte man das schon vor Jahren getan, wäre jenes Land vielleicht längst demokratisch, und man müßte die Menschen dort jetzt nicht mit Waffengewalt befreien. Das ist nur ein Beispiel dafür, wie tiefes Hinschauen und Lernen uns helfen können, Mittel und Wege zu finden, die Probleme möglichst mit Güte und Verständnis zu lösen. Wenn wir warten, bis die Dinge schlimm werden, kann es zu spät sein. Üben wir aber die Richtlinien mit Politikern, Soldaten, Geschäftsleuten, Rechtsanwälten, Gesetzgebern, Künstlern, Schriftstellern und Lehrern, können wir die besten Mittel und Wege finden, Mitgefühl, liebevolle Güte und Verständnis umzusetzen.

Die Übung der Großzügigkeit braucht Zeit. Gern möchten wir denen helfen, die Hunger leiden, wir sind jedoch vollauf beschäftigt mit den Problemen unseres eigenen Alltagslebens. Manchmal könnte schon ein Medikament oder etwas Reis das Leben eines Kindes retten, aber wir helfen nicht, weil wir glauben, keine Zeit zu haben. In Ho-Chi-Minh-Stadt zum Beispiel gibt es Straßenkinder, die sich «Staub des Lebens» nennen. Die Straße ist ihr einziges Zuhause und nachts schlafen sie unter Bäumen. Sie durchkämmen Müllhalden auf der Suche nach Dingen wie Plastiktüten, die sich für ein paar Pfennig das Pfund verkaufen lassen. Die Nonnen und Mönche von Ho-Chi-Minh-Stadt haben ihre Tempel diesen Kindern geöffnet, und wenn sie damit einverstanden sind, vier Stunden am Vormittag zu bleiben, lesen und schreiben zu lernen und mit den Nonnen und Mönchen zu spielen, erhalten sie ein vegetarisches Mittagessen. Sie können auch ein Mittagsschläfchen in der Buddha-Halle machen. (In Vietnam halten wir immer nach dem Mittagessen eine Siesta, weil es so heiß ist. Die Amerikaner haben ihren Rhythmus des Achtstundentages mitgebracht – Arbeit von neun bis fünf –, und viele von uns haben es auch damit probiert. Es war aber nicht zum Aushalten. Wir brauchen unbedingt unsere Mittagsruhe.)

Um zwei Uhr geht dann das Lernen und Spielen weiter,

und die Kinder, die den Nachmittag über bleiben, erhalten auch ein Abendessen. Der Tempel kann ihnen allerdings keinen Schlafplatz für die Nacht anbieten. Unsere Gemeinschaft in Frankreich unterstützt diese Mönche und Nonnen. Es kostet nur etwa eine Mark, ein Kind mit Mittag- und Abendessen zu versorgen und es so von der Straße fernzuhalten, wo es Zigaretten klauen, Gossenjargon lernen, Drogen nehmen und in schlechte Gesellschaft geraten würde. Indem wir die Kinder in den Tempel einladen, helfen wir ihnen, nicht straffällig zu werden und später im Gefängnis zu landen. Es kostet vor allem Zeit, diesen Kindern zu helfen, nicht so sehr Geld. Es gibt viele solcher einfachen Dinge, die wir tun können, um anderen zu helfen. Weil es uns aber nicht gelingt, uns aus unserer Situation zu befreien und unseren Lebensstil zu ändern, tun wir überhaupt nichts. Damit wir die Zweite Richtlinie üben können, müssen wir als Gemeinschaft zusammenkommen, und, indem wir tief schauen, gemeinsam Mittel und Wege finden, uns zu befreien.

«Ich gelobe, Großzügigkeit zu üben, indem ich meine Zeit, Energie und materiellen Mittel mit denen teile, die sie wirklich brauchen.» Dieser Satz ist eindeutig. Mit der Empfindung von Großzügigkeit und der Fähigkeit, großzügig zu sein, ist es nicht getan. Wir müssen unserer Großzügigkeit auch Ausdruck verleihen. Wir mögen glauben, andere nicht glücklich machen zu können, weil es uns an Zeit fehlt. «Zeit ist Geld», sagen wir, aber Zeit ist mehr als Geld. Das Leben ist mehr, als Zeit zu verbrauchen, um Geld zu machen. Die Zeit ist dazu da, lebendig zu sein, Freude und Glück mit anderen zu teilen. Die Reichen sind oft am wenigsten in der Lage, andere glücklich zu machen. Nur denen, die Zeit haben, kann das gelingen.

Ich kenne einen Mann namens Bac Siêu in der Thua-Thiên-Provinz Vietnams, der seit fünfzig Jahren Großzügigkeit übt. Er ist ein lebender Bodhisattva. Mit seinem

Fahrrad besucht er Dörfer in dreizehn Provinzen und bringt dieser oder jener Familie etwas mit, was sie dringend braucht. Als ich ihm 1965 begegnete, war ich ein wenig zu stolz auf unsere «Schule der Jugend für den Dienst an der Gesellschaft». Wir hatten damit begonnen, dreihundert Arbeiterinnen und Arbeiter auszubilden – darunter auch Mönche und Nonnen –, die in die Dörfer gehen und den Menschen dort helfen sollten, ihre Häuser wiederaufzubauen, die regionale Wirtschaft anzukurbeln, die medizinische Versorgung sowie die Schulbildung zu modernisieren. Schließlich hatten wir zehntausend Mitarbeiter im ganzen Land. Während ich Bac Siêu von unseren Projekten berichtete, betrachtete ich sein Fahrrad und dachte bei mir, daß er damit wohl nur wenigen Menschen würde helfen können. Als dann aber die Kommunisten die Macht übernahmen und unsere Waisenhäuser, Krankenstationen, Schulen und Wiedereingliederungszentren geschlossen oder von der Regierung übernommen wurden, machte Bac Siêu weiter – weil er ganz formlos, nur auf sich gestellt, arbeitete. Bac Siêu hatte einfach nichts, was man wegnehmen konnte. Er war ein wahrer Bodhisattva, der für das Wohl der anderen wirkte. Was die Übung von Großzügigkeit angeht, bin ich mittlerweile demütiger geworden.

Der Krieg machte Tausende von Kindern zu Waisen. Statt Geld für Waisenhäuser zu sammeln, versuchen wir, die Menschen im Westen zu einer Patenschaft für ein Kind zu bewegen. Wir fanden auch Familien in den Dörfern, die bereit waren, ein Waisenkind aufzunehmen, und wir schickten diesen Familien jeden Monat 6 Dollar für sein Essen und seine Schulausbildung. Wo immer möglich, versuchten wir, ein Kind in der Familie einer Tante, eines Onkels oder bei den Großeltern unterzubringen. Es ist für Kinder wichtig, in einer Familie aufzuwachsen. Ein Waisenhaus kann wie eine Kaserne sein – also wenig förderlich für eine individuelle Erziehung. Wenn wir Wege lernen,

Großzügigkeit zu üben, werden wir uns immer weiter entwickeln.

«Ich bin entschlossen, nicht zu stehlen und mir nichts anzueignen, was anderen zusteht. Ich will das Eigentum anderer achten, aber auch andere davon abhalten, sich durch menschliches Leid oder durch das Leiden anderer Lebensformen auf der Erde zu bereichern.» Wenn Sie eine der Richtlinien aufrichtig üben, werden Sie feststellen, daß Sie damit alle fünf üben. In der Ersten Richtlinie geht es um das Nehmen von Leben. Das ist eine Art von Diebstahl, Stehlen des kostbarsten Gutes, das ein Lebewesen besitzt – sein Leben. Wenn wir über die Zweite Richtlinie meditieren, sehen wir, daß Diebstahl in Form von Ausbeutung, sozialem Unrecht und Unterdrückung auch ein Akt des Tötens ist – langsames Töten durch Ausbeutung, durch soziale Ungerechtigkeit und durch politische und wirtschaftliche Unterdrückung. Darum hat die Zweite Richtlinie viel mit der Richtlinie des Nichttötens zu tun. Wir erkennen die Natur des gegenseitigen Bedingt- und Durchdrungenseins der beiden ersten Richtlinien – und damit das Wesen aller Fünf Richtlinien. Einige Menschen haben sich formell nur für die Übung einer oder zweier Richtlinien entschieden. Das macht nichts, denn wenn man eine oder zwei Richtlinien aufrichtig übt, werden alle Fünf Richtlinien befolgt.

Die Zweite Richtlinie fordert, nicht zu stehlen. Statt zu stehlen, auszubeuten oder zu unterdrücken, sollen wir Großzügigkeit üben. Im Buddhismus sprechen wir von drei Arten von Geschenken. Die erste Art ist das Geschenk materieller Güter. Die zweite Art zu schenken besteht darin, den Menschen Hilfe zur Selbsthilfe zu geben – ihnen zum Beispiel technologisches Know-how zu vermitteln, damit sie auf eigenen Füßen stehen können. Menschen mit Dharma zu helfen, damit sie lernen, ihre Angst, ihren Zorn und ihre Depressionen zu überwinden, gehört zur zweiten Art von Geschenken. Die dritte ist das Geschenk der

Furchtlosigkeit. Wir haben vor vielen Dingen Angst. Wir fühlen uns unsicher, haben Angst, allein zu sein, fürchten Krankheit und Tod. Um den Menschen zu helfen, an ihrer Angst nicht kaputt zu gehen, üben wir die dritte Art des Schenkens.

Der Bodhisattva Avalokiteshvara kann das besonders gut. Im *Herz-Sūtra* lehrt er uns, unsere Angst zu überwinden, zu transformieren und zu transzendieren und lächelnd auf den Wogen von Geburt und Tod zu reiten. Er sagt, es gebe keine Schöpfung und keine Zerstörung, kein Sein, kein Nichtsein, kein Zunehmen und kein Abnehmen. Das zu hören hilft uns, einen tiefen Einblick in die Natur der Wirklichkeit zu gewinnen und zu sehen, daß Geburt und Tod, Sein und Nichtsein, Kommen und Gehen, Zunehmen und Abnehmen nichts anderes sind als Vorstellungen, die wir Realität nennen, während die Wirklichkeit selbst alle Konzepte überschreitet. Wenn wir diese Natur des gegenseitigen Bedingens und Durchdringens aller Dinge erkennen – sehen, daß selbst Geburt und Tod bloß Konzepte sind –, transzendieren wir die Angst.

1991 besuchte ich in New York einen Freund, der im Sterben lag – Alfred Hassler. Fast dreißig Jahre lang hatten wir zusammen in der Friedensbewegung gearbeitet. Es sah aus, als hätte Alfred nur auf mein Kommen gewartet, denn bereits wenige Stunden nach meinem Besuch starb er.

Als wir ankamen – meine vertrauteste Kollegin, Schwester Chân Không («Wahre Leerheit»), begleitete mich –, war Alfred nicht bei Bewußtsein. Seine Tochter versuchte, ihn zu wecken, doch es gelang ihr nicht. Ich bat daher Schwester Chân Không, für Alfred das Lied «vom Nichtkommen und Nichtgehen» zu singen. «Ich bin nicht diese Augen, in diesen Augen bin ich nicht gefangen. Ich bin nicht dieser Körper, in diesem Körper bin ich nicht gefangen. Ich bin Leben ohne Grenzen. Niemals wurde ich geboren, niemals werde ich sterben.» Sie sang wunderschön, und auf den Gesichtern von Alfreds Frau und seinen Kindern sah ich Tränen. Es waren Tränen des Verstehens, und sie waren sehr heilsam.

Plötzlich kam Alfred zu sich, und Schwester Chân Không begann zu üben, was sie aus dem Studium des Sūtra «Belehrung für die Kranken» gelernt hatte. Sie sagte: «Alfred, erinnerst du dich an die Zeiten, da wir zusammengearbeitet haben?» Sie beschwor viele glückliche gemeinsame Erlebnisse herauf, und Alfred konnte sich an alle erinnern. Obwohl er offensichtlich Schmerzen hatte, lächelte er. Die Übung zeigte augenblicklich Wirkung. Wenn ein Mensch physisch so sehr leidet, können wir die Schmerzen oft lindern, indem wir die Samen des Glücks in ihm nähren. Eine Art Gleichgewicht wird so wiederhergestellt, und er empfindet weniger Schmerz.

Während der ganzen Zeit massierte ich ihm die Füße und fragte ihn dann, ob er meine Hände spüren könne. Wenn man stirbt, werden ganze Bereiche des Körpers taub – und es fühlt sich an, als hätte man diese Körperteile verloren. Einen sterbenden Menschen sanft zu massieren gibt ihm das Gefühl, lebendig zu sein und Fürsorge zu erfahren. Er weiß, daß Liebe da ist. Alfred nickte, und seine Augen schienen zu sagen: «Ja, ich spüre deine Hände. Ich fühle meinen Fuß.»

Schwester Chân Không fragte: «Weißt du eigentlich, daß wir während unserer Zusammenarbeit eine Menge von dir gelernt haben? Die Arbeit, die du angefangen hast, führen viele von uns jetzt fort. Du brauchst dir um nichts Sorgen zu machen.» Sie sagte ihm noch viel in dieser Richtung, und er schien weniger zu leiden. Plötzlich öffnete er den Mund und sagte: «Wunderbar, wunderbar.» Dann sank er wieder in Bewußtlosigkeit.

Bevor wir gingen, ermunterten wir die Familie, mit diesen Übungen fortzufahren. Am nächsten Tag erfuhr ich, daß Alfred nur fünf Stunden nach unserem Besuch gestorben war. Dies war ein Geschenk, das zur dritten Kategorie gehört. Wenn Sie Menschen helfen können, sicherer zu werden, weniger Angst vor dem Leben, vor anderen Menschen und vor dem Tod zu empfinden, dann üben Sie die dritte Art des Schenkens.

Während meiner Meditation sah ich ein wunderbares Bild – die Gestalt einer Welle, ihren Anfang und ihr Ende. Wenn die Bedingungen ausreichen, nehmen wir die Welle wahr, und wenn die Bedingungen nicht mehr ausreichen, nehmen wir die Welle nicht mehr wahr. Wellen bestehen nur aus Wasser. Wir können die Welle weder als existent noch als nichtexistent bezeichnen. Nach dem, was wir den Tod der Welle nennen, ist nichts gegangen, nichts ist verloren. Die Welle wurde von anderen Wellen aufgenommen und irgendwie wird die Zeit die Welle wiederbringen. Es gibt kein Zunehmen, kein Abnehmen, keine Geburt, keinen Tod. Wenn wir im Sterben liegen und denken: Alle leben, nur wir müssen abtreten, kann unser Gefühl von Einsamkeit unerträglich werden. Wenn wir uns aber vorstellen, daß Hunderte, ja Tausende von Menschen mit uns sterben, kann unser Sterben vielleicht gelassener, ja sogar freudvoll werden. «Ich sterbe zusammen mit vielen anderen. Millionen Lebewesen sterben auch in eben diesem Augenblick. Ich sehe mich in der Gemeinschaft von Millionen Lebewesen; wir sterben als Sangha. Zur gleichen Zeit treten Millionen Lebewesen ins Leben. Wir alle machen das zusammen. Ich wurde geboren, ich sterbe. Wir alle nehmen an dem ganzen Vorgang als Sangha teil.» Das hatte ich in der Meditation gesehen. Im *Herz-Sūtra* teilt Avalokiteshvara diese Einsicht mit uns und hilft uns, Angst, Sorgen und Schmerz zu transzendieren. Das Geschenk der Furchtlosigkeit bewirkt eine Transformation in uns.

Die Zweite Richtlinie ist eine tiefgründige Übung. Wir sprechen von Zeit, Energie und materiellen Gütern, aber die Zeit ist nicht nur für Energie und materielle Güter da.

Zeit ist da, um sie mit anderen zu verbringen – an der Seite eines sterbenden Menschen oder bei jemandem, der leidet. Wirklich da zu sein, und sei es auch nur für fünf Minuten, kann ein wirklich wertvolles Geschenk sein. Zeit ist nicht nur da, um Geld zu verdienen. Sie ist da, um das Geschenk des Dharma und das Geschenk der Furchtlosigkeit zu machen.

DIE DRITTE RICHTLINIE

Sexuelle Verantwortung

Im Bewußtsein des Leides, das durch sexuelles Fehlverhalten entsteht, gelobe ich, Verantwortungsbewußtsein zu entwickeln und Wege zu lernen, die Sicherheit und Integrität von Individuen, Paaren, Familien und der Gesellschaft zu schützen. Ich bin entschlossen, keine sexuelle Beziehung aufzunehmen ohne Liebe und die Absicht einer dauerhaften Bindung. Um mein eigenes Glück und das der anderen zu bewahren, will ich die von mir und anderen eingegangenen Bindungen achten. Ich will alles mir Mögliche tun, um Kinder vor sexuellem Mißbrauch zu schützen und um zu verhindern, daß Paare und Familien infolge sexuellen Fehlverhaltens auseinanderbrechen.

Wie viele Menschen, Kinder, Paare und Familien sind nicht schon durch sexuelles Fehlverhalten zerstört worden? Die Dritte Richtlinie zu üben bedeutet, uns selbst und unsere Gesellschaft zu heilen. Das ist achtsames Leben.

Die Fünfte Richtlinie – keinen Alkohol oder andere Drogen zu nehmen – und die Dritte Richtlinie stehen in enger Verbindung miteinander. Bei beiden geht es um zerstörerisches, destabilisierendes Verhalten, beide sind die richtige Medizin für unsere Heilung. Wir müssen nur uns selbst und unsere Mitmenschen beobachten, um die Wahrheit zu erkennen. Ohne die Übung dieser beiden Richtlinien kann Stabilität weder für uns noch für unsere Gesellschaft oder unsere Familien erlangt werden. Wenn Sie sich Personen oder Familien anschauen, die instabil und unglücklich sind, werden Sie merken, daß viele davon sich nicht an diese Richtlinien halten. Die Diagnose können Sie selbst stellen, und Sie wissen, daß es ein Heilmittel gibt. Die Übung dieser Richtlinien ist der beste Weg, Stabilität in Familie und Gesellschaft wiederherzustellen. Für einige Menschen ist es recht einfach, diese Richtlinie zu üben, anderen hingegen fällt es ziemlich schwer. Es ist wichtig, daß diese Menschen zusammenkommen und ihre Erfahrungen austauschen.

In der buddhistischen Tradition sprechen wir von der Einheit von Körper und Geist. Alles, was dem Körper geschieht, geschieht auch dem Geist. Die Gesundheit des Körpers ist die Gesundheit des Geistes. Die Verletzung des Körpers ist die Verletzung des Geistes. Wenn wir zornig sind, mögen wir glauben, wir seien nur emotional zornig, nicht aber physisch. Das ist falsch. Wenn wir jemanden lieben, dann möchten wir diesem Menschen körperlich nah sein, wenn wir aber einen Zorn auf jemanden haben, dann möchten wir ihn weder berühren noch von ihm berührt werden. Körper und Geist sind also keineswegs getrennt.

Eine sexuelle Beziehung ist ein Akt der Kommunion zwischen Körper und Geist. Es handelt sich um eine sehr bedeutsame Begegnung, die man nicht nachlässig behandeln darf. Sie wissen, daß es in Ihrem Innersten bestimmte Bereiche gibt – Erinnerungen, Schmerzen, Geheimnisse –, die sehr persönlich sind, die Sie ausschließlich mit dem Menschen zu teilen bereit sind, den Sie am innigsten lieben. Sie öffnen nicht einfach Ihr Herz und zeigen jedem Ihr Innerstes. In der kaiserlichen Stadt gibt es eine Zone, die man nicht betreten darf, die sogenannte Verbotene Stadt. Nur der König und seine Familie dürfen sich dort aufhalten. In Ihrem Innern gibt es einen ähnlichen Platz, dem niemand sich nähern darf, außer dem Menschen, den sie am meisten lieben und dem sie vertrauen.

Für den Körper gilt das gleiche. Bestimmte Regionen

unseres Körpers möchten wir von niemand anderem berühren lassen als von dem Menschen, der unseren Respekt, unser Vertrauen und unsere ganze Liebe besitzt. Wenn jemand hier eine Annäherung versucht, achtlos, nachlässig und ohne Zärtlichkeit, fühlen wir uns körperlich und geistig beleidigt. Jemand, der sich uns liebevoll mit Achtung und echter Fürsorge nähert, macht uns ein Angebot aufrichtiger Kommunikation, tiefer Zwiesprache. Nur in einem solchen Fall fühlen wir uns nicht verletzt, beleidigt oder mißbraucht. Ohne wahre Liebe und Bindung ist das jedoch nicht möglich. Schneller Sex verdient den Namen Liebe nicht. Liebe ist tiefgründig, schön und ganz.

Wahre Liebe beinhaltet Respekt. In meinem Kulturkreis erwartet man von Mann und Frau, daß sie sich gegenseitig achten wie Gäste. Wenn Sie diese Art des Respekts üben, werden Ihre Liebe und Ihr Glück von Dauer sein. Achtung ist einer der wichtigsten Bestandteile sexueller Beziehungen. Sexuelle Begegnung sollte wie ein Ritual gefeiert werden, ausgeführt in Achtsamkeit, voller Hochachtung, Fürsorge und Liebe. Wenn es Begierden sind, die Sie antreiben, handelt es sich nicht um Liebe. Begierde ist nicht Liebe. Liebe ist viel verantwortungsvoller. Sie enthält Fürsorge.

Wir müssen die wahre Bedeutung des Wortes «Liebe» wiederherstellen. Wenn wir sagen: «Ich liebe Hamburger», sprechen wir nicht über Liebe. Wir meinen unseren Appetit, unsere Lust auf Hamburger. Wir sollten unsere Sprache nicht unnötig dramatisieren und Worte derart mißbrauchen. Auf diese Weise machen wir Worte wie «Liebe» krank. Wir müssen uns Mühe geben, unsere Sprache zu heilen, indem wir die Worte sorgfältig wählen. «Liebe» ist ein wunderschönes Wort. Wir müssen ihm seinen Sinn zurückgeben.

«Ich bin entschlossen, keine sexuelle Beziehung aufzunehmen ohne Liebe und die Absicht einer dauerhaften Bindung.» Wenn

das Wort «Liebe» in seinem tiefsten Sinn verstanden wird, warum müssen wir dann von einer «dauerhaften Bindung» reden? Wenn die Liebe aufrichtig ist, brauchen wir weder lang- noch kurzfristige Verpflichtungen, noch eine Hochzeitszeremonie. Wahre Liebe beinhaltet ein Gefühl der Verantwortung, den anderen Menschen so anzunehmen, wie er oder sie ist, mit allen Stärken und Schwächen. Wenn wir nur die guten Seiten eines Menschen mögen, dann ist es nicht Liebe. Wir müssen seine Schwächen akzeptieren und mit Energie, Geduld und Verständnis dem anderen helfen, sich zu verändern. Liebe ist Maitrī, die Fähigkeit, Freude und Glück zu geben, sowie Karunā, die Fähigkeit, Schmerz und Leiden zu transformieren. Eine solche Liebe kann Menschen nur Gutes tun. Niemals kann sie negativ oder zerstörerisch sein. Sie ist sicher. Sie bürgt für alles.

Sollten wir also den Begriff «dauerhafte Bindung» ausstreichen oder durch «kurzfristige Bindung» ersetzen? «Kurzfristige Bindung» bedeutet, daß wir ein paar Tage zusammen sein werden und danach ist die Beziehung zu Ende. So etwas kann man nicht Liebe nennen. Von einer solchen Beziehung kann man nicht sagen, daß sie Liebe und Fürsorge entspringt. Der Ausdruck «dauerhafte Bindung» hilft uns, das Wort Liebe zu verstehen. Eine von wahrer Liebe getragene Bindung kann nur langfristig sein. «Ich möchte dich lieben. Ich möchte dir helfen. Ich möchte für dich sorgen. Ich möchte, daß du glücklich bist. Ich möchte dich glücklich machen. Aber nur für ein paar Tage.» Macht das Sinn?

Sie fürchten sich davor, eine Bindung einzugehen – mit den Richtlinien, mit dem Partner, mit irgend etwas. Sie wollen Freiheit. Aber denken Sie daran, Sie müssen eine langfristige Bindung eingehen, wenn Sie Ihr Kind aufrichtig lieben und ihm beistehen wollen, solange Sie leben. Sie können nicht einfach sagen: «Ich liebe dich nicht mehr.» Wenn Sie einen guten Freund, eine gute Freundin haben, gehen Sie auch eine langfristige Bindung ein. Sie brauchen diesen Menschen. Um wieviel mehr, wenn es sich um jemanden handelt, der Ihr Leben, Ihre Seele und Ihren Körper teilen will. Der Begriff «dauerhafte Bindung» ist unzureichend, die Tiefe der Liebe wirklich auszudrücken, aber etwas müssen wir sagen, damit die Leute verstehen.

Eine dauerhafte Bindung zwischen zwei Menschen ist nur ein Anfang. Wir brauchen auch die Unterstützung unserer Freunde und anderer Menschen. Darum haben wir in unserer Gesellschaft eine Hochzeitszeremonie. Die beiden Familien und andere Freunde kommen zusammen, um Zeugen zu sein für die Tatsache, daß sich da zwei entschlossen haben, zusammenzuleben. Der Priester und die Heiratsurkunde sind bloß Symbole. Wichtig ist, daß die gegenseitige Verpflichtung von vielen Freunden und beiden Familien bezeugt wird. Von jetzt an werden sie das Paar unterstützen. Eine dauerhafte Bindung ist stärker und langlebiger, wenn sie im Rahmen eines Sangha eingegangen wird.

Die starken Gefühle füreinander sind sehr wichtig, aber sie sind nicht genug, um das Glück zu erhalten. Ohne zusätzliche Elemente mag das, was man Liebe nennt, sich ziemlich bald in etwas recht Bitteres verwandeln. Die Fürsorge durch Freunde und Familien webt eine Art Netz. Die Stärke der Gefühle ist nur ein Strang dieses Netzes. Von vielen Faktoren unterstützt, wird das Paar stark – wie ein Baum. Wenn ein Baum stark sein will, muß er viele Wurzeln tief im Boden haben. Hat der Baum nur eine Wurzel, kann ihn der Wind leicht umblasen. Ebenso muß das Leben eines Paares von vielen Elementen gestützt werden – Familien, Freunden, Idealen, Übung und Sangha.

In Plum Village, der Gemeinschaft von Übenden in Frankreich, in der ich lebe, laden wir zu jeder Hochzeitszeremonie alle Mitglieder ein, mitzufeiern und das Paar ihres Beistands zu versichern. Nach der Zeremonie rezitiert das

Paar dann gemeinsam an jedem Vollmondtag die Fünf Bewußtheiten und ruft sich die Tatsache in Erinnerung, daß viele Freunde ihrer Beziehung Stabilität, Dauer und Glück wünschen:

1. Uns ist bewußt, daß alle unsere Vorfahren und alle zukünftigen Generationen in uns gegenwärtig sind.
2. Wir sind uns der Erwartungen, die unsere Vorfahren, unsere Kinder und deren Kinder in uns setzen, bewußt.
3. Uns ist bewußt, daß unsere Freude, unser Friede, unsere Freiheit und unsere Harmonie Freude, Friede, Freiheit und Harmonie unserer Vorfahren, unserer Kinder und deren Kinder sind.
4. Uns ist bewußt, daß Verständnis das Fundament der Liebe ist.
5. Uns ist bewußt, daß Schuldzuweisungen und Auseinandersetzungen niemals helfen, sondern den Abstand zwischen uns lediglich vergrößern, und daß nur Verständnis, Vertrauen und Liebe uns helfen können, uns zu ändern und zu wachsen.

Ob Ihre Beziehung nun gesetzlich sanktioniert ist oder nicht, sie wird auf jeden Fall stärker und langlebiger sein, wenn sie in Gegenwart eines Sangha eingegangen wurde – in Gegenwart von Freunden, die Sie lieben und die Ihnen voller Verständnis und Güte beistehen möchten.

Liebe kann auch eine Krankheit sein. Im Westen und auch in Asien kennen wir das Wort «liebeskrank». Was uns krank macht, ist Anhaftung. Obwohl es ein süßes Gefühl ist, wirkt diese Art der anhaftenden Liebe wie eine Droge. Wir fühlen uns wunderbar, aber wenn wir erst süchtig sind, finden wir keinen Frieden mehr. Wir können nicht mehr studieren, nicht mehr arbeiten, nicht mehr schlafen. Wir denken nur noch an das Objekt unserer Liebe. Wir sind krank vor Liebe. Diese Art der Liebe ist verbunden mit unserem Streben, zu besitzen und zu beherrschen. Wir möchten, daß das Objekt unserer Liebe ganz und gar uns und nur uns allein gehört – total. Wir wollen uns von keinem daran hindern lassen, mit ihm oder ihr zusammen zu sein. Diese Art der Liebe läßt sich mit einem Gefängnis vergleichen, in das wir den geliebten Menschen sperren und ihm nur Leiden schaffen. Er ist jeder Freiheit beraubt, jeden Rechts er oder sie selbst zu sein und sich des Lebens zu freuen. Eine so geartete Liebe kann nicht Maitrī oder Karunā sein. Sie ist nichts anderes als das Bestreben, den anderen zur Befriedigung eigener Bedürfnisse zu benutzen.

Wenn Ihre sexuelle Energie Sie aus dem Gleichgewicht zu bringen droht und Sie im Begriff sind, Ihren inneren Frieden zu verlieren, sollten Sie Übungen kennen, die verhindern, daß Sie etwas tun, was anderen und Ihnen selbst schadet. Diese Dinge müssen wir lernen. In Asien sprechen wir von drei Quellen der Energie: Sexualität, Atem und Geist. *Tinh,* die sexuelle Energie, ist die erste. Wenn Sie mehr sexuelle Energie haben, als Sie brauchen, herrscht ein Ungleichgewicht in Ihrem Körper und in Ihrem Sein. Sie müssen wissen, wie das Gleichgewicht wiederherzustellen ist, oder Sie könnten unverantwortlich handeln. Im Taoismus und im Buddhismus kennt man Übungen – bestimmte Meditationen zum Beispiel oder Kampfkunstübungen –, die dabei helfen, dieses Gleichgewicht wiederherzustellen. Es ist möglich, Wege zu lernen, die Sexualenergie zu kanalisieren und zu sublimieren und so auf den Gebieten der Kunst und der Meditation zu tiefen Erkenntnissen zu gelangen.

Die zweite Art der Energie ist *qi,* die Atemenergie. Das Leben kann als eine Art Verbrennungsprozeß betrachtet werden. Um zu verbrennen, braucht jede Zelle unseres Körpers Nährstoffe und Sauerstoff. In seiner Feuer-Predigt sagte der Buddha: «Die Augen brennen, die Nase brennt, der Körper brennt.» Im Alltag müssen wir durch die

Übung richtigen Atmens unsere Energie pflegen. Wir ziehen großen Nutzen aus der Luft und ihrem Sauerstoff, daher müssen wir dafür sorgen, daß uns möglichst saubere Luft zur Verfügung steht. Einige Menschen pflegen ihr Qi, indem sie nicht rauchen und wenig sprechen, oder indem sie, nach vielem Sprechen, achtsames Atmen üben. Wenn Sie reden, nehmen Sie sich Zeit zum Atmen. Wenn in Plum Village die Glocke der Achtsamkeit erklingt, hält jeder in seiner Tätigkeit inne und atmet dreimal ganz achtsam. So üben wir, um unser Qi zu pflegen und zu bewahren.

Die dritte Energieform ist *thân, die* Geistenergie. Wenn Sie nachts nicht schlafen, verlieren Sie etwas von dieser Energie. Ihr Nervensystem ermüdet, und Sie können nicht mehr gut studieren oder meditieren, oder klare Entscheidungen treffen. Schlafmangel oder Angst und Sorgen verzehren diese Art von Energie.

Machen Sie sich also möglichst wenig Sorgen und bleiben Sie abends nicht zu lange auf, dann stärken Sie Ihr Nervensystem. Sie brauchen diese Energie, um gut meditieren zu können. Ein spiritueller Durchbruch bedarf der Kraft Ihrer Geistenergie, die der Konzentration und dem Wissen um die Bewahrung dieser Energiequelle entspringt. Wenn Ihre Geistenergie stark ist, müssen Sie sie nur auf ein Objekt ausrichten, um einen Durchbruch zu erleben. Wenn Sie kein Thān haben, wird das Licht Ihrer Meditation nicht hell scheinen, weil die abstrahlende Energie nur schwach ist.

Die asiatische Medizin sieht die Kraft von Thān eng verbunden mit der Kraft von Tinh. Wenn wir sexuelle Kraft verbrauchen, dauert es lange, sie zu rekreieren. Die chinesische Medizin rät denjenigen, die einen starken Geist und eine gute Konzentrationsfähigkeit wünschen, keine sexuelle Beziehung einzugehen und nicht zuviel zu essen. Sie sollten Kräuter, Wurzeln und bestimmte Mittel zu sich nehmen, um die Quelle von Thān zu stärken, und sich während der Zeit einer solchen Kur jeder sexuellen Aktivität enthalten. Es heißt, wenn die Quelle des Geistes schwach ist und man weiter sexuelle Beziehungen pflegt, kann sich die Geistenergie nicht erholen. Die Übenden der Meditation sollten ihre Sexualenergie bewahren, weil sie sie zur Meditation brauchen. Wenn Sie künstlerisch tätig sind, möchten Sie vielleicht lernen, Ihre Sexualenergie zusammen mit Ihrer Geistenergie kreativ zu nutzen.

Mein Freund Thich Tri Quang, der 1966 im Krankenhaus in Saigon 100 Tage lang keine Nahrung zu sich nahm, wußte sehr gut, daß es für die Erhaltung seiner Kraft wesentlich war, keinen Beischlaf zu haben. Als Mönch hatte er natürlich keine Probleme damit. Er wußte auch, daß Sprechen Energieverlust bedeutet, und sagte daher so wenig wie möglich. Schreiben, Reden oder sich zuviel Bewegen schwächt die drei Energiequellen. Das beste also ist, auf dem Rücken zu liegen und tiefes Atmen zu üben. Nur so behält man genug Vitalität, um einen 100tägigen Hungerstreik zu überleben. Wenn Sie nicht essen, können Sie Ihre Energie nicht erneuern. Wenn Sie aber weder studieren noch forschen, noch sich Sorgen machen, können Sie Ihre Ressourcen bewahren. Die drei Energiearten, Tinh, Qi und Thān, stehen miteinander in Verbindung. Wenn Sie eine stärken, unterstützen Sie zugleich die beiden anderen. Aus diesem Grund auch ist *ānāpānasati* – die Übung des achtsamen Atmens – so wichtig für unser spirituelles Leben. Sie kräftigt alle unsere Energiequellen.

Mönche und Nonnen gehen keine sexuellen Beziehungen ein, weil sie ihre Energien für den Durchbruch in der Meditation sammeln möchten. Sie lernen, die Kräfte ihrer Sexualität zu kanalisieren und so ihre geistige Energie für den Durchbruch zu stärken. Darüber hinaus üben sie tiefes Atmen, um ihre geistige Kraft zu steigern. Da sie allein leben, ohne Familie, können sie einen Großteil ihrer Zeit und Energie der Meditation und dem Lehren widmen. So helfen sie wiederum den Menschen, die sie mit Unterkunft, Verpflegung und so weiter versorgen. Sie halten Kontakt zu den Dorfbewohnern, um den Dharma mit ihnen zu teilen. Da sie sich nicht um Haus oder Familie kümmern müssen, bleiben ihnen Zeit und Raum, um die Dinge zu tun, die ihnen am liebsten sind: gehen, sitzen, atmen, den anderen Nonnen, Mönchen und Laien helfen und herausfinden, was diese benötigen. Mönche und Nonnen heiraten nicht, weil sie ihre Zeit und Energie der Übung widmen möchten.

Das Schlüsselwort der Dritten Richtlinie ist «Verantwortung». Wenn es in einer Gemeinschaft von Übenden kein sexuelles Fehlverhalten gibt, wenn die Gemeinschaft diese Richtlinie sorgsam beachtet, führt das zu Stabilität und Frieden. Diese Richtlinie sollte allgemein geübt werden. Sie achten, helfen und schützen einander als Dharma-Brüder und -Schwestern. Wenn Sie diese Richtlinie nicht üben, handeln Sie leicht verantwortungslos und schaffen Unruhe in Ihrer Gemeinschaft und in der Gesellschaft. Das haben wir alle schon erlebt. Wenn ein Lehrer sich nicht beherrschen kann und mit einer seiner Schülerinnen schläft, kann er vieles zerstören – möglicherweise auf Generationen hinaus. Wir müssen achtsam sein, um diesen Sinn für Verantwortung zu entwickeln. Wir verzichten auf sexuelles Fehlverhalten, weil wir für das Wohlergehen so vieler Menschen verantwortlich sind. Wenn wir uns dieser Verantwortung nicht bewußt sind, kann das verhängnisvoll sein. Indem wie diese Richtlinie üben, erhalten wir die Schönheit des Sangha.

Wenn wir diese Richtlinie üben, verhindern wir, daß wir oder andere in sexuellen Beziehungen verletzt werden. Wir denken häufig, es seien die Frauen, die da am meisten zu leiden haben, die Männer werden aber oft ebensotief verwundet. Wir müssen sehr achtsam sein, besonders wenn wir kurzfristige Beziehungen eingehen. Die Übung der

Dritten Richtlinie ist ein wirksamer Weg, Stabilität und Frieden in uns selbst, in unserer Familie und in unserer Gesellschaft wiederherzustellen. Wir sollten uns die Zeit nehmen, Probleme, die in Zusammenhang mit dieser Richtlinie stehen – zum Beispiel Einsamkeit oder bestimmte Werbemethoden –, eingehend zu erörtern.

Das Gefühl der Einsamkeit ist in unserer Gesellschaft weit verbreitet. Zwischen uns und den anderen findet keine Kommunikation mehr statt, nicht einmal in der Familie, und das Gefühl unserer Einsamkeit treibt uns in immer neue sexuelle Beziehungen. Wir glauben, recht naiv, die sexuelle Begegnung würde uns weniger einsam machen, aber das ist nicht der Fall. Wenn es auf der Ebene von Herz und Geist an Kommunikation fehlt, wird eine sexuelle Beziehung dieses Vakuum nur vergrößern und beide Partner zerstören. Der Glaube, eine sexuelle Beziehung könne uns helfen, weniger einsam zu sein, ist schlicht Aberglaube. Wir sollten nicht darauf hereinfallen. Tatsache ist, daß wir uns hinterher nur um so verlassener fühlen.

Die Vereinigung zweier Körper kann nur dann positiv sein, wenn Verstehen und Begegnung in Herz und Geist stattfinden. Selbst für Ehepartner gilt: Wenn es keinen Austausch auf der Ebene von Herz und Geist gibt, wird die Begegnung der Körper die beiden einander nur noch weiter entfremden. Dann sollte man die sexuelle Beziehung sogar eher ruhen lassen und erst einmal versuchen, wieder durch Worte zueinanderzufinden.

Es gibt zwei vietnamesische Begriffe, *tinh* und *nghiã*, die man nur schwer in eine westliche Sprache übersetzen kann. Sie bedeuten beide so etwas wie Liebe. In Tinh finden sich Elemente der Leidenschaft. Es kann sehr tief gehen und das ganze Wesen umfassen. Nghiã ist eine Art Weiterentwicklung von Tinh. Mit Nghiã fühlt man sich viel ausgeglichener, verständnisvoller, eher bereit, ein Opfer zu bringen, um den anderen glücklich zu machen. Man ist nicht mehr so leidenschaftlich wie in Tinh, aber die Liebe ist tiefer und solider. Sie schmiedet zwei Menschen zusammen. Nghiã ist das Ergebnis des Zusammenlebens und Teilens von Sorgen und Freuden über eine lange Zeit hinweg.

Es beginnt mit Leidenschaft, aber im Laufe des Zusammenlebens begegnet man Schwierigkeiten, und in dem Maße, wie man lernt, mit ihnen umzugehen, vertieft sich die Liebe. Während die Leidenschaft sich immer mehr abschwächt, nimmt Nghiã stetig zu. Nghiã ist eine tiefere Liebe, mit mehr Weisheit, mehr Verbundenheit, mehr Einheit. Man versteht einander besser. Sie und der andere werden zu einer gemeinsamen Wirklichkeit. Nghiã gleicht einer süßen reifen Frucht.

In Nghiã erfahren Sie Dankbarkeit dem anderen gegenüber. «Danke, daß du mich gewählt hast. Danke, daß du mein Partner geworden bist. Es gibt so viele Menschen – warum ausgerechnet ich? Ich bin sehr dankbar.» Das ist der Anfang von Nghiã – das Gefühl von Dankbarkeit, vom anderen gewählt worden zu sein als Gefährte oder Gefährtin, um alles miteinander zu teilen, Leid und Glück.

Wenn wir zusammen leben, unterstützen wir einander. Wir lernen gegenseitig unsere Gefühle und Schwierigkeiten kennen. Wenn der andere Verständnis für unsere Probleme, Schwierigkeiten und Sehnsüchte zeigt, empfinden wir Dankbarkeit für dieses Verständnis. Wenn Sie sich von jemandem verstanden fühlen, hören Sie auf, unglücklich zu sein. Glück bedeutet zuallererst, sich verstanden zu fühlen. «Als es mir schlecht ging und ich die ganze Nacht nicht schlafen konnte, hast du für mich gesorgt. Du hast mir gezeigt, daß mein Wohlbefinden dein Wohlbefinden ist. Du hast das Unmögliche versucht, damit es mir wieder gut geht. Du hast dich um mich gekümmert, wie niemand sonst auf der Welt es getan hätte. Dafür bin ich dir dankbar.»

Wenn ein Paar lange Zeit zusammenlebt – «bis unser

Haar weiß wird und wir die Zähne verlieren» –, dann wegen Nghiã und nicht wegen Tinh.

Wohl jede Liebe beginnt mit Leidenschaft, vor allem bei jüngeren Menschen. Aber im Prozeß des Zusammenlebens müssen wir Liebe lernen und üben, damit Selbstsucht – die Tendenz, besitzen zu wollen – abnimmt und Stück für Stück die Elemente von Verständnis und Dankbarkeit zum Vorschein kommen, die unsere Liebe nährend, schützend und sicher machen. Mit Nghiã können Sie sich sehr sicher sein, daß der andere für Sie sorgt und Sie liebt – ein Leben lang. Nghiã bauen Sie beide in Ihrem Alltag gemeinsam auf.

Meditieren bedeutet, die Natur unserer Liebe zu erblikken, um die in ihr vorhandenen Elemente zu erkennen. Wir können unsere Liebe nicht einfach Tinh oder Nghiã – besitzergreifende oder altruistische Liebe – nennen, denn sie mag Elemente von beidem enthalten. Vielleicht setzt sie sich zu neunzig Prozent aus besitzergreifender Liebe, zu drei Prozent aus altruistischer Liebe, zu zwei Prozent aus Dankbarkeit und so weiter zusammen. Blicken Sie tief in die Natur Ihrer Liebe, und finden Sie es heraus. Das Glück des anderen Menschen und Ihr eigenes hängen von der Art Ihrer Liebe ab. Wenn Sie erkennen, daß Ihre Liebe viel Maitrī und Karunā enthält, können Sie sich recht sicher fühlen. Dann ist auch Nghiã sehr stark. Wenn Kinder mit ihrem Herzen beobachten, werden sie merken, daß das, was ihre Eltern zusammenbleiben läßt, Nghiã ist und nicht leidenschaftliche Liebe. Wenn die Eltern sich wirklich umeinander kümmern, mit Ruhe, Zärtlichkeit und Gelassenheit füreinander sorgen, dann ist stets Nghiã die Grundlage dieser Beziehung. Das ist die Art von Liebe, die wir für unsere Familie und für unsere Gesellschaft wirklich brauchen.

Beim Üben der Dritten Richtlinie sollten wir uns immer die Natur unserer Liebe vor Augen halten, um zu verstehen, und uns nicht von unseren Gefühlen täuschen lassen. Manchmal glauben wir einen anderen Menschen zu lieben, aber diese Liebe ist oft nur ein Versuch, unsere egoistischen Bedürfnisse zu befriedigen. Vielleicht haben wir noch nicht tief genug geschaut, um die Bedürfnisse des anderen zu erkennen, einschließlich seines Wunsches, sich sicher und beschützt zu fühlen. Wenn wir zu einem solchen Verständnis vorstoßen, sehen wir, daß der andere unseren Schutz braucht, und wir können ihn oder sie nicht länger als bloßes Objekt unserer Begierde sehen. Der andere darf nicht zu einem Komsumobjekt degradiert werden.

Sex wird in unserer Gesellschaft als Mittel zur Förderung des Verkaufs von Waren benutzt. Darüber hinaus gibt es eine regelrechte Sexindustrie. Wenn wir unseren Nächsten nicht als menschliches Wesen sehen, mit der Fähigkeit ein Buddha zu werden, riskieren wir eine Verletzung der Dritten Richtlinie. Darum ist es wesentlicher Bestandteil der Übung der Dritten Richtlinie, daß wir das Wesen unserer Liebe tief betrachten.

«Ich will alles mir Mögliche tun, um Kinder vor sexuellem Mißbrauch zu schützen und um zu verhindern, daß Paare und Familien infolge sexuellen Fehlverhaltens auseinanderbrechen.»
Menschen, die als Kinder sexuell mißbraucht wurden, leiden auch als Erwachsene noch darunter. Alles, was sie sagen, denken und tun, trägt das Zeichen dieser Wunde. Sie wollen diese Wunde heilen, und das geht am besten durch die Übung der Dritten Richtlinie. Aus eigener Erfahrung können diese Menschen sagen: «Als Opfer sexuellen Mißbrauchs gelobe ich, alle Kinder und Erwachsene vor sexuellem Mißbrauch zu schützen.» Damit wird das Leiden in eine positive Energie umgewandelt, die uns hilft, zu einem Bodhisattva zu werden. Wir geloben, alle Kinder und andere Menschen zu schützen. Und wir geloben *ebenso,* denen zu helfen, die Kinder sexuell mißbrauchen, denn sie sind krank und brauchen unsere Hilfe. Jene, die unser

Leiden verursacht haben, werden so zum Gegenstand unserer Liebe und unseres Schutzes.

Wir erkennen, daß Kinder so lange sexuell mißbraucht werden, bis den gestörten Tätern Schutz und Hilfe zuteil geworden ist. Wir geloben, diesen Menschen zu helfen, damit sie keine Kinder mehr verletzen. Gleichzeitig geloben wir, den Kindern zu helfen. Wir nehmen nicht nur die Position der Kinder ein, die mißbraucht werden, sondern auch die der anderen Seite. Menschen, die sich an anderen sexuell vergehen, sind krank – Produkte einer instabilen Gesellschaft. Vielleicht handelt es sich um Onkel, Tante, Großvater oder einen Elternteil. Sie brauchen Hilfe und, wenn möglich, eine sie heilende Therapie. Wenn wir entschlossen sind, diese Richtlinie zu befolgen, hilft uns die durch diesen Entschluß geborene Energie, uns in einen Bodhisattva zu verwandeln, und diese Transformation heilt uns vielleicht schon, bevor wir überhaupt mit der Übung anfangen. Die beste Möglichkeit zur Heilung für einen Menschen, der als Kind sexuell mißbraucht wurde, liegt darin, diese Richtlinie anzunehmen und zu geloben, Kinder zu beschützen und ebenso Erwachsene, die so krank sind, daß sie ihr zerstörerisches Handeln sonst fortsetzen würden, was dann wiederum ein weiteres Kind für den Rest seines Lebens tief verwunden würde.

Aufmerksames Zuhören und einfühlsames Reden

Im Bewußtsein des Leides, das durch unachtsame Rede und durch die Unfähigkeit, anderen zuzuhören, entsteht, gelobe ich, liebevolles Sprechen und aufmerksames, mitfühlendes Zuhören zu entwickeln, um meinen Mitmenschen Freude und Glück zu bereiten und ihre Sorgen lindern zu helfen. In dem Wissen, daß Worte sowohl Glück als auch Schmerz hervorrufen können, gelobe ich, wahrhaftig und einfühlsam reden zu lernen und Worte zu gebrauchen, die Selbstvertrauen, Freude und Hoffnung fördern. Ich bin entschlossen, keine Information weiterzugeben, ohne ganz sicher zu sein, daß sie der Wahrheit entspricht, und nichts zu kritisieren oder zu verurteilen, worüber ich nichts Genaues weiß. Ich will keine Worte gebrauchen, die Haß und Zwietracht säen oder zum Zerbrechen von Familien und Gemeinschaften führen können. Ich will mich stets um Versöhnung und um die Lösung von Konflikten bemühen – so klein diese auch sein mögen.

Ein vietnamesisches Sprichwort sagt: «Liebevolle Rede kostet nichts.» Um andere glücklich zu machen, brauchen wir nur unsere Worte sorgfältig zu wählen. Worte achtsam, mit Einfühlsamkeit und Güte zu benutzen bedeutet, Großzügigkeit zu üben. Darum steht diese Vierte Richtlinie in direkter Beziehung zur Zweiten Richtlinie. Wir können viele Menschen glücklich machen, einfach indem wir freundlich mit ihnen sprechen. Wieder sehen wir, wie die Fünf Richtlinien einander durchdringen und bedingen.

Viele Menschen glauben, erst dann Großzügigkeit üben zu können, wenn sie ein kleines Vermögen angesammelt haben. Ich kenne junge Menschen, die davon träumen, reich zu werden, um dann andere glücklich machen zu können: «Ich möchte Arzt werden oder Präsidentin einer großen Firma, damit ich eine Menge Geld verdiene, um anderen helfen zu können.» Sie sehen nicht, daß es häufig viel schwieriger ist, großzügig zu sein, nachdem man reich geworden ist. Wenn man von liebevoller Güte und Mitgefühl motiviert ist, gibt es immer Mittel und Wege, den anderen hier und jetzt glücklich zu machen – beginnend mit einem freundlichen Wort. Die Art und Weise, wie Sie mit jemandem sprechen, kann ihm oder ihr Freude, Glück, Selbstvertrauen, Hoffnung, Vertrauen und Erleuchtung bringen. Achtsames Reden ist eine tiefe, intensive Übung.

Der Bodhisattva Avalokiteshvara ist jemand, der die Kunst des aufmerksamen, achtsamen Zuhörens und Redens gelernt hat, um Menschen zu helfen, sich von Furcht, Not und Verzweiflung zu befreien. Er ist das Vorbild dieser Übung, und die Tür, die er öffnet, wird die «allumfassende Tür» genannt. Wenn wir lernen, wie Avalokiteshvara zuzuhören und zu sprechen, werden auch wir fähig, diese allumfassende Tür zu öffnen, und wir werden vielen Menschen Freude, Frieden und Glück bringen und ihre Leiden erleichtern.

Die allumfassende Tür wird offenbar
im Klang des Wechsels der Gezeiten.
Lauschend und übend werden wir ein Kind,
geboren aus dem Herzen eines Lotos,
frisch, glücklich und rein,
mit der Gabe zu reden und zu lauschen,
im Einklang mit der Tür, dem universalen Zugang.

Wenn ein Tropfen nur vom Wasser des Mitgefühls,
vom Zweig der Weide fällt,
kehrt der Frühling zurück zur großen Erde.

Dieses wunderschöne Gedicht habe ich gelernt, als ich mit
sechzehn das *Lotos-Sūtra* studierte. Wenn Sie den «Klang
des Wechsels der Gezeiten» vernehmen, der die Praxis
Avalokiteshvaras ist und die allumfassende Tür symbolisiert, werden Sie in ein Kind verwandelt, geboren im
Herzen eines Lotos. Nur ein Tropfen, vom Wasser des
Mitgefühls, vom Weidenzweig des Bodhisattva gefallen,
läßt den Frühling auf unsere ausgedörrte Erde zurückkehren. Mit der ausgedörrten Erde ist die Welt voller Not und
Leiden gemeint. Der Tropfen mitfühlenden Wassers ist die
Übung liebevoller Güte, symbolisiert durch das Wasser,
das vom Weidenzweig tropft.

Avalokiteshvara wird von den Chinesen, Vietnamesen,
Koreanern und Japanern einen Weidenzweig haltend darge-
stellt. Er taucht den Zweig in das Wasser des Mitgefühls
seines Herzens, und alles, was er mit diesem Wasser be-
sprengt, wird wiedergeboren. Wenn er das Wasser des
Lebens auf vertrocknete, tote Äste sprengt, werden sie
wieder grün und frisch. Tote Zweige symbolisieren Leiden
und Verzweiflung, und grüne Vegetation steht für die
Rückkehr von Frieden und Glück. Nur ein Tropfen vom
Wasser des Mitgefühls, und der Frühling kehrt auf unsere
große Erde zurück.

Im Kapitel der «Allumfassenden Tür» des *Lotos-Sūtra*
wird Avalokiteshvaras Stimme fünffach beschrieben: die
wunderbare Stimme, die Stimme der erkannten Welt, die
Brahmā-Stimme, die Stimme der steigenden Flut und die
weltüberschreitende Stimme. Diese fünf Stimmen sollten
wir immer im Sinn behalten.

Zuerst hören wir von der wunderbaren Stimme. Das ist
die Art zu sprechen, die die allumfassende Tür öffnet, die

alles wieder möglich werden läßt. Diese Stimme ist angenehm zu hören. Sie ist erfrischend und bringt unserem Innersten Ruhe, Gelassenheit und Heilung. Ihre Essenz ist Mitgefühl.

Dann kommt die Stimme der erkannten Welt. Das Wort Avalokiteshvara bedeutet: derjenige, der tief in die Welt schaut und die Schreie der Welt vernimmt. Diese Stimme lindert unser Leiden und befreit unsere unterdrückten Gefühle, weil es die Stimme von jemandem ist, der uns zutiefst versteht – unsere ganze Angst, Verzweiflung und Furcht. Wenn wir uns verstanden fühlen, leiden wir viel weniger.

Die dritte ist die Brahmā-Stimme. Brahmā heißt edel – nicht die gewöhnliche Sprache der Menschen ist gemeint, sondern die Redeweise, die aus der Bereitschaft erwächst, Glück zu bringen und Leiden zu beseitigen. Liebe, Mitgefühl, Freude und Unvoreingenommenheit sind die *Vier Brahma-Vihāras,* die «Göttlichen Verweilorte» der Buddhas und Bodhisattvas. Wenn wir in Gemeinschaft mit Buddhas und Bodhisattvas leben möchten, dann können auch wir in diesen Bereichen unsere Wohnung nehmen.

Zur Zeit des Buddha war es das Ziel der Übung vieler Menschen, in Brahmā wiedergeboren zu werden und mit ihm zu leben, ganz ähnlich, wie sich Christen wünschen, in den Himmel zu kommen, um bei Gott zu sein. «Meines Vaters Haus hat viele Wohnungen», und in einer davon möchte man wohnen. Für jene, die sich wünschten, bei Brahmā zu sein, hat der Buddha gesagt: «Übt die vier edlen Verweilungen – Liebe, Mitgefühl, Freude und Unvoreingenommenheit.» Wenn wir eine Belehrung des Buddha mit unseren christlichen Freunden teilen möchten, wäre es eben diese: «Gott ist Liebe, Mitgefühl, Freude und Unvoreingenommenheit.» Wenn du bei Gott sein willst, übe diese vier Verweilungen. Wenn du diese vier Zustände nicht übst, wird es nicht möglich sein, in den Himmel zu kommen, soviel du auch beten oder davon sprechen magst, bei Gott sein zu wollen.

Die Stimme der steigenden Flut, die vierte, ist die Stimme des Buddha-Dharma. Es ist eine machtvolle Stimme, die Art von Sprache, die alle falschen Sichtweisen und Spekulationen zum Schweigen bringt. Es ist das Löwengebrüll, das in den Bergen absolute Stille bringt und das zu Transformation und Heilung führt.

Die weltüberschreitende Stimme schließlich ist die Stimme, mit der sich nichts mehr vergleichen läßt. Diese Stimme zielt nicht auf Ruhm, Gewinn oder Wettbewerb. Es ist das donnernde Schweigen, das alle Meinungen und Konzepte zerschmettert.

Die wunderbare Stimme, die Stimme der erkannten Welt, die Brahmā-Stimme, die Stimme der steigenden Flut und die weltüberschreitende Stimme sind Ausdrucksweisen, deren wir uns achtsam bewußt sein sollten. Wenn wir diese fünf Arten von Stimme kontemplieren, helfen wir Avalokiteshvara beim Öffnen der allumfassenden Tür, der Tür wirklichen Zuhörens und wirklichen Redens.

Weil er ein achtsames Leben lebt, immer die Welt betrachtet und deshalb der Welt-Erkenner ist, sieht Avalokiteshvara eine Menge Leiden. Er weiß, daß viel von diesem Leiden aus unachtsamer Rede entsteht und der Unfähigkeit, anderen zuzuhören. Darum übt er liebevolle, achtsame Rede und aufmerksames Zuhören. Avalokiteshvara ist derjenige, der uns den besten Weg lehrt, die Vierte Richtlinie zu üben.

«Im Bewußtsein des Leides, das durch unachtsame Rede und durch die Unfähigkeit, anderen zuzuhören, entsteht, gelobe ich, liebevolles Sprechen und aufmerksames, mitfühlendes Zuhören zu entwickeln, um meinen Mitmenschen Freude und Glück zu bereiten und ihre Sorgen lindern zu helfen.» Genau das ist die allumfassende Tür, die Avalokiteshvara übt.

Nie zuvor in der Geschichte der Menschheit gab es so

viele Mittel zur Kommunikation: Telekommunikation, Telefon, Faxgeräte, Rundfunk, heiße Drähte – und trotzdem bleibt jeder Mensch eine Insel. Es findet so wenig wirkliche Kommunikation zwischen den Mitgliedern einer Familie statt, zwischen den Individuen einer Gesellschaft und zwischen Nationen. Kriege und Konflikte sind an der Tagesordnung. Die Kunst des Zuhörens und Redens haben wir offensichtlich nicht entwickelt. Wir haben nur wenig Talent zu einer intelligenten oder sinnvollen Konversation. Die allumfassende Tür der Kommunikation muß wieder geöffnet werden. Wenn wir uns nicht verständigen können, werden wir krank, und wenn unsere Krankheit fortschreitet, leiden wir und stecken mit unserem Leiden andere Menschen an. Wir kaufen uns die Dienste eines Psychotherapeuten, der unserem Leiden zuhört, aber wenn Psychotherapeuten nicht die allumfassende Tür üben, werden auch sie keinen Erfolg haben. Psychotherapeuten sind Menschen, die dem Leiden unterworfen sind – wie wir alle. Auch sie haben Probleme mit ihren Ehepartnern, Kindern, Freunden und den gesellschaftlichen Verhältnissen. Auch sie haben innere Bildkräfte. Vielleicht können sie sich nicht einmal dem Menschen gegenüber öffnen, den sie am meisten lieben. Wie können sie dann aber dasitzen, unsere Leiden anhören und sie verstehen? Psychotherapeuten müssen die allumfassende Tür üben, die Vierte Richtlinie – aufmerksames, einfühlsames Zuhören und achtsames Reden.

Solange wir nicht tief in uns selbst blicken, wird diese Übung nicht leicht sein. Wenn Sie selbst eine Menge Kummer und Leid in sich tragen, wird es schwer sein, anderen Menschen wirklich zuzuhören und ihnen Freundliches zu sagen. Zuerst müssen Sie tief in die Natur Ihres eigenen Zorns, Ihrer eigenen Verzweiflung und Ihres eigenen Leidens schauen und sich davon befreien; dann erst können Sie etwas für andere tun. Angenommen, Ihr Ehemann hat am Montag etwas gesagt, was Sie verletzt hat. Er hat unachtsam gesprochen, und auch die Fähigkeit zuzuhören fehlt ihm. Wenn Sie aus Ihrem Zorn heraus sofort reagieren, gehen Sie das Risiko ein, nun ihrerseits ihn zu verletzen und so alles nur noch schlimmer zu machen. Was also können Sie tun? Wenn Sie Ihren Ärger runterschlucken und schweigen, verletzen Sie sich selbst. Wenn Sie nämlich den Ärger in sich unterdrücken, unterdrücken Sie sich selbst. Sie werden dann später um so mehr leiden, und Ihr Leiden wiederum wird auch Ihrem Partner weiteren Kummer bescheren.

Für den Augenblick wäre es die beste Übung, ein- und auszuatmen, um den Ärger, den Schmerz in sich zur Ruhe zu bringen: «Einatmend weiß ich, daß ich zornig bin. Ausatmend lasse ich das Gefühl meines Zorns ruhig werden.» Indem Sie einfach sanft mit Ihrem Zorn atmen, beruhigen Sie ihn. Sie sind sich achtsam Ihres Ärgers bewußt und unterdrücken ihn nicht. Wenn Sie dann ruhig genug geworden sind, können Sie vielleicht achtsam sprechen und etwa sagen: «Liebling, ich muß dir sagen, daß ich ziemlich wütend bin. Was du da eben gesagt hast, hat mich zutiefst verletzt, und ich möchte, daß du das weißt.» Das einfach auf ruhige und achtsame Art auszusprechen, wird Ihnen bereits Erleichterung verschaffen. Indem Sie achtsam atmen und so Ihren Zorn beruhigen, werden Sie fähig, dem anderen mitzuteilen, daß Sie leiden. In diesem Augenblick leben Sie Ihren Zorn. Sie berühren ihn mit der Energie der Achtsamkeit. Sie leugnen ihn nicht im geringsten.

Wenn ich mit Psychotherapeuten über diese Dinge spreche, gibt es oft Schwierigkeiten. Wenn ich sage, daß Zorn uns leiden läßt, dann meinen sie, der Zorn sei etwas Negatives, das es zu beseitigen gelte. Ich sage immer, daß Ärger etwas Organisches ist – wie die Liebe. Zorn kann Liebe werden. Unser Kompost kann zu einer Rose werden. Wenn wir gelernt haben, uns richtig um unseren Kompost zu kümmern, können wir ihn in eine Rose verwandeln. Können wir den Abfall also positiv oder negativ nennen? Er kann positiv sein, wenn wir gelernt haben, mit ihm umzugehen. Ebenso verhält es sich mit dem Zorn. Er kann negativ sein, wenn wir nicht mit ihm umgehen können, aber wenn wir ihn richtig behandeln, kann unser Zorn sehr positiv sein. Wir müssen ihn nicht verwerfen.

Wenn Sie einige Male aus- und eingeatmet haben und Ihr Zorn trotzdem noch da ist, erleben Sie ihn immerhin mit Achtsamkeit und können Ihrem Partner mitteilen, daß Sie verletzt sind. Sie können ihm außerdem sagen, daß Sie den Ärger bewußt anschauen möchten und sich wünschen, daß auch er das tut. Dann können Sie eine Verabredung für Freitagabend treffen, um die Sache zusammen anzuschauen. Es ist gut, wenn *ein* Mensch die Wurzeln seines eigenen Leidens betrachtet, wenn *zwei* Menschen das tun, ist es besser, am besten aber ist es, wenn zwei Menschen *gemeinsam* schauen.

Den nächsten Freitagabend schlage ich aus zwei Gründen vor. Zuerst ist man noch zornig, und dann gleich eine Diskussion zu beginnen, wäre wohl zu riskant. Sie würden vielleicht Dinge sagen, die alles nur noch schlimmer machen. Von jetzt bis zum nächsten Freitagabend können Sie tiefes Betrachten der Natur Ihres Zorns üben, und Ihr Partner ebenso. Während er von der Arbeit heimfährt, kann er sich fragen: «Was war denn bloß? Warum hat sie sich so aufgeregt? Es muß einen tieferen Grund geben.» Gleichzeitig haben Sie selbst Gelegenheit, die Sache genauer zu betrachten. Vielleicht erkennt schon vor Freitagabend der eine oder der andere oder sogar beide die Wurzel des Problems und ist fähig, sich dem Partner mitzuteilen. Dann können Sie Freitagabend zusammen eine Tasse Tee trinken und sich miteinander freuen. Wenn Sie eine Verabredung treffen, dann haben Sie beide Zeit, sich zu beruhigen und tief zu schauen, das heißt, zu meditieren, also sich zu beruhigen und einen tiefen Blick in die Natur des Leidens zu tun.

Wenn bis zum Freitagabend das Leiden noch nicht transformiert sein sollte, werden Sie die Kunst von Avalokiteshvara üben können. Sie sitzen zusammen und üben achtsames Zuhören – einer von beiden spricht, während der andere einfühlsam zuhört. Sprechen Sie nur die tiefste Wahrheit und üben Sie liebevolle Rede. Nur dann besteht die Chance, daß der andere versteht und annimmt. Wenn Sie zuhören, ist Ihnen bewußt, daß Sie nur durch aufmerksames Zuhören das Leiden des anderen erleichtern können. Wenn Sie nur mit halbem Ohr zuhören, wird Ihnen das nicht gelingen. Ihre Präsenz muß intensiv und aufrichtig sein. Ihr Zuhören muß von echter Qualität sein, damit der andere von seinem Leiden erlöst werden kann. Das ist die Übung der Vierten Richtlinie. Und es gibt noch einen zweiten Grund, bis Freitag zu warten. Wenn Sie nämlich Ihren Zwist am Freitagabend bereinigen, haben Sie den ganzen Samstag und Sonntag, um Ihr Zusammensein zu genießen.

Angenommen Sie haben einen inneren Vorbehalt gegen ein Mitglied Ihrer Familie oder Gemeinschaft und fühlen sich in Gegenwart dieses Menschen nicht wohl. Sie können mit ihm zwar über oberflächliche Dinge reden, aber etwas wirklich Wichtiges mit ihm zu besprechen, fühlen Sie sich nicht in der Lage. Eines Tages, während der Hausarbeit, stellen Sie fest, daß der Betreffende überhaupt keinen Finger rührt und Sie allein schuften läßt. «Warum mache ich so viel, und er tut gar nichts?» denken Sie, und schon sind Sie unzufrieden. Aber anstatt zum andern zu sagen: «Bitte, komm und hilf mir bei der Arbeit», sagen Sie zu sich selbst: «Warum soll ich etwas sagen? Schließlich ist er ja erwachsen. Er sollte mehr Verantwortungsgefühl besitzen!» Sie denken so, weil Sie bereits einen inneren Vorbehalt gegen diese Person hegen. Der kürzeste Weg ist immer der direkte Weg. B kann zu A gehen und sagen: «Bitte, komm und hilf.» Das tun Sie aber nicht. Sie behalten es für sich und geben dem anderen die Schuld.

Wenn das nächste Mal etwas Ähnliches passiert, sind Sie noch verbitterter. Ihr innerer Vorbehalt wächst mehr und mehr, bis Sie so sehr leiden, daß Sie mit einer dritten Person darüber reden müssen, um Ihren Kummer zu teilen. Statt also direkt mit A zu sprechen, reden Sie mit C, weil Sie in C einen Verbündeten sehen, der Ihnen zustimmt, daß A sich ganz unmöglich benimmt.

Mal angenommen, Sie wären jetzt C, wie würden Sie sich an seiner Stelle verhalten? Wenn auch Sie bereits einen inneren Vorbehalt gegen A hegen, werden Sie wahrscheinlich froh sein zu hören, daß jemand anders ähnlich empfindet. Miteinander zu reden wird Ihnen dann vielleicht Erleichterung verschaffen. Sie verbünden sich – B und C gegen A. B und C fühlen sich nah, und beide halten Distanz zu A. A wird das spüren.

A ist vielleicht ganz nett. Sie wäre in der Lage, B ganz direkt zu antworten, wenn B nur ihre Gefühle direkt ausdrücken würde. Aber A erfährt überhaupt nichts von Bs Vorbehalten. Sie bemerkt nur ein Abkühlen der Beziehung zwischen sich und B, ohne zu wissen, warum. Sie bemerkt auch, daß B und C sich näher kommen, während die beiden sie selbst recht distanziert behandeln. Also denkt sie sich: «Na gut, wenn die mich nicht wollen, ich brauche sie auch nicht.» Sie zieht sich noch weiter zurück, und die Situation spitzt sich zu. Ein Dreieck ist entstanden.

Wenn ich C wäre, würde ich zuerst B aufmerksam zuhören, da ich verstehe, daß B ihr Leiden mit jemandem teilen muß. Weil ich aber auch weiß, daß der kürzeste Weg der direkte Weg ist, würde ich B ermutigen, direkt mit A zu sprechen. Wenn B sich dazu nicht in der Lage fühlt, würde ich anbieten, meinerseits mit B zu sprechen – entweder in Anwesenheit As oder allein.

Aber ich würde niemals – und das ist das wichtigste – mit irgend jemandem über das reden, was B mir im Vertrauen mitgeteilt hat. Wenn ich nicht achtsam bin, könnte ich vielleicht anderen weitersagen, was ich über Bs Gefühle weiß, und bald wäre die Familie oder Gemeinschaft in hellem Aufruhr. Wenn ich so handle, wenn ich B ermutige, direkt mit A zu sprechen, oder im Auftrag von B selbst mit A rede, ohne weiterzutratschen, was B mir anvertraut hat, bin ich in der Lage, das Dreieck zu sprengen. Das kann vielleicht helfen, das Problem zu lösen und Frieden und Freude in der Familie, Gemeinschaft oder Gesellschaft wiederherzustellen.

Wenn Sie bemerken, daß in der Gemeinschaft einer oder eine Schwierigkeiten mit jemand anderem hat, müssen Sie sofort helfen. Je länger so ein Problem besteht, desto schwieriger ist es zu lösen. Die beste Art zu helfen besteht in der Übung achtsamer Rede und einfühlsamen Zuhörens. Die Vierte Richtlinie kann den Menschen Frieden, Verständnis und Glück bringen. Die allumfassende Tür ist eine wundervolle Tür. Sie werden in einer Lotosblüte wiedergeboren und helfen anderen, dort ebenfalls wiedergeboren zu werden.

Sprache kann schöpferisch oder zerstörerisch sein. Achtsames Sprechen kann wahres Glück bringen; unachtsames Sprechen kann töten. Wenn uns jemand etwas sagt, das uns gesund und glücklich macht, dann macht er oder sie uns das größte Geschenk. Andererseits mag uns jemand etwas sagen, das so grausam und zum Verzweifeln ist, daß wir sogar an Selbstmord denken; wir verlieren all unsere Hoffnung, all unsere Lebensfreude.

Wegen Sprache töten Menschen. Wenn Sie fanatisch eine Ideologie verfechten, wenn Sie sagen, diese Art und Weise zu denken oder die Gesellschaft zu organisieren, sei die einzig richtige, dann müssen Sie jeden, der eine andere Meinung vertritt, unterdrücken oder eliminieren. Hier wird die enge Verbindung mit der Ersten Richtlinie deutlich: Eine dogmatische Lehre kann nicht nur einen Menschen töten, sondern viele. Wenn Sie Sprache benutzen, um eine Ideologie zu verfechten, wenn Sie Menschen drängen zu töten, um diese Ideologie zu verteidigen oder zu verbreiten, kann das Millionen das Leben kosten. Die Erste und die Vierte der Fünf Wunderbaren Richtlinien bedingen und durchdringen einander. ·

Die Vierte Richtlinie ist aber auch mit der Zweiten – dem Versprechen, nicht zu stehlen – verbunden. Genauso wie es eine «Sexindustrie» gibt, existiert auch eine «Lügenindustrie». Um als Politiker oder Geschäftsmann Karriere zu machen, ist man oft gezwungen zu lügen. Ein Werbemanager hat mir einmal anvertraut, daß niemand mehr die Produkte seiner Firma kaufen würde, wenn er die Wahrheit darüber sagen würde. Er ist sich bewußt, daß er lügt, und er fühlt sich miserabel dabei. Viele Menschen sind in ähnlichen Situationen gefangen. Auch Politiker lügen, um Stimmen zu bekommen. Darum können wir mit Recht von einer «Lügenindustrie» sprechen.

Diese Richtlinie ist ebenso mit der Dritten Richtlinie – sexuelle Verantwortung – verbunden. Wenn jemand sagt: «Ich liebe dich», kann er lügen. Tatsächlich mag es nur ein Ausdruck des Begehrens sein. Auch in der Werbung hängt sehr viel am Sex.

In der buddhistischen Tradition wird die Vierte Richtlinie immer als Vermeidung von folgenden Handlungen beschrieben:

1. Lügen – zu sagen, etwas sei weiß, wenn es schwarz ist.
2. Übertreiben – zu behaupten, etwas sei schöner bzw. häßlicher, als es eigentlich ist.
3. Intrigieren – zu dem einen dies sagen und zum anderen genau das Gegenteil.
4. Beleidigen – andere beschimpfen oder heruntermachen.
   «In dem Wissen, daß Worte sowohl Glück als auch Schmerz

hervorrufen können, gelobe ich, wahrhaftig und einfühlsam reden zu lernen und Worte zu gebrauchen, die Selbstvertrauen, Freude und Hoffnung fördern.» Das muß man besonders im Umgang mit Kindern beachten. Wenn Sie einem Kind sagen, es sei ein Taugenichts, leidet es jetzt und in der Zukunft. Betonen Sie immer die guten, hoffnungsvollen Seiten eines Kindes oder Partners.

«Ich bin entschlossen, keine Information weiterzugeben, ohne ganz sicher zu sein, daß sie der Wahrheit entspricht, und nichts zu kritisieren oder zu verurteilen, worüber ich nichts Genaues weiß. Ich will keine Worte gebrauchen, die Haß oder Zwietracht säen oder zum Zerbrechen von Familien und Gemeinschaften führen können. Ich will mich stets um Versöhnung und um die Lösung von Konflikten bemühen – so klein diese auch sein mögen.» Versöhnung ist eine tiefe Übung, zu der wir mit unserem Zuhören und achtsamen Reden beitragen können. Versöhnung bedeutet, Nationen, Menschen und den Mitgliedern unserer Familie Glück und Frieden zu bringen. Darin besteht die Arbeit eines Bodhisattva. Um versöhnen zu können, müssen Sie die Kunst des einfühlsamen Zuhörens und des liebevollen Redens beherrschen. Damit Sie beide Seiten verstehen können, dürfen Sie sich nicht mit einer davon verbünden. Das ist eine schwierige Übung.

Während des Vietnamkriegs haben wir es versucht. Wir haben versucht, uns mit keiner der beiden kriegführenden Parteien zu verbünden, weder mit den Kommunisten noch mit den pro-amerikanischen Kräften. Man kann nur helfen, wenn man selbst über dem Konflikt steht.

Wir haben Sozialarbeiter für die ländlichen Regionen ausgebildet, die auf den Dörfern in Fragen der Gesundheit, Wirtschaft und Ausbildung halfen, und wurden dafür von beiden Seiten verdächtigt. Unsere Versöhnungsarbeit war eben nicht nur ein Werk des Wortes, sondern auch der Tat. Wir versuchten, den Bauern wieder Hoffnung zu geben. Wir haben viele Flüchtlinge ermutigt, sich in neuen Dörfern anzusiedeln. Wir haben zur Unterstützung von mehr als zehntausend Waisenkinder beigetragen. Wir haben den Bauern geholfen, ihre zerstörten Dörfer wiederaufzubauen. Versöhnungsarbeit kann sich nicht in bloßer Diplomatie erschöpfen, sie muß konkret werden. Gleichzeitig verliehen wir dem Frieden in unserem Herzen eine Stimme. Wir sagten, daß die Menschen einer Familie sich als Brüder und Schwestern betrachten und sich gegenseitig akzeptieren müßten. Niemals dürften sie sich im Namen einer Ideologie gegenseitig umbringen. Während des Kriegs war diese Botschaft alles andere als polulär.

Was ich auch schrieb, es wurde von beiden Seiten zensiert. Meine Gedichte waren hüben wie drüben verboten. Aber es wurde nicht nur unser Versuch unterdrückt, unserer Betroffenheit Ausdruck zu verleihen und Wege vorzuschlagen, die Streitigkeiten zwischen Brüdern und Schwestern beizulegen, sondern ebenso unser Versuch, Menschen zu helfen. Von beiden Seiten wurden viele unserer Sozialarbeiter getötet oder gefangengenommen. Jede Seite verdächtigte uns, mit der anderen zu kollaborieren. Unsere Sozialarbeiter besaßen auf dem Land hohes Ansehen. Es waren junge Männer und Frauen, unter ihnen viele Mönche und Nonnen, die nur dienen und Buddhismus üben wollten. In den harten Kriegszeiten brachten sie ihre liebevolle Güte, ihr Mitgefühl und ihre ganze Arbeitskraft ein, und erhielten als Lohn nur einen kleinen Beitrag zum Lebensunterhalt.

Ich erinnere mich an einen jungen Mann namens An, der sich darauf spezialisiert hatte, den Bauern moderne Methoden der Hühnerzucht beizubringen. Er lehrte sie, Tierkrankheiten zu verhüten. Ein Bauer fragte ihn einmal: «Wieviel zahlt die Regierung dir im Monat?» An antwortete: «Wir kriegen überhaupt nichts von der Regierung. Wir kommen ja auch gar nicht von der Regierung, wir sind vom Tempel. Wir kommen vom buddhistischen Tempel, um euch zu helfen.» Um den einfachen Mann nicht mit Begriffen wie «Schule der Jugend für Sozialarbeit» (die vom Amt für soziale Dienste der Vereinigten Buddhistischen Kirche begründet worden war) zu verwirren, sagte er bloß, er käme vom Tempel.

«Warum bist du denn vom Tempel hierhergekommen?» An antwortete: «Wir schaffen Verdienst.» Das ist ein sehr gebräuchlicher Ausdruck im Buddhismus.

Der Bauer war überrascht. Er sagte: «Ich habe gelernt, daß man zum Tempel gehen muß, um Verdienst zu schaffen. Warum schaffst du also hier Verdienst?»

Der junge Mann antwortete: «Weißt du, Onkel, heutzutage leiden die Menschen so sehr, daß sogar der Buddha hierherkommen muß, um ihnen zu helfen. Wir Schüler des Buddha schaffen Verdienst genau da, wo ihr leidet.» Dieser Satz wurde zur Grundlage unserer Philosophie von Sozialarbeit – engagierter Buddhismus. Der Buddha muß zu den Menschen kommen. Weil die Menschen so sehr leiden, kann er nicht länger im Tempel verweilen.

Wir hatten zwar nicht viel Geld, aber weil die Arbeit für uns das Schaffen von Verdienst bedeutete, liebten uns die Menschen. Die Vertreter der beiden Kriegsparteien schätzten uns und unsere Popularität auf dem Lande dagegen überhaupt nicht, und immer wieder wurden unsere Sozialarbeiter unter fadenscheinigem Vorwand mitgenommen, verhört und sogar erschossen – mal von der einen, mal von der anderen Seite.

Eines Tages, ich war als Vertreter der Vietnamesisch-Buddhistischen Friedensdelegation in Paris, um an den Friedensgesprächen dort teilzunehmen, erhielt ich einen Anruf aus Saigon mit der Nachricht, daß soeben vier unserer Sozialarbeiter erschossen worden seien. Ich weinte. Ich war es gewesen, der sie gebeten hatte, diese Aufgabe zu übernehmen. Ein Freund, der mich damals begleitete, sagte: «Thây, du bist eine Art General, der eine Armee der

Gewaltlosigkeit anführt. Und wenn deine Armee für Liebe und Versöhnung kämpft, gibt es natürlich Verluste. Du hast keinen Grund zu weinen.» Ich antwortete: «Ich bin kein General. Ich bin ein Mensch. Ich muß weinen.» Sechs Monate später schrieb ich ein Theaterstück über den Tod dieser Studenten.

Versöhnungsarbeit ist niemals nur diplomatische Arbeit. Nicht durch Reisen und durch Begegnung mit Dutzenden Außenministern leistet man Versöhnungsarbeit. Man muß seinen Körper, seine Zeit und sein Leben einsetzen, um an der Versöhnung zu arbeiten. Man versucht es auf vielerlei Weise, und es ist möglich, daß einem gerade die Menschen feindlich gesonnen sind, denen man zu helfen versucht. Man muß dem Leiden der einen Seite Gehör schenken und es verstehen, und dann muß man zur anderen Seite gehen, um auch ihre Klagen anzuhören. Danach ist man in der Lage, jeder Seite vom Leiden der anderen Seite zu erzählen. Diese Arbeit ist wesentlich, und sie verlangt Mut. Wir brauchen viele Menschen mit der Fähigkeit zuzuhören: in Südafrika, im Nahen und Mittleren Osten, in Osteuropa, um nur gerade aktuelle Brennpunkte zu nennen.

Die Vierte Richtlinie ist eine Bodhisattva-Richtlinie. Wir müssen tief und aufrichtig studieren, um in der Lage zu sein, sie gut zu üben – in uns selbst, in unseren Familien und Gemeinschaften, in unserer Gesellschaft und in der Welt.

Achtsamer Umgang mit Konsumgütern

Im Bewußtsein des Leides, das durch unachtsamen Umgang mit Konsumgütern entsteht, gelobe ich, auf körperliche und geistige Gesundheit zu achten, bei mir selber, bei meiner Familie und meiner Gesellschaft, indem ich achtsames Essen, Trinken und Konsumieren übe. Ich will nur das zu mir nehmen, was das Wohl, den Frieden und das Glück meines Körpers und meines Geistes fördert und ebenso der allgemeinen körperlichen und geistigen Gesundheit dient. Ich bin entschlossen, auf Alkohol oder andere Rauschmittel zu verzichten sowie auf alles, was eine zerrüttende Wirkung hat, wie zum Beispiel bestimmte Fernsehprogramme, Zeitschriften, Bücher, Filme und Gespräche. Ich bin mir bewußt, daß ich meinen Vorfahren, meinen Eltern, der Gesellschaft und den zukünftigen Generationen Unrecht tue, wenn ich meinen Körper und mein Bewußtsein derart schädigenden Einflüssen aussetze. Ich will an der Überwindung und Transformation von Gewalt, Angst, Ärger und Verwirrung in mir selbst und in der Gesellschaft arbeiten, indem ich versuche, maßvoll zu leben. Mir ist bewußt, daß eine solche maßvolle Lebensführung für die Veränderung meiner selbst ebenso entscheidend ist wie für die Veränderung der Gesellschaft.

Immer wenn wir baden oder duschen, können wir unseren Körper betrachten und sehen, daß er ein Geschenk unserer Eltern und deren Eltern ist. Obwohl viele mit ihren Eltern am liebsten nichts mehr zu tun haben wollen – vielleicht, weil diese sie zu sehr verletzt haben –, werden wir, wenn wir nur tief genug schauen, erkennen, daß wir die Identifikation mit ihnen nicht vollständig ablegen können. Während wir jeden Teil unseres Körpers waschen, können wir uns fragen: «Wem gehört dieser Körper? Wer hat mir diesen Körper übertragen? Was wurde übertragen?» Wenn wir auf diese Weise meditieren, werden drei Komponenten deutlich: Der Überträger, das, was übertragen wird, und derjenige, der die Übertragung erhält. Überträger sind unsere Eltern. Wir sind die Fortsetzung unserer Eltern und ihrer Vorfahren. Das Objekt der Übertragung ist unser Körper. Und Empfänger der Übertragung sind wir selbst. Wenn wir hierüber fortgesetzt meditieren, kommen wir zu der klaren Erkenntnis, daß Überträger, übertragenes Objekt und Empfänger eins sind. Alle drei sind in unserem Körper präsent. Wenn wir mit dem gegenwärtigen Augenblick zutiefst in Kontakt sind, können wir erkennen, daß alle unsere Vorfahren und auch alle zukünftigen Generationen in uns präsent sind. Wenn wir das erkennen, wissen wir, was wir zu tun und was wir zu lassen haben – für uns selbst, unsere Ahnen, unsere Kinder und Kindeskinder.

Wenn Sie an Ihren Vater denken, sehen Sie vielleicht nicht gleich, daß Sie und Ihr Vater eins sind. Vielleicht sind Sie ihm wegen so mancher Dinge gram. Aber sobald Sie ihn verstehen und lieben, erkennen Sie die Leerheit der Übertragung. Sie erkennen, daß sich selbst zu lieben bedeutet, Ihren Vater zu lieben, und Ihren Vater zu lieben heißt, sich selbst zu lieben. So bewahren Sie Ihre körperliche und geistige Gesundheit für Ihre Vorfahren, Ihre Eltern und für die zukünftigen Generationen. Sie tun es für alle, nicht bloß für sich selbst. Das ist die wahre Bedeutung des Ausdrucks: Leerheit der Übertragung. In diesem Geiste sollte die Fünfte Richtlinie geübt werden.

Es gibt Menschen, die Alkohol trinken und im Rausch ihren Körper, ihre Familie und die Gesellschaft zerstören.

Diese Menschen müssen aufhören zu trinken. Aber Sie, der Sie in den letzten dreißig Jahren ab und zu ein Glas Wein getrunken haben, ohne daß es Ihnen geschadet hätte, warum sollten Sie darauf verzichten? Welchen Sinn macht es, diese Richtlinie zu üben, wenn Ihr Alkoholkonsum weder Ihnen noch anderen schadet? Nun, Ihnen selbst mag dieses geringe Quantum nicht geschadet haben, aber Sie üben nicht nur für sich selbst, sondern für alle. Ihre Kinder, die Sie immer wieder haben Wein trinken sehen, könnten sich ein Beispiel daran nehmen – aber vielleicht nicht so maßvoll mit dem Alkohol umgehen. Ganz auf den Wein zu verzichten, auch wenn er Ihnen selbst nicht geschadet hat, ist eine sehr tiefe Übung. Es ist die Einsicht eines Bodhisattva. Er erkennt, daß er alles, was er tut, für all seine Vorfahren und für die zukünftigen Generationen tut. Die Leerheit der Übertragung ist die Grundlage der Fünften Richtlinie. Der Drogengebrauch so vieler junger Menschen sollte aus derselben Einsicht heraus ebenfalls beendet werden.

Heutzutage glauben die Menschen, daß ihr Körper ihr Eigentum sei, und daß sie mit ihm machen könnten, was immer sie wollten. «Wir haben das Recht, so zu leben, wie es uns gefällt.» Bei einer solchen Feststellung haben Sie sogar das Gesetz auf Ihrer Seite. Das ist eine der Manifestationen des Individualismus. Gemäß der Lehre von der Leerheit ist Ihr Körper jedoch nicht Ihr Eigentum. Er gehört Ihren Vorfahren, Ihren Eltern und den zukünftigen Generationen. Er gehört ebenso der Gesellschaft und allen Lebewesen. Alle sind zusammengekommen, um die Gegenwart dieses Körpers zu schaffen – Bäume, Wolken, alles. Den Körper gesund zu erhalten bedeutet, dem ganzen Kosmos und allen Vorfahren Dankbarkeit zu erweisen und die zukünftigen Generationen nicht zu betrügen. Wir üben diese Richtlinie für die ganze Gesellschaft, den gesamten Kosmos. Sind wir gesund, können alle davon profitieren – nicht nur die Gesellschaft von Männern und Frauen, sondern ebenso die Gesellschaft der Tiere, der Pflanzen und der Mineralien. Dies ist eine Bodhisattva-Richtlinie. Wenn wir die Fünf Richtlinien üben, befinden wir uns bereits auf dem Pfad der Bodhisattvas. Bei der Fünften Richtlinie geht es um Gesundheit und Heilung, wobei mit Gesundheit nicht nur körperliche Gesundheit, sondern auch geistiges Wohlergehen gemeint ist.

«Im Bewußtsein des Leides, das durch unachtsamen Umgang mit Konsumgütern entsteht, gelobe ich, auf körperliche und geistige Gesundheit zu achten, bei mir selber, bei meiner Familie und meiner Gesellschaft, indem ich achtsames Essen, Trinken und Konsumieren übe.» Wenn Ihnen auf einem Empfang jemand ein Glas Wein anbietet, können Sie lächelnd ablehnen: «Nein danke, ich trinke keinen Alkohol. Ich wäre Ihnen dankbar, wenn Sie mir ein Glas Saft oder Wasser bringen könnten.» Sie sagen es sanft, mit einem Lächeln. Das ist sehr hilfreich. Sie geben so vielen ein Beispiel, vor allem den Kindern, die vielleicht auch anwesend sind.

Alles, was eine Mutter ißt, trinkt, worüber sie sich sorgt und was sie ängstigt, hat einen Einfluß auf den Fötus in ihr. Selbst wenn der Embryo noch klein ist, trägt er bereits alles in sich. Ist sich die junge Mutter der Natur der wechselseitigen Bedingtheit nicht bewußt, kann sie sowohl ihr Kind als auch sich selbst schädigen. Wenn sie Alkohol trinkt, zerstört sie, in gewissem Umfang, die Hirnzellen ihres Fötus. Forschungsergebnisse haben das bestätigt.

Das Objekt dieser Richtlinie ist achtsames Konsumieren. Wir sind, was wir konsumieren. Betrachten wir die Dinge, die wir im Laufe eines Tages zu uns nehmen, lernen wir unsere eigene Natur sehr gut kennen. Wir müssen konsumieren, essen und trinken; tun wir das aber unachtsam, können wir unseren Körper und unser Bewußtsein schädigen und uns gegenüber unseren Vorfahren, unseren Eltern und den zukünftigen Generationen undankbar erweisen.

Wenn wir achtsam essen, sind wir in engem Kontakt mit

der Speise. Die Nahrung, die wir zu uns nehmen, ist ein Geschenk der Natur. Sie mit unserer Achtsamkeit zu berühren bedeutet, dankbar zu sein. Achtsames Essen kann große Freude bereiten. Wir schieben die Nahrung auf die Gabel, schauen sie kurz an, bevor wir sie zum Mund führen, und kauen dann achtsam und sorgfältig mindestens fünfzigmal. Wenn wir so üben, sind wir mit dem gesamten Kosmos in Kontakt.

In Kontakt sein bedeutet auch zu merken, ob Giftstoffe in unserer Nahrung sind. Dank unserer Achtsamkeit können wir erkennen, ob unser Essen gesund ist oder nicht. Vor dem Essen kann man Ein- und Ausatmen üben und die Speisen auf dem Tisch betrachten. Ein Familienmitglied kann den Namen jedes einzelnen Gerichts aussprechen: «Kartoffeln», «Salat» und so weiter. Etwas beim Namen zu nennen hilft uns, es tief zu berühren und seine wahre Natur zu sehen. Kinder machen das sehr gerne, wenn wir ihnen zeigen, wie es geht. Achtsames Essen ist eine gute Erziehung. Wenn Sie eine Zeitlang so üben, werden Sie merken, daß Sie sorgsamer essen, und Ihre Übung achtsamen Essens mag andere anregen, es Ihnen gleichzutun. Es ist eine Kunst, so zu essen, daß Achtsamkeit in unser Leben kommt.

So, wie wir mit einer überlegten Ernährungsweise für unseren Körper sorgen, können wir mit der richtigen Lebensführung unser Bewußtsein, unsere geistige Gesundheit stärken. Wir müssen darauf verzichten, die Art von «Nahrung» zu uns zu nehmen, die Gift ist für unser Bewußtsein. Einige Fernsehprogramme zum Beispiel dienen der Bildung und helfen uns, ein gesundes Leben zu führen. Für solche Sendungen sollten wir uns Zeit nehmen. Andere Programme dagegen vergiften uns, und wir sollten auf sie verzichten. Das ist eine Übung für alle Familienmitglieder.

Wir wissen, daß Rauchen nicht gut ist für unsere Gesundheit. «Rauchen schadet Ihrer Gesundheit» muß heute auf jeder Packung Zigaretten stehen. Die Zigarettenwerbung jedoch erweckt in jungen Menschen nach wie vor den Eindruck, daß sie gar nicht wirklich lebendig sind, wenn sie nicht rauchen. Diese Art von Werbung stellt einen Zusammenhang her zwischen Rauchen, Natur, Frühling, teuren Autos, attraktiven Männern und Frauen und einem gehobenen Lebensstandard. Man könnte glauben, daß es gar nicht möglich ist, glücklich zu sein, wenn man nicht raucht oder Alkohol trinkt. Diese Art von Werbung ist gefährlich, weil sie an unser Unterbewußtsein appelliert. Wir müssen deutlich machen, daß diese Art von Propaganda die Menschen in die Irre führt.

Der Warnhinweis auf den Zigarettenpackungen reicht da allerdings nicht aus. Wir müssen aktiv werden und in Wort und Schrift immer wieder daran erinnern, daß Rauchen und Alkoholkonsum schädlich sind. Wir sind auf dem richtigen Weg. Immerhin ist es schon möglich geworden, ein Flugzeug zu benutzen, ohne von Zigarettenqualm belästigt zu werden. Wir müssen noch weitere Anstrengungen in dieser Richtung unternehmen.

Mir ist klar, daß das Trinken von Wein tief in der westlichen Kultur verwurzelt ist. In den Zeremonien der Eucharistie und des Passah-Festes ist Wein ein bedeutendes Element. Ich habe mit Priestern und Rabbinern darüber gesprochen, und sie haben mir gesagt, daß es durchaus möglich sei, den Wein durch Traubensaft zu ersetzen. Auch wenn wir selbst keinen Tropfen trinken, können wir auf der Straße von einem Betrunkenen überfahren werden. Einen einzigen Menschen davon zu überzeugen, daß es besser ist, nicht mehr zu trinken, macht die ganze Welt für uns alle ein Stückchen sicherer.

Häufig müßten wir gar nicht so viel essen und trinken, aber für manche ist es schon regelrecht zu einer Art Sucht geworden. Wir fühlen uns einsam – wie so viele heutzutage. Es ist ähnlich wie bei der Dritten und Vierten Richtlinie – wir fühlen uns einsam, daher lassen wir uns auf eine Konversation oder sogar eine Beziehung ein, in der Hoffnung, unsere Einsamkeit würde verschwinden. Auch Essen und Trinken kann das Ergebnis von Einsamkeit sein. Sie konsumieren zuviel, um Ihre Einsamkeit zu vergessen, aber was Sie zu sich nehmen, vergiftet vielleicht Ihren Körper und Ihren Geist. Wenn Sie sich einsam fühlen, holen Sie sich etwas aus dem Kühlschrank, schalten das Fernsehgerät ein, lesen wahllos eine Zeitschrift oder einen Roman, oder Sie rufen jemanden an, nur um mit irgendeinem Menschen zu sprechen. Unachtsamer Konsum macht jedoch alles nur noch schlimmer.

In Filmen gibt es oft eine Menge Gewalt, Haß und Angst. Wenn wir uns eine Stunde lang einen solchen Film anschauen, nähren wir die Samen der Gewalt, des Hasses und der Angst in uns. Auch bei unseren Kindern lassen wir es zu. Vielleicht müßten wir auf unseren Fernsehgeräten einen ähnlichen Warnhinweis anbringen wie auf den Zigarettenschachteln: «Fernsehen kann Ihrer Gesundheit schaden.» Viele Kinder und Jugendliche neigen zu Gewalttätigkeit, nicht zuletzt, weil sie im Fernsehen mit soviel Mord und Totschlag konfrontiert wurden. In unserer Familie müssen wir einen intelligenten Umgang mit dem Fernsehen lernen, denn es gibt ja auch sehr viele nützliche und schöne Programme. Wir müssen das Medium bloß mit Weisheit und Achtsamkeit nutzen. Und vielleicht hilft es ja etwas, an die Fernsehanstalten zu appellieren, bessere Programme zu senden, oder Fernsehgeräte auf den Markt zu bringen, die nur Kanäle mit der Bildung förderlichen Programmen ausstrahlen können.

Wir brauchen Schutz, denn die Gifte sind überwältigend. Sie zerstören unsere Gesellschaft, unsere Familien und uns selbst. Wir müssen alles in unserer Macht Stehende tun, um uns zu schützen. Diskussionen über dieses Thema können gewiß wichtige Anstöße geben, wie wir uns nicht nur vor bestimmten Fernsehsendungen, sondern auch vor «giftigen» Magazinen schützen können. Wir sollten solche Zeitschriften boykottieren. Nicht nur wir selbst sollten aufhören, diese Zeitschriften zu lesen, sondern wir sollten auch andere vor den Gefahren warnen, die das Lesen, das heißt das Konsumieren solcher Produkte, mit sich bringt. Das gleiche gilt für Bücher und Gespräche. Auch nach manchem Gespräch fühlen wir uns förmlich wie gelähmt von dem, was wir da gerade gehört haben. Achtsamkeit wird uns davor bewahren, Gespräche zu führen, die noch mehr Gift in unser Herz träufeln.

Psychotherapeuten sind Menschen, die dem Leiden ihrer Klienten achtsam zuhören. Wenn sie nicht wissen, wie sie den Schmerz und das Leiden dann in sich selbst wieder neutralisieren können, werden sie nicht frisch und gesund bleiben und ihre Energie einbüßen.

Die Übung, die ich zu diesem Zweck vorschlagen möchte, hat drei Teile: Zuerst betrachten Sie achtsam Ihren Körper und Ihr Bewußtsein und identifizieren die Gifte, die Sie bereits in sich tragen. Wir müssen unser eigener Arzt sein, nicht nur für unseren Körper, sondern auch für unseren Geist. Nachdem die Giftstoffe identifiziert sind, können wir beginnen, sie auszuscheiden. Eine Möglichkeit besteht darin, viel Wasser zu trinken. Eine weitere ist die Massage, um jene Regionen mit Blut zu versorgen, wo die Gifte sich konzentrieren, damit diese ausgeschwemmt werden können. Eine dritte Möglichkeit ist das tiefe Atmen in frischer klarer Luft. Auf diese Weise gelangt mehr Sauerstoff in unser Blut und hilft ebenfalls, die Toxine auszuschwemmen. Unser Körper verfügt über Mechanismen, die ständig versuchen, giftige Substanzen zu neutralisieren und auszuscheiden. Wenn unser Körper jedoch schon zu sehr geschwächt ist, kann er diese Arbeit nicht mehr allein erledigen. Während wir also all diese Möglichkeiten nutzen, müssen wir gleichzeitig aufhören, unserem Körper weitere Giftstoffe zuzuführen.

Zur gleichen Zeit betrachten wir unser Bewußtsein, um festzustellen, welche Gifte sich dort bereits angesammelt haben: eine Menge Zorn, Verzweiflung, Furcht, Haß, Gier und Eifersucht – alles Dinge, die der Buddha Gifte genannt hat. Der Buddha hat von den drei grundlegenden Giften – Gier, Haß und Unwissenheit – gesprochen, aber es gibt noch viele weitere, und wir müssen ihr Vorhandensein in uns entdecken. Unser Glück hängt von der Fähigkeit ab, sie zu transformieren. Wir haben nicht geübt und unser unachtsamer Lebensstil hat deshalb den Sieg davongetragen. Unsere Lebensqualität hängt in hohem Maße davon ab, wieviel Frieden und Freude wir in unserem Körper und in unserem Geist finden. Wenn zuviel Gift in unserem Körper und Geist ist, können Friede und Freude in uns nicht stark genug sein, um uns glücklich zu machen. Der erste Schritt besteht also darin, die Gifte, die bereits in uns sind, zu erkennen und zu identifizieren.

Der zweite Schritt der Übung besteht darin, sorgsam darauf zu achten, was wir körperlich und geistig zu uns nehmen. Welche Gifte führe ich meinem Körper heute zu? Welche Filme schaue ich mir heute an? Was für ein Buch lese ich? In welchen Zeitschriften blättere ich? Was für Unterhaltungen führe ich? Versuchen Sie, die Toxine zu erkennen.

Der dritte Teil der Übung besteht darin, sich eine Art Diät zu verschreiben. Im Bewußtsein der Tatsache, daß es bereits viele Giftstoffe in meinem Körper und in meinem Geist gibt, im Bewußtsein der Tatsache, daß ich jeden Tag diese oder jene Gifte meinem Körper und meinem Geist zuführe, die mich krank machen und meinen Lieben Leid bringen, bin ich entschlossen, mich an eine angemessene Diät zu halten. Ich gelobe, ausschließlich Dinge zu mir zu nehmen, die Wohlergehen, Frieden und Freude in meinem

Körper und in meinem Bewußtsein fördern. Ich bin entschlossen, meinem Körper und meinem Bewußtsein keine weiteren Gifte zuzuführen.

Darum will ich darauf verzichten, bestimmte Dinge in meinen Körper und mein Bewußtsein aufzunehmen, von denen ich eine Liste machen werde. Wir wissen, daß wir täglich viele Dinge zu uns nehmen, die nahrhaft, gesund und köstlich sind. Wenn wir auf Alkohol verzichten, bieten sich viele heilsame und bekömmliche Alternativen an: Fruchtsäfte, Tees, Mineralwasser... Wir brauchen ganz und gar nicht auf alles zu verzichten, was das Leben angenehm macht. Es gibt viele informative und unterhaltsame Sendungen im Fernsehen. Es gibt viele ausgezeichnete Bücher und Magazine. Es gibt viele wunderbare Menschen als Gesprächspartner und heilsame Themen, über die man reden kann. Indem wir geloben, nur Dinge zu konsumieren, die Wohlergehen, Frieden und Freude in uns und in unserer Familie und Gesellschaft fördern, berauben wir uns durchaus nicht der angenehmen Seiten des Lebens. Im Gegenteil: Diese Übung bringt uns tiefen Frieden und tiefe Freude.

Eine Diät einzuhalten ist die Essenz dieser Richtlinie. Kriege und Bomben sind die Produkte unseres individuellen und kollektiven Bewußtseins. Unser kollektives Bewußtsein enthält viel Gewalt, Angst, Gier und Haß, die als Kriege und Bomben manifest werden können. Die Bomben sind Produkte unserer Angst. Weil andere mächtige Bomben besitzen, versuchen wir, noch machtvollere herzustellen. Davon erfährt die andere Nation und versucht nun ihrerseits noch potentere Waffen zu entwickeln. Die Bomben zu beseitigen ist nicht genug. Selbst wenn wir alle Bomben auf einen weit entfernten Planeten bringen könnten, wären wir noch nicht sicher, denn die Wurzeln für Kriege und Waffen wären in unserem kollektiven Bewußtsein immer noch vorhanden. Der wahre Weg, die Wurzeln des Krieges zu beseitigen, besteht darin, die Gifte in unserem kollektiven Bewußtsein zu transformieren.

Als wir im Fernsehen sahen, wie Rodney King in Los Angeles zusammengeschlagen wurde, konnten wir nicht verstehen, warum fünf Polizisten wieder und wieder dermaßen auf einen wehrlosen Menschen einschlagen mußten. Wir sahen die Gewalt, den Haß und die Angst in diesen Menschen. Aber es war nicht allein das Problem dieser fünf Männer. Sie handelten als Manifestation unseres kollektiven Bewußtseins. Sie sind nicht die einzigen, die voller Gewalt, Haß und Furcht sind. Den meisten von uns geht es so. In allen großen Städten herrscht ein Übermaß an Gewalt, nicht nur in Los Angeles, sondern ebenso in New York, Tokio, Paris, Berlin und anderswo. Jeden Morgen, wenn sie zur Arbeit gehen, sagen die Polizisten sich: «Ich muß vorsichtig sein, ich könnte getötet werden. Ich werde meine Familie vielleicht nicht wiedersehen.» Ein Polizist nährt jeden Tag die Angst in sich, und aus diesem Grunde tut er vielleicht Dinge, die ziemlich unklug sind. Vielleicht gibt es keine wirkliche Gefahr, aber weil er glaubt, sonst erschossen zu werden, nimmt er seine Pistole und schießt zuerst. Vielleicht erschießt er so ein Kind, das mit einer Spielzeugpistole auf ihn zielt. Eine Woche, bevor Rodney King zusammengeschlagen wurde, war in Los Angeles eine Polizistin mit einem Schuß ins Gesicht getötet worden. Es ist verständlich, daß die Polizisten in dieser Region innerlich aufgewühlt waren. Alle gingen sie zur Beerdigung, um ihren Zorn und ihren Haß auf die Gesellschaft und auf die Regierung zu demonstrieren und zu beklagen, daß man ihnen nicht genug Schutz zuteil werden ließ. Die Regierung ist jedoch ebensowenig sicher: Präsidenten und Premierminister fallen Attentaten zum Opfer. Weil die Gesellschaft so ist, wie sie ist, sind auch ihre Polizisten so. Eine Gesellschaft voller Gewalt schafft Polizisten voller Gewalt. Eine Gesellschaft voller Angst schafft Polizisten voller Angst. Also müssen wir das Problem von der Wurzel her angehen, das heißt, wir müssen unser kollektives Bewußtsein, wo die Wurzel-Energien von Angst, Zorn, Haß und Gier liegen, transformieren.

Wir müssen das alle gemeinsam tun. Wir müssen mit Schriftstellern, Künstlern, Filmemachern, Rechtsanwälten und Gesetzgebern reden. Wir müssen diese Mühe auf uns nehmen. Meditation darf keine Droge sein, die uns gleichgültig macht gegenüber unseren wahren Problemen. Sie sollte Achtsamkeit in uns schaffen und ebenso in unserer Familie und Gesellschaft. Erleuchtung muß kollektiv geschehen, um Ergebnisse zu zeitigen. Wir müssen mit der Art des Konsums aufhören, die unser kollektives Bewußtsein vergiftet.

Ich kann keinen anderen Weg erkennen, als die Übung dieser Bodhisattva-Richtlinien. Wir müssen sie als Gemeinschaft üben, um die notwendigen dramatischen Veränderungen herbeizuführen. Als Gesellschaft zu üben wird nur dann möglich sein, wenn jeder einzelne von uns gelobt, als Bodhisattva zu üben. Die Probleme sind gewaltig. Es geht um unser Überleben sowie das Überleben unserer Spezies und unseres Planeten. Wir sehen, daß die Fünfte Richtlinie der Ersten entspricht. Wenn Sie Nicht-Töten üben und lernen, das Leben selbst kleiner Tiere zu schützen, werden Sie erkennen, daß weniger Fleisch zu essen etwas mit der Übung dieser Richtlinie zu tun hat. Wenn Sie nicht in der Lage sind, ganz auf Fleisch zu verzichten, bemühen Sie sich wenigstens, Ihren Fleischgenuß einzuschränken. Wenn Sie Ihren Fleisch- und Alkoholkonsum nur um 50 Prozent reduzieren, kann sich das segensreich für die Situation in der dritten Welt auswirken. Die Richtlinien zu üben bedeutet, jeden Tag ein Stückchen weiter zu kommen. Aus diesem Grund beantworten wir im Rahmen der Zeremonie der Rezitation der Richtlinien die Frage, ob wir uns Mühe gegeben haben, die Richtlinien zu studieren und zu üben, immer mit tiefem Atmen. Das ist die beste Antwort. Tiefes Atmen bedeutet, daß ich mir Mühe gegeben habe, aber daß ich noch mehr tun kann.

Auch die Fünfte Richtlinie kann so verstanden werden. Wenn Sie nicht in der Lage sind, ganz mit dem Trinken aufzuhören, dann reduzieren Sie wenigstens Ihr regelmäßiges Quantum. Der Unterschied zwischen der Ersten und der Fünften Richtlinie besteht darin, daß Alkohol von anderer «Qualität» ist als Fleisch. Alkohol kann süchtig machen. In einem französischen Fernseh-Werbespot heißt es: «Ein Glas ist o.k., mit dem dritten beginnt die Zerstörung.» (*Un verre ça va; trois verres bonjour les dégâts.*) Sie sagen nicht, daß das erste das zweite nach sich zieht und das zweite das dritte. Sie sagen es nicht, weil Frankreich zu einer Wein-Zivilisation gehört. Hier bei uns in Plum Village, in der französischen Provinz Bordeaux, sind wir von Wein umgeben. Vielen unserer Nachbarn sind wir daher ein Rätsel. Aber wir sind ein Widerstandsnest – widerstehen Sie mit uns.

Als ich Novize war, habe ich gelernt, daß man zur Herstellung von Medizin manchmal Alkohol braucht. Viele Wurzeln und Kräuter müssen in Alkohol ziehen, damit sie überhaupt ihre Wirkung entfalten. Zu diesem Zweck ist Alkohol erlaubt. Die so vorbereiteten Kräuter kommen dann in einen Topf mit kochendem Wasser. Danach haben sie keinerlei berauschende Wirkung mehr. Wenn Sie ein bestimmtes Gericht mit Alkohol kochen, ist das Ergebnis ähnlich. Wenn das Essen schließlich gar ist, ist der Alkohol verflogen. Wir sollten diese Dinge also nicht zu eng sehen.

Niemand kann die Richtlinien vollkommen üben, nicht einmal der Buddha selbst. Die vegetarischen Speisen, die man ihm darbot, waren nie ganz und gar vegetarisch. Gekochtes Gemüse enthält tote Bakterien. Wir können weder die Erste noch irgendeine der anderen Richtlinien auf ideale Weise praktizieren. Aber wegen der realen Gefahr für unsere Gesellschaft – Alkoholismus hat schon so viele Familien zerstört, so viel Unglück verursacht – müssen wir irgend etwas tun. Wir müssen auf eine Art und Weise leben, die dieser Zerstörung entgegenwirkt. Darum bitte ich Sie so inständig, auch auf das eine Glas Wein zu verzichten, selbst wenn es Ihrer eigenen Gesundheit nicht schadet.

Ich möchte auch noch etwas über Drogen sagen. Häufig kommen junge Menschen, die Drogen genommen haben, in Meditationszentren, um zu lernen, sich dem Leben zu stellen. Oft handelt es sich dabei um talentierte und sensible Menschen, aber durch ihre Drogensucht haben sie – in geringem oder erheblichem Ausmaß – einen Teil ihrer Hirnzellen zerstört. Das hat zur Folge, daß sie jetzt nur wenig Stabilität und Durchhaltevermögen besitzen und von Schlaflosigkeit oder Alpträumen geplagt werden. Wir tun, was wir können, um sie zumindest für die Dauer einer Trainingsperiode zum Bleiben im Zentrum zu bewegen, aber weil sie leicht den Mut verlieren, haben sie die Tendenz aufzugeben, sobald die Dinge schwierig zu werden beginnen. Menschen, die drogenabhängig waren, brauchen Disziplin. Ich bin mir nicht sicher, ob ein Meditationszentrum wie Plum Village der beste Ort ist, um sie von ihrer Sucht zu befreien. Ich denke, daß Ärzte und Psychologen dafür vielleicht besser gerüstet sind als wir. Ein Meditationszentrum sollte aber in der Lage sein, kurze Meditationskurse anzubieten, sowohl für jene, die Drogensüchtige behandeln, als auch für die Drogensüchtigen selbst, um auf diese Weise seine Ressourcen jenen zugänglich zu machen, die sie wirklich dringend brauchen.

Der Weg, den wir anbieten können, ist die Übung der Fünften Richtlinie. Sie verhindert, daß jemand überhaupt erst mit Drogen in Berührung kommt. Besonders Eltern müssen wissen, welche spirituelle Nahrung sie ihren Kindern geben können. Häufig genug fühlen die sich nämlich durch die betont materialistische Einstellung ihrer Eltern spirituell ausgehungert und suchen dann Trost und Erfüllung in Drogen. Wenn allerdings die Erzieher diese innere Nahrung nicht einmal für sich selbst gefunden haben, wie sollen sie dann den jungen Menschen den Weg zu dieser Quelle zeigen?

Die Fünfte Richtlinie fordert uns auf, heilsame spirituelle Nahrung nicht nur für uns selbst, sondern auch für die zukünftigen Generationen zu finden. Heilsame spirituelle Nahrung kann man im Mond finden, in Frühlingsblüten, in den Augen eines Kindes. Die ganz grundlegenden Meditationsübungen, uns unseres Körpers, unseres Geistes und unserer Welt mehr und mehr gewahr zu werden, können uns in einen wesentlich reicheren und erfüllenderen Zustand versetzen, als es mit Drogen jemals möglich wäre. Wir können die Freuden feiern, die in den einfachsten Genüssen zu finden sind.

Der Gebrauch von Alkohol und Drogen hilft nur für eine kurze Weile, Schmerz und Leid zu vergessen. Sind Menschen erst einmal abhängig geworden, tun sie nahezu alles, um an Alkohol oder Drogen zu kommen – sie lügen, stehlen, rauben, ja sie sind sogar bereit zu töten. Den Drogenhandel zu unterbinden, wie die Regierungen es versuchen, ist nicht der beste Weg, Menschen vom Drogengebrauch abzuhalten. Der beste Weg ist, die Fünfte Richtlinie zu üben und anderen dabei zu helfen, ebenso zu üben.

Achtsamer Konsum ist ein intelligenter Weg, Giftstoffe nicht mehr in unser Bewußtsein zu lassen und zu verhindern, daß die Probleme uns überwältigen. Die Kunst, zu lernen, erfrischende, nahrhafte und heilende Elemente zu berühren und aufzunehmen, ist der Weg, unser Gleichgewicht wiederherzustellen und den Schmerz und die Einsamkeit zu transformieren, die wir bereits in uns tragen. Damit das gelingen kann, müssen wir gemeinsam üben.

Die Übung achtsamen Konsums sollte nationale Politik werden. Sie sollte als wahre Erziehung zum Frieden Anerkennung finden. Eltern, Lehrer, Erzieher, Ärzte, Therapeuten, Rechtsanwälte, Schriftsteller, Reporter, Filmemacher, Kaufleute und Gesetzgeber müssen dabei zusammenarbeiten. Es muß Wege geben, diese Übung zu organisieren.

Die Übung der Achtsamkeit hilft uns, zu sehen, was vor sich geht. Sind wir erst einmal in der Lage, das Leiden und die Wurzeln des Leidens wahrhaft zu erkennen, werden wir motiviert sein, zu handeln, zu üben. Die Energie, die wir brauchen, ist nicht Angst oder Haß; wir brauchen die Energie des Verstehens und des Mitgefühls. Schuldzuweisungen und Verdammungen sind nicht nötig. Wer sich berauscht und betäubt, um Schmerz und Einsamkeit zu entfliehen, braucht Hilfe, nicht Strafe. Nur Verständnis und Mitgefühl auf kollektiver Ebene können uns befreien. Die Übung der Fünf Wunderbaren Richtlinien ist die Übung von Achtsamkeit und Mitgefühl. Damit unsere Kinder und deren Kinder eine Zukunft haben, müssen wir üben.

TEIL II

Reaktionen, Antworten, Reflexionen

JACK KORNFIELD

Glück ist eine Sache des Herzens

Bewußte Lebensführung oder Tugend bedeutet, harmonisch und sorgsam mit dem Leben – unserem eigenen und dem anderer – umzugehen. Damit spirituelle Praxis sich entwickeln kann, müssen wir unbedingt ein Fundament ethischen Verhaltens in unserem Leben legen. Handeln wir auf eine Weise, die uns und anderen Schmerzen zufügt und Konflikte hervorruft, kann unser Geist unmöglich in der Meditation Ruhe, Sammlung und Konzentration finden; dann ist es unmöglich, daß unser Herz sich öffnet. Einem Geist jedoch, der in Selbstlosigkeit und Wahrheit wurzelt, fällt die Entwicklung von Konzentration und Weisheit leicht.

Der Buddha hat fünf Bereiche grundlegender Ethik aufgezeigt, die zu einem bewußten Leben führen. Diese Übungsrichtlinien erhalten alle Schülerinnen und Schüler, die dem Pfad der Achtsamkeit zu folgen wünschen. Sie stellen keine absoluten Gebote dar, sondern sind eher als praktische Vorschläge zu verstehen, die uns helfen, harmonischer zu leben sowie geistigen Frieden und geistige Kraft zu entwickeln. Wenn wir mit ihnen arbeiten, entdecken wir, daß es sich um universale Richtlinien handelt, die in jeder Kultur und zu jeder Zeit Gültigkeit besitzen. Sie sind Teil grundlegender Achtsamkeitsübung und können in unserem spirituellen Leben kultiviert werden.

Die Erste Richtlinie betrifft den Verzicht auf das Töten. Das bedeutet, alles Leben zu achten und keinem Lebewesen aus Haß oder Abneigung Schaden zuzufügen. Unser Ziel ist es, Wertschätzung und Fürsorge für das Leben in all seinen Formen zu entwickeln. Der Achtfache Pfad bezeichnet diesen Aspekt als «rechte Handlung». Und obwohl es beinahe selbstverständlich erscheint, vergessen wir es doch immer wieder. Vor einigen Jahren brachte der *New Yorker* zu Beginn der Jagdsaison folgenden Cartoon: Sagt ein Reh zum anderen: «Warum dünnen sie nicht ihre eigene verfluchte Herde aus?»

Wir entschuldigen unser Vorgehen mit dem Argument, daß es einfach zuviel Wild gäbe. Wenn wir bewußter werden und mehr mit dem Leben in Kontakt kommen, wird uns klar, daß wir andere nicht verletzen dürfen, weil wir uns selbst verletzen, wenn wir töten. Und selbst die kleinste Kreatur möchte nicht sterben. Indem wir diese Richtlinie üben, lernen wir aufzuhören, uns selbst und anderen Schmerzen zu bereiten.

Die Zweite Richtlinie fordert uns auf, das Stehlen zu lassen, also nichts zu nehmen, was uns nicht gehört. Nicht zu stehlen wird grundsätzliches Nicht-Verletzen genannt. Wir müssen unsere Gier loslassen und dürfen nicht zu viel nehmen. Positiver ausgedrückt bedeutet es, die Dinge mit Verstand und Sorgfalt zu gebrauchen, unseren Sinn für das Teilen dieses Lebens und dieses Planeten mit anderen zu entwickeln. Um zu leben, brauchen wir Pflanzen, Tiere und Insekten. Die ganze Welt muß ihre Ressourcen teilen. Sie ist ein Boot von begrenzter Größe, auf dem schon sehr viele Wesen leben. Wir sind mit den Bienen, den Insekten und den Regenwürmern aufs engste verbunden. Gäbe es keine Regenwürmer, die den Boden auflockern, und keine Bienen, die die Pflanzen bestäuben, würden wir verhungern. Wir brauchen Bienen, wir brauchen Insekten. Wir sind alle miteinander verbunden. Wenn wir lernen, die Erde zu lieben, können wir in allem, was wir tun, Glück erfahren, ein Glück, das aus Zufriedenheit erwächst. Das ist die Quelle echter Ökologie. Es ist eine Quelle des Friedens für die Welt, wenn wir erkennen, daß wir nicht von der Erde getrennt sind, sondern alle von ihr hervorgebracht wurden und alle miteinander verbunden sind. Aus diesem Gefühl der Verbundenheit heraus können wir uns zum Teilen entschließen, dazu, ein Leben der Hilfsbereitschaft und Großzügigkeit zu führen.

Großzügigkeit zu entwickeln ist ein weiterer wesentlicher Aspekt spirituellen Lebens. Wie die Richtlinien und wie innere Meditation kann auch Großzügigkeit tatsächlich geübt werden. Je vertrauter wir mit der Praxis werden, desto mehr bestimmt Großzügigkeit unser Handeln, und unser Herz wird stärker und leichter. Wir können uns zu neuen Ebenen des Loslassens und zu großem Glück weiterentwickeln. Der Buddha hat die Bedeutung der Großzügigkeit betont, als er sagte: «Wenn ihr über die Kraft des Gebens wüßtet, was ich weiß, würdet ihr nicht eine einzige Mahlzeit verstreichen lassen, ohne sie in irgendeiner Form zu teilen.»

Traditionell werden drei Arten des Gebens unterschieden, und wir sollten mit der Entwicklung der Großzügigkeit dort beginnen, wo sie sich in unserem Herzen zeigt. Zuerst ist da zögerndes Geben. Wir nehmen etwas in die Hand und denken: «Nun, das werde ich wohl sowieso nicht brauchen, vielleicht sollte ich es verschenken ... Ach, wer weiß, ich behalte es vorerst lieber noch ... Nein, ich verschenke es doch.» Schon diese Ebene ist positiv. Wir empfinden selbst Freude und helfen jemand anderem. Wir teilen und verbinden.

Als nächstes gilt es, die Ebene des freundlichen Gebens zu entdecken. Es ist, als ginge man mit einem Bruder oder einer Schwester um. «Bitte, teile mit mir, was ich habe, genieße es mit mir.» Ganz offen unsere Zeit, unsere Energie, die Dinge, die wir besitzen, mit anderen zu teilen, fühlt sich noch besser an. Es macht Spaß. Es ist eine Tatsache, daß wir nicht viel besitzen müssen, um glücklich zu sein. Es ist unsere Beziehung zu diesem wechselhaften Leben, die darüber entscheidet, ob wir glücklich oder unglücklich sind. Glück ist eine Sache des Herzens.

Die dritte Ebene des Gebens ist das königliche Geben. Wir nehmen etwas, unsere Energie oder etwas vom Besten, das wir besitzen, geben es großzügig jemand anderem und sagen: «Bitte, genieß du es auch.» Wir geben dem anderen und freuen uns am Teilen. Diese Ebene des Teilens zu lernen ist etwas sehr Schönes.

Wir können anfangen, großzügiger zu sein, mehr unserer Zeit, unserer Energie, unserer Güter, unseres Geldes zu geben, und zwar nicht nur, um einem bestimmten Selbstbild zu entsprechen oder eine äußere Autorität zufriedenzustellen, sondern weil diese Haltung zu einer Quelle echten Glücks in unserem Leben wird. Damit ist natürlich nicht gemeint, daß wir alles weggeben müssen. Das wäre übertrieben, wir müssen ja auch mit uns selbst mitfühlend und fürsorglich umgehen. Dennoch ist es etwas Besonderes, die Kraft der Übung einer solchen Offenheit kennenzulernen. Es ist ein Privileg, in der Lage zu sein, Großzügigkeit in unser aller Leben zu bringen.

Die Dritte Richtlinie, sexuelle Verantwortung zu üben, erinnert uns daran, nicht aus sexueller Gier heraus unüberlegt zu handeln und den anderen zu verletzen. Die Sexualität ist eine sehr machtvolle Energie. In der heutigen Zeit des schnellen Beziehungswechsels und laxer sexueller Wertmaßstäbe sind wir aufgefordert, uns dieser Energie und ihres richtigen Gebrauchs bewußt zu werden. Wenn wir diese Energie mit Greifen und Gier, Ausbeutung und Unterdrückung gleichsetzen, werden wir auf eine Weise handeln, die uns und anderen Schaden zufügt. Die Folge eines Treuebruchs zum Beispiel ist großes Leid. Wenn wir dagegen ehrlich und aufrichtig handeln, ist bereits das ein Grund zur Freude.

Der Geist dieser Richtlinie fordert uns auf, die unserem Handeln zugrunde liegende Motivation zu überprüfen. In dieser Weise achtsam zu sein, erlaubt uns zu entdecken, daß von Herzen kommende Sexualität ein Ausdruck echter Liebe, Sorge und Intimität sein kann. Im Verlauf unseres sexuellen Lebens haben wir uns nahezu alle schon einmal töricht verhalten, und ebenso haben wir versucht, mit Sex das Schöne zu berühren und einen anderen Menschen wirklich zu erkennen. Bewußte Sexualität ist ein wesentlicher Teil des achtsamen Lebens.

Die Vierte Richtlinie bewußten Verhaltens betrifft die «rechte Rede», wie der Achtfache Pfad diesen Aspekt nennt. Lüge nicht, heißt es. Sprich nur, was wahr und nützlich ist. Sprich weise, verantwortungsbewußt und angemessen. Rechte Rede fordert uns auf, gewahr zu sein, wie wir die Energie unserer Worte einsetzen. Wir verbringen einen gut Teil unseres Lebens mit Reden, Analysieren, Klatschen, Diskutieren und Planen, meistens nicht besonders bewußt oder achtsam. Es ist jedoch möglich, die Sprache zu nutzen, um zu erwachen. Wir können achtsam erleben, was wir da eigentlich tun, wenn wir sprechen, worin unsere Motivation besteht und wie wir uns fühlen. Wir können ebenso achtsam zuhören. Wir können unsere Sprache ausrichten nach dem, was wahrhaftig bzw. besonders freundlich oder hilfreich ist. Indem wir Achtsamkeit üben, können wir beginnen, die Macht der Sprache zu entdecken, und anfangen zu verstehen.

Einst wurde ein Meister gebeten, mit ein paar Gebetsworten ein krankes Kind zu heilen. Ein Skeptiker unter den Umstehenden äußerte lautstark seine Zweifel ob eines so abergläubischen Heilverfahrens. Der Meister aber wandte sich ihm zu und sagte kurz angebunden: «Davon verstehst du nicht das geringste, du unwissender Narr.» Der Skeptiker wurde rot und begann vor Zorn zu zittern. Bevor er sich jedoch soweit gesammelt hatte, daß er etwas hätte erwidern können, sprach der Meister schon weiter: «Wenn Worte die Macht haben, dich rot vor Zorn werden zu lassen, warum sollten sie dann nicht auch heilen können?» Unsere Sprache ist machtvoll. Sie kann zerstören, aber auch erleuchten. Eitles Geschwätz ist ebenso möglich wie mitfühlende Kommunikation. Wir sind aufgefordert, achtsam zu sein, unsere Worte von Herzen kommen zu lassen. Wenn wir ansprechen, was wahr und hilfreich ist, fühlen sich die Menschen von uns angezogen. Achtsam und aufrichtig zu sein, macht unseren Geist ruhiger und offener, unser Herz glücklicher und friedvoller.

Auf den Gebrauch von Rauschmitteln zu verzichten, fordert die Fünfte Richtlinie. Es geht darum, Rauschmittel zu meiden, um den Geist nicht zu vernebeln und statt dessen unser Leben der Entwicklung von Klarheit und Wachheit zu widmen. Wir haben nur diesen einen Geist, deshalb müssen wir für ihn sorgen. In unserem Land gibt es Millionen von Alkoholikern und Drogenabhängigen. Ihre Unbewußtheit und ihr angstbedingter Gebrauch von Rauschmitteln bringt ihnen selbst, ihren Familien und allen, die mit ihnen in Berührung kommen, großes Leid. Bewußt zu leben ist nicht leicht – es bedeutet, immer wieder Angst und Schmerz zu begegnen und sie zu ertragen. Rauschmittel sind dabei mit Sicherheit kein Ausweg.

Ich möchte einige Übungen vorstellen, die uns helfen können, die Fünf Richtlinien zu kultivieren und unsere Achtsamkeit zu stärken. Am besten wählt man zunächst eine der Übungen aus und widmet sich ihr eine Woche lang intensiv. Dann schaut man sich an, was dabei herausgekommen ist, und wählt für die nächste Woche eine andere. Die Übungen können uns helfen, die Richtlinien zu verstehen und Wege zu ihrer Umsetzung zu finden.

1. *Verzicht auf Töten: Wertschätzung des Lebens.*
Achten Sie eine Woche lang bewußt darauf, in Gedanken, Worten und Taten keinem Lebewesen Schaden zuzu-

fügen. Seien Sie sich aller Lebewesen in Ihrer Umgebung (Menschen, Tiere, ja sogar Pflanzen) bewußt, die Sie bisher ignoriert haben, und entwickeln Sie ein Gefühl der Fürsorge und Verehrung für sie.

2. *Verzicht auf Stehlen: sorgfältiger Umgang mit materiellen Gütern.*

Setzen Sie eine Woche lang jeden spontan von Herzen kommenden Gedanken der Großzügigkeit in die Tat um.

3. *Verzicht auf sexuellen Mißbrauch: bewußte Sexualität.*

Beobachten Sie eine Woche lang sorgfältig, wie oft sexuelle Vorstellungen in Ihrem Bewußtsein auftauchen. Notieren Sie jedes Mal, welche Geisteshaltung damit verbunden ist – zum Beispiel Liebe, Drang, Spannung, Fürsorge, Einsamkeit, Wunsch nach Kommunikation, Gier, Lust, Aggression und so weiter.

4. *Verzicht auf falsche Rede: Sprache, die von Herzen kommt.*

Verzichten Sie eine Woche lang bewußt auf jeden Klatsch (positiv oder negativ) und auf jegliches Reden über jemanden, der nicht anwesend ist.

5. *Verzicht auf Rauschmittel: das Bewußtsein nicht trüben.*

Verzichten Sie eine Woche oder einen Monat lang auf alle Rauschmittel oder suchterzeugenden Substanzen (wie etwa Wein und Marihuana, sogar auf Zigaretten und/oder Koffein, wenn Sie möchten). Beobachten Sie die Impulse, die Sie zum Gebrauch dieser Substanzen drängen, und machen Sie sich bewußt, was zum Zeitpunkt dieser Impulse in Ihrem Herzen und in Ihrem Geist vor sich geht.

Den Bereich des wahrhaft Menschlichen zu betreten, die Grundlage für einen spirituellen Pfad zu schaffen, erfordert, daß unser gesamtes Handeln von Gewahrsein bestimmt wird: unser Gebrauch materieller Güter, unsere Sprache, all unser Tun. Eine auf Ethik und Harmonie beruhende Beziehung zur Welt macht unser Herz gelassen und leicht und unseren Geist standhaft und klar. Die Tugend ist Fundament und Ursache für Glück und Befreiung sowie Vorbedingung für weise Meditation. Auf einer solchen Basis können wir bewußt leben und verschwenden nicht die außergewöhnliche Chance unseres Menschseins, das heißt die Möglichkeit, ein Leben zu führen, in dem sich Mitgefühl und wahres Verständnis entwickeln und wachsen können.

MAXINE HONG KINGSTON

Richtlinien für das 20. Jahrhundert

Über die Richtlinien zu schreiben bedeutet, mit ihnen zu ringen. Sie zu befolgen bedeutet, sie lebendig werden zu lassen und unsere Menschlichkeit zu fördern. Seit Buddha der Welt die Fünf Richtlinien gab, haben sie viele Neuformulierungen und Übersetzungen erlebt. Stets hat man versucht – an wechselnden Orten und zu verschiedenen Zeiten – eine Sprache zu finden, die die Menschen zu erleuchten vermag. Thich Nhat Hanh ist eine beeindruckende Fassung gelungen, die uns und unserer schwierigen Welt am Ausgang des 20. Jahrhunderts wahre Inspiration sein kann. Sein Denken ist durchs Feuer gegangen – Krieg, Zerstörung und Wiederaufbau von Gemeinschaften, von Lebensbedingungen in Ost und West. Es handelt sich hier also um die Richtlinien des Buddhismus, wie sie sich unter den strengsten Testbedingungen entwickelt haben.

Wir, die wir Thich Nhat Hanh als unseren Lehrer betrachten, haben auch mit ihm über Formulierung und Umsetzung der Richtlinien in unseren Alltag diskutiert. In achtsamem Verständnis unseres komplexen, modernen Lebens hat Thây die Richtlinien wieder und wieder modifiziert, bis sie schließlich ihre gegenwärtige rigorose Form erreicht hatten. Jede Richtlinie besteht aus zwei Teilen: » Ich gelobe zu ...» und «Ich bin entschlossen, nicht zu ...» Sie gehen über das «Du sollst nicht» hinaus und postulieren positive Handlungen. Die Mit-Autoren und Übenden dieser Richtlinien – Kriegsveteranen und Friedensveteranen, Männer, Frauen und Kinder, Bürger vieler Länder, Heterosexuelle und Homosexuelle – lassen durch Worte und Taten eine mitfühlende Weltgemeinschaft entstehen.

Thây hat die Richtlinien «wunderbar» genannt – die Fünf Wunderbaren Richtlinien. Wunderbar, weil sie seit über 2500 Jahren lebendig sind, trotz Völkermord und Katastrophen. Wunderbar, weil sie eine praktikable und nützliche Orientierungshilfe und einen Arbeitsplan für unser Leben in der realen Welt darstellen. Sie lehren uns, Einfluß auf unsere Welt zu nehmen mit Methoden, die vernünftig, logisch und ethisch sind – Magie spielt hierbei keine Rolle. Wunderbar, weil sie uns beschützen und weil sie uns zeigen, wie wir voller Freude leben können – ein interessantes, abenteuerliches, tiefes, großes Leben –, und wie wir miteinander und mit den Tieren, den Pflanzen, mit der ganzen Erde und dem Universum im Einklang sein können. Wunderbar, weil wir zutiefst menschlich werden, weil wir grenzenlose Güte verkörpern, wenn wir diese Richtlinien üben.

Als 1991 ein Feuersturm über die Hügel von Oakland und Berkeley raste, stand ich mitten auf der Straße, während rechts und links von mir die Häuser brannten. Ich hatte mein Haus verloren, meine Nachbarschaft, das Buch, an dem ich gerade schrieb – und drei Wochen zuvor war außerdem mein Vater gestorben.

Plötzlich spürte ich, wie sich diese Leere mit Ideen, Witz und all dem zu füllen begann, was ich je gedacht und gelebt hatte. Inmitten rauchender Ruinen war ich froh, die Richtlinien zu kennen. Obwohl ich ihre Inhalte nur unvollkommen umsetzen konnte, selbst im Wünschen, entstand doch etwas Gutes, zwar unsichtbar, aber dennoch unzerstörbar.

Es gibt eine Wirklichkeit, die Worte und Dinge umgibt und durchdringt und auch bei deren Abwesenheit existiert.

Die Fünf Wunderbaren Richtlinien geben klare und einfache Anweisungen, wie ein heilsames und glückliches Leben zu finden ist. In der Verwüstung stehen mir Blaupausen für den Wiederaufbau meines Heims zur Verfügung.

ANNABEL LAITY

Die Aufnahme der Fünf Richtlinien im Westen

Dhyāna-Meister Nhat Hanh hat die Richtlinien nicht von
Anfang an übertragen. Die Übertragung der Richtlinien
kann man als Methode verstehen, Schüler anzunehmen.
Thich Nhat Hanh hat es nie als notwendig betrachtet,
Schüler zu haben. Nur weil er zutiefst davon überzeugt
war, daß unsere Welt die Fünf Richtlinien verzweifelt nötig
hat, begann er, Meditationsschüler zu ermutigen, die
Richtlinien zu akzeptieren und zu üben.

Als wir, seine älteren Schülerinnen und Schüler, damit
begannen, die Fünf Richtlinien zu lehren, stießen wir – weil
unsere Fähigkeiten nicht an die von Thây heranreichten –
auf einigen Widerstand. Seit einiger Zeit hat dieser Widerstand abgenommen, weil wir in der Vermittlung ge-
schickter geworden sind. Der Grund für den Widerstand
westlicher Schüler gegenüber den Richtlinien könnte folgendermaßen umschrieben werden: «Wir haben uns der
buddhistischen Meditation zugewandt, weil die Religion
unserer Eltern und Lehrer uns nicht befriedigt hat. Die
Ethik dieser Religion erschöpfte sich in einer Serie von Ge-
und Verboten. Die Menschen, die uns diese Gebote lehrten,
waren von deren Wahrheit selbst nicht überzeugt und
befolgten sie nur aus Angst. Wir sind vernünftige, wissen-
schaftlich geschulte Menschen und wollen mit Aberglau-
ben und Angst nichts zu tun haben. Wir suchen nach
innerem Frieden und Freiheit, und Verbote werden uns auf
diesem Weg nicht weiterhelfen.»

Unsere Pflicht war es nun, auf diesen Widerstand zu reagieren. Wir konnten sehen, daß er eigentlich nicht so sehr dem galt, was die Richtlinien aussagten, sondern eher eine heftige Reaktion war auf etwas, was den Richtlinien ähnlich zu sein schien. ✗

Wir begannen also damit, über Autorität zu sprechen, über das offensichtlich vorhandene Bedürfnis des Menschen nach Autorität. Eine Autorität ist jemand, der es besser weiß, und der uns sagen kann, was wir tun sollen. Wir verleihen dieser Autorität ein gewisses Maß an Macht, und dann bekommen wir Angst vor dieser Macht. Eine Autorität kann entweder eine Stimme in uns selbst sein oder jemand anders, und es gibt nur wenige Menschen, die sich nicht auf irgendeine Form von Autorität verlassen. Die Frage ist jedoch: «Gibt es Autorität tatsächlich, abgesehen von unserem psychologischen Bedürfnis, Autorität zu schaffen?» Wir erkennen dann, daß wir die Freiheit haben, eine Autorität zu schaffen, die schön ist und die weitere Schönheit nach sich zieht. Wir schaffen die Autorität nicht aus Angst oder weil wir blind einer Tradition folgen. Wir folgen einem Weg, von dem wir aus direkter Erfahrung wissen, daß er zum Glück führt.

Vor jeder Übertragungszeremonie erhalten die Meditationsschüler die Gelegenheit, über die Richtlinien zu reden. Gewöhnlich kommt während dieser Diskussion ihr Widerstand ihnen gegenüber zum Ausdruck. Diese Gespräche helfen den Beteiligten zu erkennen, was das Annehmen der Richtlinien psychologisch für sie bedeutet; und bei der Entscheidung für oder gegen die Richtlinien sind die Berichte der Meditationsgefährten über ihre direkten persönlichen Erfahrungen damit äußerst hilfreich.

Der Buddhismus ist sehr klar in seiner Aussage, daß es notwendig für uns ist, Vertrauen in unsere eigene erwachte Natur zu haben, und daß diese erwachte Natur allen Wesen eigen ist. Die menschliche erwachte Natur ist jene erwachte

Natur, die Menschen erfahren. Zuallererst berühren wir diese erwachte Natur so, als würden wir zu einem Gedicht inspiriert. Der Poet in uns ist Teil unserer erwachten Natur. Die Richtlinien sind die inspirierende Umgebung, die die erwachte Natur in uns zur Reaktion anregt. Hier handelt es sich nicht einfach um eine Frage der Argumentation, obwohl Argumentation sicherlich Teil davon ist. Das Empfinden der Richtlinien betrifft unser ganzes Wesen – emotional, rational und körperlich.

Wenn die Richtlinien nicht geschickt formuliert sind, berühren sie uns nicht. Deshalb hat Dhyāna-Meister Nhat Hanh große Sorgfalt auf ihre Präsentation verwandt. Wenn Sie Freunde einladen, nehmen Sie sich sicher auch Zeit, Vorbereitungen zu treffen, zum Beispiel den Blumenschmuck schön zu gestalten, damit Ihre Gäste sich wohl fühlen, Frieden und Freude empfinden, wenn sie bei Ihnen sind. Auch Sie selbst entspannen sich dabei, weil Sie es genießen, die Blumen zu arrangieren. Der Blumenstrauß der Richtlinien, den Thich Nhat Hanh für uns gebunden hat, wird uns viel Freude bereiten – nicht nur beim Festmahl (dem Empfangen der Richtlinien) selbst, sondern für den Rest unseres Lebens. Wann immer wir die Richtlinien rezitieren oder tief über sie nachdenken, wird ihr frischer Duft unser Herz erfreuen, und wir erleben ein neues Fest.

CHRISTOPHER REED

Die Richtlinien sind der ganze Dharma

Wenn wir in unserem Leben nach Freiheit suchen, denken
wir oft an «Freiheit von» statt an «Freiheit zu». Die Idee der
Freiheit ist heute nachgerade zu einer kulturellen Besessen-
heit geworden. Wir reden von politischer Freiheit, wirt-
schaftlicher Freiheit, Religionsfreiheit, Redefreiheit... In
unserem angestrengten Versuch, Freiheit zu gewinnen, gilt
unser Augenmerk gewöhnlich dem, was uns einschränkt.
Wir haben keine wirkliche Vision davon, wie Freiheit
eigentlich aussieht. Wir nehmen an, das zu bekommen, was
wir uns wünschen, und das loszuwerden, was wir nicht
wollen, würde uns glücklich machen. Wir bemühen uns,
alles zu beseitigen, was uns im Weg steht. Und daß wir dies
tun, ohne uns über die Konsequenzen unseres Vorgehens
Gedanken zu machen, beweisen die Nachrichtensendungen
jeden Tag aufs neue. Gibt es für unsere Gier überhaupt
keine Grenzen? Gibt es keinerlei Grenzen unserer offensichtlichen Fähigkeit, anderen Leid zuzufügen, um das zu
bekommen, was wir wollen? Es sieht so aus, als befänden
wir uns in einem Zustand kollektiver pubertärer Rebellion.
Wir greifen zu Waffen, töten, vergewaltigen, zerstören
Lebensformen, Wälder, eine ganze Welt – statt zuzuhören.
Gleichzeitig tönt es überall um uns herum wie eine Be-
schwörung: «Dies ist ein freies Land, ich kann tun, was ich
will!»

Kein Wunder also, daß wir Richtlinien auf den ersten
Blick als Einschränkung empfinden. Wenn Freiheit bedeu-

tet, zu tun, was man will, dann können die Richtlinien diesen Lebensstil sehr wohl behindern.

Wir reagieren hypersensibel auf alles, was unsere Freiheit einzuschränken droht. Die Zehn Gebote, so haben wir gehört, sind das Geschenk eines zornigen Gottes, der keine Widerrede duldet. Die Enge hierarchischer Denkstrukturen und institutionalisierter Autorität ist das kontinuierliche Erbe dieses Geschenks. Der Schatten, der uns begleitet, ist die Manifestation unseres sehnsüchtigen Verlangens, diese Vorschriften los zu sein. Während wir versuchen, Freiheit zu finden, indem wir tun, was wir wollen, laufen wir Gefahr, alles zu verlieren. Um es im Sinne Buddhas zu sagen: «Wenn du glaubst, glücklich werden zu können, indem du kriegst, was du willst, bist du verrückt. Das versuchst du schon dein ganzes Leben lang ohne Erfolg.» Wie also können wir den Mittleren Weg finden, den Weg zwischen Schwelgen und Kasteien?

Während der Retreats haben wir immer wieder lange darüber gesprochen, daß die Richtlinien ein Weg sind, eine Verpflichtung zur Entwicklung bestimmter positiver Eigenschaften. Statt: «Ich nehme Abstand vom Töten», können wir nun sagen: «Ich kultiviere grenzenloses Mitgefühl für alle Lebewesen.» Diese Aussage erweitert augenblicklich die Anwendbarkeit der Richtlinie und vertieft ihre Bedeutung. Die Richtlinie wird dadurch sofort zugänglicher, und niemand kann mehr vernünftige Einwände dagegen vorbringen.

Welch eine andauernde Freude ist es dann, die neue Version der Richtlinien zu hören, wie Thich Nhat Hanh sie präsentiert: «*Im Bewußtsein des Leides, das durch die Zerstörung von Leben entsteht, gelobe ich, Mitgefühl zu entwickeln und Wege zu lernen, das Leben von Menschen, Tieren, Pflanzen und Mineralien zu schützen. Ich bin entschlossen, nicht zu töten, das Töten durch andere zu verhindern ...*»

Statt: «Ich nehme Abstand vom Stehlen», sagt Thây: *«Ich gelobe Großzügigkeit zu üben.»* Statt: «Ich nehme Abstand von sexuellem Fehlverhalten», sagt er: *«Ich gelobe, verantwortungsbewußt zu handeln.»* Statt: «Ich nehme Abstand vom Lügen», *«Ich gelobe, einfühlsames Reden und mitfühlendes Zuhören zu entwickeln».* Statt: «Ich nehme Abstand vom Gebrauch von Rauschmitteln und anderen schädlichen Dingen», *«Ich gelobe, nur Dinge zu mir zu nehmen, die Frieden, Wohlergehen und Freude bewahren.»*

Im *Avatamsaka-Sūtra* («Sūtra der Buddha-Girlande») finden sich zahllose Beispiele dafür, wie alles im Kosmos sich wechselseitig bedingt und durchdringt. Einer von zehn Ausdrücken der wechselseitigen Durchdringung, die dort beschrieben sind, lautet, daß alle Dharmas – alle Lehren – alle anderen Lehren durchdringen. Wie einfach, wie offensichtlich, daß die Richtlinien, die uns für ein freudvolles Leben gegeben werden, ebenfalls ein Ausdruck sind für das, was vielleicht die tiefste Bedeutung des Dharma überhaupt ist: wechselseitige Kausalität, die unendliche wechselseitige ursächliche Bezogenheit aller Dinge.

«Im Bewußtsein des Leides, das durch Ausbeutung, soziale Ungerechtigkeit, Diebstahl und Unterdrückung entsteht, gelobe ich, liebevolle Güte zu entwickeln und Wege zu lernen, die dem Wohlergehen der Menschen, Tiere, Pflanzen und Mineralien dienen.» Weil dieses ist, ist jenes. Weil ich ein Gewahrsein bestimmter Realitäten besitze, kann ich gar nicht anders, als auf eine bestimmte Art und Weise zu reagieren.

Die Richtlinien sind kein bloßes Regelwerk. Sie sind eine Einladung, uns dem zu öffnen, was wir wirklich sind. Das Negative, die Regel der Enthaltung, verhindert das Wachstum der Erkenntnis unserer eigenen Kraft. Wir können die Wunden einer puritanischen Tradition heilen. Wir können die Richtlinien als einen Weg hin zu etwas Neuem und Wundervollem nutzen, statt sie als Bewegung fort von etwas zu sehen, das wir vermeiden wollen, dem wir durch unser Nicht-wahrhaben-Wollen vielleicht aber erst recht Macht über uns verleihen.

Die Richtlinien gehen sogar noch weiter. Sie sind eine Möglichkeit, unsere Beziehung zur Welt zu definieren. Wir lernen, Verantwortung nicht als Pflicht zu interpretieren, sondern als einfache Tatsache der Kausalität. Sie ist Ausdruck des gesamten Dharma. Nicht nur die Lehre von der wechselseitigen Kausalität ist in den Richtlinien präsent, sondern ebenso die Lehre von den Vier Edlen Wahrheiten und vom Achtfachen Pfad.

Wenn wir die Richtlinien verstehen lernen, sehen wir viele Bedeutungen in ihnen. Sie sind ein Ausdruck der vielen Facetten des Dharma. Sie sind auch ein Weg zur Erfüllung unserer Übung jenseits von Negativität. Sie sind gleichermaßen freiwillige Beschränkungen, die wir uns selbst auferlegen. Das Wort «Richtlinie» deutet auf etwas Wesentliches hin. Ein Schild mit der Aufschrift: «Hochspannung – Vorsicht, Lebensgefahr!» ignoriert man nicht. Man hält es auch nicht für negativ. Man paßt auf. Von dieser Art sind die Richtlinien. Töte nicht, es ist es nicht wert, tu's nicht, es hat Folgen... Der Kreis schließt sich. Die Richtlinien sind nicht rückwärts gerichtet auf das Negative, sondern bestehen einfach darin, eine bestimmte Übung aufzunehmen. Wenn die Glocke erklingt, verbeugen wir uns. Auf die gleiche Weise beschließen wir, nicht zu verletzen, nichts zu stehlen.

Es gibt noch einen weiteren wunderbaren Aspekt der Richtlinien. Es ist tatsächlich unmöglich, sie einzuhalten! Andere nicht verletzen? Welch eine tiefgründige Übung! Wir nehmen die Fünf Richtlinien an, obwohl wir wissen, daß wir uns damit unserem eigenen Versagen öffnen. Wir können die Welt nicht reparieren, wir können nicht einmal unser eigenes Leben reparieren. Indem wir das Versagen akzeptieren, bekräftigen wir unsere Bereitschaft, immer und immer wieder von vorn anzufangen. Indem wir das

Versagen akzeptieren, ändern wir uns, erneuern uns, passen uns an, hören zu und wachsen. Nur wenn wir üben, ohne Erfolg zu erwarten, können wir uns der Welt öffnen, dem Leid und der Freude. Welch unerhörter Mut liegt darin, den Verlust des Bekannten zugunsten des Unbekannten zu riskieren; das, was Sie zu beherrschen glauben, zugunsten Ihrer wahren Fähigkeiten aufs Spiel zu setzen! Welche Freiheit – nicht immer alles richtig machen zu müssen, nicht auf den Erfolg hin leben zu müssen! Indem wir uns unserem eigenen Versagen öffnen, öffnen wir uns der Größe des Unbekannten, nehmen bedingungslos teil, erneuern unser Leben.

Wahrlich, die Richtlinien enthalten den ganzen Dharma.

ROBERT AITKEN

Die Richtlinien und ihre
verantwortungsvolle Übung

Als westliche Buddhisten anerkennen wir zwar unser monastisches Erbe, tendieren jedoch dazu, uns über diese archaische, restriktive und exklusive Art religiöser Übung erhaben zu fühlen. Die meisten von uns leben nicht als Mönche oder Nonnen. Unsere buddhistischen Zentren sind keine Klöster im traditionellen Sinne. Dennoch entspricht es unserm Selbstverständnis, daß wir die Arbeit des Buddha Shākyamuni und seiner asiatischen Nachfolger in unserer eigenen Zeit und Kultur fortsetzen. Tun wir das wirklich? Ist unsere Art, als Laien zu üben, eine natürliche Veränderung des Alten unter neuen Bedingungen? Oder besteht die Gefahr, daß wir aus modernen Zutaten etwas Neues konstruieren, das bloß an der Oberfläche wie Buddhismus aussieht?

Wir sind nicht die ersten, die sich mit diesen Fragen herumschlagen. Nachdem der Buddhismus nach China gelangt war, bestand der nächste Schritt darin, Klöster einzurichten, aber auch Laien die Möglichkeit zu eröffnen, Verdienst zu schaffen. Das Ganze natürlich mit chinesischer Prägung. Der alte Weg eines Lebens ohne Arbeit wurde verworfen. «Ein Tag ohne Arbeit ist ein Tag ohne Essen», erklärte Pai Chang, der Begründer des Klostersystems im Chan-Buddhismus (Zen). Allerdings handelte es sich größtenteils um Arbeit, die der Aufrechterhaltung des Klosterlebens diente. *Dana* war und ist bis heute die Grundlage der buddhistischen Traditionen Ostasiens. Die Aufgabe der Laien bestand meist darin, Mönche, Priester und Tempel zu unterhalten. In Japan besteht die Tempelgemeinschaft aus *danka* («Dana-Familien»).

Die Verschiebung in Richtung Laientum ist weitergegangen. Nehmen wir wieder Japan als Beispiel: Die Kamakura-Reformation im 13. Jahrhundert hat das Hauptgewicht der Verantwortung für die Verwirklichung des Dharma bis zu einem gewissen Grad den Laienanhängern zugeschoben. Dieser Prozeß hat einen generellen Niedergang der Religion ausgelöst, trotzdem sieht man bis zum heutigen Tag gewöhnliche Menschen den Namen Buddhas rezitieren oder unter Beratung von Priestern Zazen üben, oder sogar mit Mönchen gemeinsam Retreats absolvieren. In neueren Schulen des Buddhismus, wie etwa der Risshō Koseikai, sind nicht einmal die Führer ordiniert.

In unseren westlichen Mahāyāna-Zentren werden Mitglieder beider Geschlechter ordiniert, obwohl die alten Zölibatsregeln, im Zuge früherer Reformationen ausgehöhlt, gewöhnlich nicht eingehalten werden. Benediktinische Arbeitsregeln wurden eingeführt, und einige Zentren versuchen, wirtschaftlich unabhängig zu werden. Laienanhänger überwiegen und üben gemeinsam mit Ordinierten. Auch Theravāda- und Vajrayāna-Zentren haben sich im Westen gebildet – Theravāda ohne nennenswerte Abweichungen von der monastischen Tradition und Vajrayāna meist ohne Weihen.

Für uns westliche Buddhisten ist es sicher an der Zeit, ja höchste Zeit, eine Bestandsaufnahme zu machen. Fangen wir mit der Absicht des Buddha an: Er wollte mit Sicherheit, daß der Sangha mehr ist als ein bloßer Zusammenschluß von Menschen, die dieselben religiösen Sehnsüchte teilen. Als Juwel des Weges war der Sangha für ihn die natürliche «Ordnung», die allein den Menschen die Befreiung von Angst und Leid ermöglichen konnte. Darüber hinaus betrachtete er die Annahme der Richtlinien, weiter-entwickelt aus früheren Formulierungen in Indien und Persien, als notwendige Voraussetzung für alle, die dem Weg zu folgen wünschten.

Ungeachtet aller Veränderungen im Buddhismus, sind seine Anhänger dieser Sichtweise des Sangha als der «Ord-nung» (Orden) des Dharma und den Richtlinien als dem Lebensstil des Sangha stets treu geblieben. Dennoch – als ein lebendiger Organismus entwickelt sich auch der Sangha weiter. Joanna Macy hat gezeigt, daß Theravāda-Mönche in Sri Lanka auch den Spaten in die Hand nehmen können und so ihren Beitrag zu der dort weitverbreiteten Bewegung der Selbstversorgung leisten. Westliche Laienbuddhi-sten halten es natürlich für selbstverständlich, die Verant-wortung für ihre religiöse Praxis selbst zu übernehmen.

Thich Nhat Hanh, der «Thây» oder «Meister» des viet-namesischen Buddhismus im Westen, hat sich viele Gedan-ken zum Juwel des Weges, des Sangha, gemacht. Seinem Tiep-Hien-Orden gehören Mönche und Nonnen auf der ganzen Welt an. Seine Retreats geben ihnen und den Laien-anhängern die Art der Sangha-Erneuerung, die die alten Weisen in ihren Monsun-Retreats gefunden haben. So wie bei der ursprünglichen Gemeinde des Buddha steht die Lehre der Vinaya, des moralischen Wegs, am Anfang. Seine Schüler lernen Anstand im Umgang miteinander, und als anständige Menschen gehen sie daran, die vielen Lebewesen zu retten.

Als Basis für diese Praxis dienen Thây die *pañcha-sila,* die fünf fundamentalen Richtlinien des alten Weges. Er formu-liert jede dieser Regeln positiv, ohne dabei jedoch ihren scharfen, Verzicht heischenden Impetus aufzugeben. Seine Formulierung bleibt der tiefgründigen Absicht des Buddha in jedem Fall treu und ist gleichzeitig relevant für heutige Schüler, die bereit sind, volle Verantwortung für ihre Übung zu übernehmen. Aus: «Ich gelobe, nicht zu töten», wird so: «*Im Bewußtsein des Leides, das durch die Zerstörung von Leben entsteht, gelobe ich, Mitgefühl zu entwickeln und Wege zu lernen, das Leben von Menschen, Tieren, Pflanzen und Mineralien zu schützen. Ich bin entschlossen, nicht zu töten, das Töten durch andere zu verhindern und keine Form des Tötens zu dulden, sei es in der Realität, in meinen Gedanken oder in meiner Lebensführung.*»

Indem wir dieses Gelübde zu unserem eigenen machen, machen wir uns den entsprechenden Lebensstil zu eigen. Wir sagen demütig: «Mit allen meinen Schwächen und Fehlern nehme ich meine Aufgabe als Bodhisattva an.» Die Lebensart des Bodhisattva ist die Übung des «Nicht-Tötens». Was aber ist «Nicht-Töten» anderes, als *tatsächlich* mit jedem Lächeln und mit jedem ermutigenden Wort das Leben zu nähren? Und was sind die anderen «nicht» in den Richtlinien – «nicht stehlen», «nicht lügen» und so weiter – anderes, als die Praxis des Mitgefühls und des Schützens von Menschen, Tieren, Pflanzen und Mineralien! Thâys wunderbare Worte erweitern den Horizont der Richtlinien – und das, so nehme ich an, ist ja das Ziel der meisten westlichen Lehrer. Wenn in vergangenen Jahrhunderten die Richtlinien bloße Pro-forma-Gelübde oder metaphysische Formeln gewesen sein sollten, so ist diese Zeit endgültig vorbei. In den meisten unserer Zentren werden die Richtlinien in Kursen oder im Rahmen von Orientierungsprogrammen studiert, die als Vorbereitung für die Zuflucht-Zeremonie gelten. Aus diesem Studium und aus den Zeremonien selbst ergibt sich klar und eindeutig, daß wir immer Menschen bleiben, egal wie der Grad unserer Erkenntnis auch beschaffen sein mag. Es gibt keine Vollkommenheit, außer der Vollkommenheit in unseren Herzen, der wir, so gut wir eben können, in unseren Familien, unter unseren Freuden und Kollegen und in der Welt zu entsprechen versuchen. Als Lehrer und Schüler nehmen wir uns die Richtlinien gleichermaßen zu Herzen und wenden sie in

Töte keine Fliege, sie könnte
Deine Mutter sein ?? (Tibet

unserem Alltag so bewußt wie möglich an – oder wir sind bloß Möchtegern-Buddhisten, die viel Unheil anrichten können, was wir – mit großer Trauer – leider schon beobachten mußten.

Im *Avatamsaka-Sūtra* wird beschrieben, wie der junge Sudhāna, am Ende seiner langen Pilgerschaft, die glorreiche Pagode des Maitreya betritt und in ihr eine unendliche Anzahl weiterer Pagoden vorfindet, alle gleichermaßen prächtig geschmückt. Sobald er eine dieser inneren Pagoden betritt, trifft er auch dort wieder auf eine unendliche Anzahl weiterer Pagoden. Auf diese Weise erkannte Sudhāna das Netz des Indra, in dem jeder Punkt aus einem Juwel besteht, das alle anderen Juwelen vollkommen reflektiert. Jedes Lebewesen, jedes Element eines jeden Lebewesens, enthält vollkommen alle anderen. Endlich kam er mit vollem Gewahrsein zu sich selbst, zu seinem eigenen Fleisch-und-Blut-Schatz des wechselseitigen Verbundenseins.

Wie in allen solchen Volkssagen, ist der Aufenthalt des Sudhāna in der Pagode selbst eine Pagode, die von jedem betreten und zur eigenen Wirklichkeit gemacht werden muß: die Realität der Heldin ebenso wie die des Helden, die des Erwachsenen, des alten Menschen und auch die des Jugendlichen. Es handelt sich um eine Personalisierung, deren Ziel nicht bloß in einer religiösen Pilgerschaft gipfelt, sondern die auf jedem Schritt des Weges von Bedeutung ist.

Diese «Dimension jeden Schrittes» wird von den Richtlinien des Buddha erhellt. Was ist «Nicht-Töten» anderes als das stufenweise Erlebnis letztendlicher Nähe, die wir in Sudhāna feiern? Tatsächlich lassen wir diese Intimität mit jedem Lächeln, mit jedem ermutigenden Wort realer und realer werden. Und was sind all die anderen «nicht» in den Richtlinien – «nicht stehlen», «nicht lügen» und so weiter – anderes, als Herr und Frau Sudhāna, die uns hier und heute ihre ewigen Juwelen zeigen?

Was aber ist mit der Verschwörung des Untergangs, die solchen Metaphern Hohn lacht und die alles Gewordene, das wert ist, erhalten zu werden, den Flammen völliger Vernichtung ausliefern könnte? Irgendwie muß es uns gelingen, das allem inhärente Juwelen-Netz sichtbar zu machen – trotz Konsumterrors und Nationalismus. Das ist der Schritt über die Klostermauern hinaus, der von den alten Meistern nicht vorgegeben werden konnte. Es ist aber ein Schritt, ein Pfad, den die unheilige Allianz von Gier, nationalem Egoismus, Rassismus, männlicher Vorherrschaft und Technokratie unumgänglich gemacht hat. Mit Sicherheit kein leichter Pfad. Ich bin Thich Nhat Hanh dankbar für das Licht, mit dem er ihn uns erhellt.

PATRICIA MARX ELLSBERG

Die Fünf Richtlinien und gesellschaftliche Veränderung

Nachdem ich zwei Retreats mit Thich Nhat Hanh besucht hatte, war ich in Thây und Schwester Chân Không sowie in die ganze Gemeinschaft und ihre Art zu leben geradezu verliebt. Und als ich gelobte, die Richtlinien zu üben, hatte ich das Gefühl, eine Bindung einzugehen, die an Tiefe und Ernsthaftigkeit einem Eheversprechen durchaus gleichkam.

Ich habe keinerlei Zweifel, daß die Richtlinien machtvolle und weitreichende Wirkungen auf mein eigenes Leben ausüben, wenn ich sie mir zu Herzen nehme. Und doch stellte sich mir während der Retreats immer wieder die Frage nach der Relevanz meiner persönlichen Praxis der Richtlinien im Hinblick auf eine gesamtgesellschaftliche Veränderung. Welchen Unterschied macht es, angesichts massiver Gewalt und Ungerechtigkeit in der Welt, wenn ich oder sogar die Tausende von Menschen, die Thây mit seinen Belehrungen erreicht hat, den Richtlinien aufrichtig zu folgen versuchen? Wie kann das zu der radikalen gesellschaftlichen Veränderung führen, die nötig ist?

Ich fühlte mich mit der dem Retreat anscheinend zugrunde liegenden Prämisse – wenn genügend Individuen sich ändern, ändert sich die Gesellschaft – nicht wohl. Nach meinem Verständnis ist die Gesellschaft nicht einfach die Summe der Individuen. Sie wird auch von sozialen Strukturen und der Konzentration von Macht und Geld bestimmt. Es gibt getarnte Interessen, die mit überproportionalem Einfluß für die Aufrechterhaltung von Ungleichheit und Militarismus sorgen, weil sie davon profitieren. Diese Kräfte müssen herausgefordert und transformiert werden, bevor es echten Frieden oder Gerechtigkeit geben kann.

Geradezu blitzartig wurde mit klar, daß die Politik meines Landes und anderer Nationen zu einem großen Teil auf der offenkundigen Mißachtung der Richtlinien beruht. Tatsächlich kommt ein Großteil des Übels in der Welt von der systematischen – und häufig genug gesellschaftlich sanktionierten – Verletzung der Richtlinien durch Regierungen, Firmen und andere Institutionen. Wir sollten das Verhalten unserer Gesellschaft mal an diesen Richtlinien messen:

Die Erste Richtlinie. Denken Sie in diesem Zusammenhang an die Massaker im Golfkrieg und an die Verherrlichung des Abschlachtens von über einer Viertelmillion Menschen, viele davon Zivilisten. Wir leben in einer Kriegswirtschaft, die von einer gewaltigen Rüstungsindustrie und zig Dollar aus Waffenverkäufen angeheizt wird. Unsere Atompolitik beruht auf Abschreckung durch Massenmord, unsere Außenpolitik auf institutionalisierter Gewalt. Unsere Wirtschaft hängt vom Ausverkauf und von der Zerstörung der Natur ab.

Die Zweite Richtlinie. Wir Amerikaner machen sechs Prozent der Weltbevölkerung aus, verbrauchen aber vierzig Prozent der Weltressourcen. Viele dieser Rohstoffe importieren wir aus Ländern, die von Diktatoren regiert werden, die unsere eigene Regierung eingesetzt hat und die sie weiterhin unterstützt und kontrolliert. Im Gegenzug werden wir wirtschaftlich bevorzugt behandelt, während das eigene Volk ausgebeutet und terrorisiert wird – alles mit stillschweigender Zustimmung unserer Regierung. Das summiert sich schließlich zu offiziellem Diebstahl. «Austausch», wie es genannt wird, ist das nicht mehr. Der größte Teil unserer militärischen Macht dient dazu, etwas zu kontrollieren, was uns eigentlich gar nicht gehört.

Die Dritte Richtlinie. Denken Sie an die Energie und an die Rohstoffe, die unsere Gesellschaft in Werbung, Pornographie und Popkultur der Stimulierung sexueller Begierde widmet – ohne Rücksicht auf Verantwortung oder Liebe.

Die Vierte Richtlinie. Regierungen und Politiker lügen. Geheimdienste dienen nicht in erster Linie dem Zweck, Geheimnisse vor dem Feind zu schützen, es ist vielmehr ihre Aufgabe, die Wahrheit vor der Öffentlichkeit zu verbergen. Unsere Regierung bedient sich gewohnheitsmäßig der Gewalt, statt bei Konfliktlösungen auf friedliche Mittel zu setzen. Gleichzeitig behauptet sie das Gegenteil.

Die Fünfte Richtlinie. Nicht genug, daß wir ständig der Werbung für Alkohol, Zigaretten, Koffein und pharmazeutische Mittel ausgesetzt sind – unsere Regierungen sind oft selbst – durch Begünstigung von Hintermännern aus «politischen Gründen» zum Beispiel – in die Machenschaften des internationalen Drogenhandels verstrickt.

Im Retreat erkannte ich plötzlich, daß die Richtlinien von äußerster gesellschaftlicher Relevanz sein können. Wir müssen sie ebenso zum Verhaltenskodex für Nationen, Institutionen und Firmen machen wie für den einzelnen. Es ist wesentlich, den Unterschied zwischen einer öffentlichen und einer persönlichen Moral zu beseitigen. Wir müssen von unserem Land dasselbe verlangen wie von uns selbst.

Wir, die wir in einer Demokratie leben, haben eine besondere Verpflichtung, alles zu tun, was in unserer Macht steht, um die Richtlinien mehr und mehr zum

Maßstab unseres Handelns zu machen. Wir müssen individuell und gemeinsam die Regierung, die uns repräsentiert, daran hindern, weiterhin Massenmord und Terrorismus, Diebstahl, Lügen, Drogenhandel und Umweltzerstörung zu unterstützen. Davon hängt langfristig unser aller Überleben ab.

Je vollständiger wir den Richtlinien folgen, desto wirkungsvoller können wir uns für gesellschaftlichen Wandel einsetzen. Politische Arbeit ist nichts anderes als die Erweiterung des persönlichen Lebens.

Stellen Sie sich – im Geist von Thâys Umformulierung der Richtlinien in positive Ziele – eine Welt vor, in der sowohl Individuen als auch Institutionen gleichermaßen voller Mitgefühl und Güte handeln, in der Regierungen ebenso wie die Bürger, denen sie dienen, achtsam sind, die Umwelt erhalten und das Leben von Menschen, Tieren und Pflanzen wahrhaft schützen. Stellen Sie sich eine Zeit vor, da die Rohstoffe der Erde statt für weiteres Töten endlich zur Bereicherung des Lebens verwendet werden. Eine Zeit, da die Fünf Richtlinien als Maximen des privaten und öffentlichen Handelns gelten. Diese Vorstellungen bringen den Buddha in mir zum Lächeln.

SULAK SIVARAKSA

Wie die ganze Gesellschaft die Richtlinien üben kann

Für alle Buddhisten sind die Fünf Richtlinien (*pañcha-sila*) die grundlegenden ethischen Prinzipien. Von dieser Basis aus können wir mit vielen der realen Herausforderungen der heutigen Zeit angemessen umgehen.

Die Erste Richtlinie lautet: «Ich gelobe, Abstand zu nehmen vom Töten.» Tiere zu töten und Fleisch zu essen mag in Jäger- und Sammlerkulturen nötig sein, in Industriegesellschaften jedoch wird Fleisch wie jede andere Ware behandelt, und die Massenproduktion von Fleisch ist in keiner Weise mit dem Respekt vor dem Leben der Tiere zu vereinbaren. Wenn es den Menschen in Ländern mit Fleischverzehr gelänge, die Tierzucht zu Komsumzwecken zu ächten, wäre dies nicht nur ein mitfühlender Akt gegenüber den Tieren selbst, sondern ebenso gegenüber den Armen, die das Getreide zum Überleben brauchen. Es gibt weltweit genug Nahrung für alle. Hunger entsteht durch ungleiche Verteilung, und häufig genug sind die Bedürftigen sogar die Produzenten unserer Lebensmittel.

Das moderne Leben ist auch sonst von Tod und Verderben bestimmt – Kriege, Rassenkonflikte, der Gebrauch von schädlichen Insektiziden und so weiter. Wie können wir da eine gewaltlose Gesellschaft schaffen helfen? Wie kann die Erste Richtlinie dazu genutzt werden, eine gerechte und mitfühlende Welt zu schaffen? Zu beantworten sind diese Fragen nur schwer, aber man sollte sie zumindest stellen und gemeinsam darüber kontemplieren.

Die Zweite Richtlinie lautet: «Ich gelobe, Abstand zu nehmen vom Stehlen.» Der Buddha sagt, sobald ein König in seinem Reich Armut entstehen läßt, werden die Menschen stehlen, um ihr Überleben zu sichern. Korrekter Erwerb des Lebensunterhalts ist an wirtschaftliche Gerechtigkeit gebunden. Wir müssen alles tun, damit jeder, der arbeiten kann, auch eine Arbeit findet. Wir müssen ebenfalls die Verantwortung für den impliziten Diebstahl unseres Wirtschaftssystems übernehmen. Ein Leben in Anstand und freiwilliger Einfachheit aus Mitgefühl mit allen Wesen und der Verzicht auf Ruhm, Profit und Macht als Lebensziele, richtet sich gegen die strukturelle Gewalt des Status quo. Aber ist es genug, ein Leben in selbstgewählter Einfachheit zu führen, ohne gleichzeitig dafür zu arbeiten, die Strukturen zu verändern, die so viele Menschen zwingen, in unfreiwilliger Armut zu leben?

Die Errichtung einer gerechten Weltwirtschaftsordnung ist eine unverzichtbare Voraussetzung zum Aufbau einer friedvollen Welt. Gewalt in all ihren Formen wird von kollektiven Interessen an Rohstoffen und politischer Macht gestützt. Die Menschen sollten ermutigt werden, die «Neue Weltordnung» aus buddhistischer Sicht zu betrachten und zu kommentieren. Sie sollten angemessene und ungeeignete Entwicklungsmodelle erforschen, richtigen und falschen Konsum, gerechte und ungerechte Vermarktung, vernünftigen Gebrauch von Rohstoffen und deren Verschwendung, um dann Wege zur Heilung der Krankheiten unserer Welt zu finden. Wo stehen die Buddhisten, wenn es zu einer neuen Wirtschaftsmoral auf nationaler und internationaler Ebene kommen sollte? Viele christliche Gruppierungen haben sich intensiv mit den Aktivitäten der multinationalen Konzerne und Großbanken beschäftigt. Wir müssen von ihnen lernen und ihre Erkenntnisse nutzen.

Die Dritte Richtlinie lautet: «Ich gelobe, Abstand zu nehmen von sexuellem Fehlverhalten.» Wie alle anderen

Richtlinien müssen wir auch diese in unserem Leben umsetzen und dürfen andere weder ausbeuten noch ihnen anderweitig schaden. Zusätzlich müssen wir weltweit unser Augenmerk auf die männliche Vorherrschaft und die Unterdrückung der Frau richten. Gier, Haß und Verblendung in patriarchalen Gesellschaften sind eng mit der Gewalt in der Welt verbunden – der kriminellen ebenso wie der staatlich sanktionierten. Buddhistische Praxis zielt auf die Entwicklung von «ganzen» Menschen, befreit von gesellschaftlich aufoktroyierten «männlichen» und «weiblichen» Denk- und Verhaltensmustern und in Kontakt mit beiden Aspekten in sich.

Die Vierte Richtlinie lautet: «Ich gelobe, Abstand zu nehmen vom Gebrauch falscher Rede.» Hier müssen wir uns näher mit den Massenmedien, den Bildungssystemen, und den Informationsgewohnheiten beschäftigen, die unser Verständnis der Welt prägen. Es wird nur dann möglich sein, sich von der systematischen Lüge zu befreien, die eine dem Status quo eigene Krankheit ist, wenn wir versuchen, kollektiv die Wahrheit zu sagen.

Die Würde des Menschen sollte Vorrang haben vor der Aufforderung zu immer mehr Konsum – bis zu dem Punkt, an dem die Menschen mehr wollen, als sie brauchen. Ohne den hohen Wert freier Meinungsäußerung und freier Presse übersehen zu wollen, können wir doch niemals die umfassende Indoktrination im Namen nationaler Sicherheit und materiellen Wohlergehens überwinden, wenn es uns nicht gelingt, Alternativen zur allgegenwärtigen Lüge und Übertreibung zu entwickeln.

Die Fünfte Richtlinie lautet: «Ich gelobe, auf Alkohol und andere Rauschmittel, die mein Bewußtsein vernebeln, zu verzichten.» Im Buddhismus gilt ein klares Bewußtsein als kostbares Juwel. Wir müssen nach innen schauen und beginnen, die eigentlichen Ursachen von Drogenmißbrauch und Alkoholismus endlich anzusprechen.

Gleichzeitig müssen wir die Alkohol und Drogen produzierenden Industrien analysieren und ihre Machtbasis identifizieren. Wir müssen die Kräfte überwinden, die Rausch, Alkoholismus und Drogenabhängigkeit fördern. Dies ist eine Frage der internationalen Gerechtigkeit und des Friedens. Bauern in der dritten Welt pflanzen deshalb Mohn, Koka, Kaffee und Tabak an, weil die ökonomischen Bedingungen es ihnen nicht erlauben, von Reis und Gemüseanbau zu leben. Ihre Mittelsmänner sind bewaffnete Banden verschiedenster Couleur oder Privatarmeen rechtsgerichteter Politiker. Regierungen haben schon regelrechte Kriege geführt – zum Beispiel den berühmten Opiumkrieg, der 1840 zwischen Großbritannien und China entbrannte –, um ihre Anteile am Drogengeschäft zu sichern.

Drogenmißbrauch und Kriminalität geraten außer Kontrolle, sobald Kulturen von einer ungleichen Verteilung des Wohlstands, von Arbeitslosigkeit und entfremdeter Arbeit bestimmt werden. Der Einsatz der Armee zur Bekämpfung des Drogenhandels unter Reagan und Bush war letztlich ebenso sinnlos wie Gorbatschows Kampagne gegen den Alkoholismus in der Sowjetunion; beide Regierungen dokterten bloß an den Symptomen herum, ohne sich mit den Ursachen zu befassen. Der Buddhismus geht davon aus, daß die einzig wirksame Lösung dieser Probleme nur im Zusammenhang mit einer vollständigen Erneuerung menschlicher Werte zu finden sein kann.

Diese grundlegenden ethischen Lehren gehen uns als Individuen ebenso an wie als Mitglieder der Gesellschaft. Meine Gedanken über die Fünf Richtlinien und wie sie auf die heutige Weltsituation anwendbar sein könnten, sind nur als ein erster Denkanstoß zu verstehen. Ich hoffe, die Diskussion dieser Themen wird weitergehen. Wir benötigen für unser Verhalten und unsere Entscheidungen unbedingt eine ethische Basis.

DAVID STEINDL-RAST

Richtlinien, Regeln, Grundsätze

Regeln faszinieren mich – nicht die Aufgabe, sie einzuhalten, sondern ihre Vielfalt. Die moralischen Richtlinien verschiedener Kulturen zu verschiedenen Zeiten ergeben ein reiches Gewebe menschlicher Vorstellungswelten, und das finde ich spannend. Meine Begeisterung darüber erinnert mich an jene angesichts der Knopfschachtel meiner Mutter, als ich fünf war, oder an meine Freude über die Muscheln, die ich vom morgendlichen Strandspaziergang mitbringe und nach Größe, Farbe und Form auf dem Tisch ordne. Es ist die zutiefst menschliche Faszination an der Gleichheit in der Vielfalt und der Vielfalt in der Gleichheit.

Mein Freund Graham Carey hat die Quelle dieser Faszination erkannt, als er seine Kinder an einem Weihnachtsfest mit einem selbstgemachten Buch überraschte, das später als *The Tail Book* («Das Buch von den Schwänzen») veröffentlicht wurde: Seite um Seite nichts als Schwänze, vom Fuchs bis zur Eidechse, vom Löwen bis zur Schwalbe, vom Rad des Pfau bis zu unserem eigenen – fast zur Unsichtbarkeit verkümmerten – Schwanzknochen. Kinder finden immer Freude an Variationen. Und auch das Kind in uns wird ihrer niemals müde, ob es sich nun um Mozarts Variationen von Kinderliedern handelt oder um Mutter Naturs endlose Variationen des Nachthimmels. Das ist einer der Gründe, warum ich die weltweite Vielfalt von Regeln und Tabus so faszinierend finde.

Der Anhalter mit Scheitelkäppchen und Schläfenlocken,

den ich eines Tages in Neu-England mitnahm, beäugte nervös das Schweizer Offiziersmesser, mit dem ich eben den Käse und die Äpfel schneiden wollte, die wir teilten. Was hatte ich mit diesem Messer wohl sonst noch geschnitten? Fleisch? Ich bewunderte die Achtsamkeit, mit der er die Regeln der orthodoxen Juden befolgte und Utensilien, die mit Milchprodukten in Berührung kamen, penibel getrennt hielt von denen, die für Fleisch gedacht waren. Ich respektierte dieselbe Achtsamkeit und Hingabe, als wir an diesem Freitag schnell fahren mußten, um noch vor Sonnenuntergang und rechtzeitig vor Beginn der Sabbatruhe das Haus seines Freundes zu erreichen.

Dieselbe Sorgfalt im Einhalten der Regeln erstaunte mich auf der anderen Seite der Welt, in Neuseeland. Aotearoa, wie die Maoris es nennen, das «Land der Langen Weißen Wolke», ist eines der wenigen Länder der Welt, wo die eingeborene Bevölkerung niemals von Weißen brutal kolonisiert worden ist. *Pakiha* (die Weißen) leben Seite an Seite mit Maoris, kennen aber oft die Tabus ihrer Nachbarn nicht. Ich erinnere mich an die tiefe Verzweiflung einer Maorifrau, als ihre neue Pakiha-Nachbarin Geschirrtücher neben T-Shirts auf die Wäscheleine zum Trocknen hing. Nie, unter keinen Umständen, dürfen Dinge, die mit Essen zu tun haben, mit Kleidung in Kontakt kommen.

In Indien kann selbst der wohlmeinendste Tourist Protestgeschrei ernten, wenn er im Gegenuhrzeigersinn um ein heiliges Standbild herumgeht. Einem heiligen Objekt die linke Schulter zu zeigen ist in Kalkutta ein schlimmerer Fauxpas, als wenn man bei uns jemandem die linke Hand zum Gruß reichen würde. Natürlich beginnt die Grenze zwischen heiligen Richtlinien und gesellschaftlichen Konventionen hier schon zu verschwimmen. Trotzdem sind die beiden Bereiche möglicherweise tiefer miteinander verbunden, als wir gemeinhin annehmen. Wenn wir uns Richtlinien, Tabus und Konventionen, die uns willkürlich erscheinen mögen, näher anschauen, entdecken wir vielleicht etwas unter der Oberfläche Liegendes, eine gemeinsame Wurzel der großen Vielfalt der Phänomene. Wenn wir der verwirrenden Vielzahl von Regeln lauschen, beginnen wir vielleicht ein Thema herauszuhören, das sie alle nur variieren.

Das ist die entscheidende Frage, der wir uns stellen müssen: «Liegt dieser verwirrenden Vielzahl von Richtlinien und Regeln auf der ganzen Welt ein gemeinsames Thema zugrunde?» Meine Antwort lautet: «Ja, und das Thema ist das Gefühl von Zugehörigkeit.»

Wir mögen es als «fremd» empfinden, wenn uns jemand die Linke zum Handschlag reicht. («Bei uns würde das niemand tun.») Für Gläubige in Indien ist das Umschreiten von Heiligtümern im Gegenuhrzeigersinn ebenso fremd, jedoch aufgrund der zusätzlichen Dimension religiöser Sanktionierung besonders «verwerflich». Jeder Akt der Verehrung stärkt das Band, das uns mit dem Absoluten verbindet. Gleichzeitig stärkt er die Verbindung mit denen, die auf gleiche Weise verehren wie wir. Verehrung ist ein Ausdruck der Ehrerbietung für das, was der Ehre am meisten wert ist. Verehrung ist nicht auf einen theistischen oder engeren religiösen Kontext beschränkt. Andererseits verleiht dieser Akt allem, was wir mit Blick auf unsere grundlegenden Werte tun, religiöses Gewicht. In diesem Sinne ist das Befolgen religiöser Richtlinien ein Akt der Verehrung.

Für Maoris ist ihr Verwurzeltsein in der Tradition ein fundamentaler Wert. Es verbindet sie mit ihren Ahnen und mit allem, was ihren Ahnen heilig war – mit Erde, Meer und Himmel, allen Kreaturen, die diese Erde mit uns teilen, und allen unsichtbaren Präsenzen in dieser unserer Weltheimat. Das Einhalten eines jeden Tabus stärkt dieses Gefühl der Zugehörigkeit zu dieser Heimat, die Gary Snyder so treffend den «Haushalt Erde» nennt.

Unser orthodoxer jüdischer Freund hat eine wesentlich kleinere Gemeinschaft im Sinn, den begrenzten Kreis derer, die auf seine Weise verehren. Im Grunde hat er aber überhaupt keine Menschen im Sinn, sondern Gott. Wo jedoch hat er Gottes Gebote gelernt, wenn nicht in einer Gemeinschaft? Und ist es nicht durch die Bindung an diese Gemeinschaft, daß er Gott zugehörig ist? Und ist nicht das Gefühl dieser Zugehörigkeit zu Gott die Glückseligkeit, die er durch penible Achtsamkeit in seiner täglichen Praxis mehrt? Angefangen bei dem, was anderen eher gesellschaftliche Konvention zu sein scheint, bis hin zur Liebe Gottes und der Nächsten, sind die Richtlinien und Regeln für die orthodoxen Gläubigen eine Einheit, gibt es doch so vielfältige Ausdrucksformen letztendlicher Zugehörigkeit.

Mit dieser Zugehörigkeit geht eine bewußte Ausgrenzung aller Nicht-Dazugehörenden einher. Das ist der Schatten der Zugehörigkeit. Den positiven Inhalt eines jeden Moralkodexes könnte man wie folgt zusammenfassen: «Das ist die Art und Weise, wie man sich gegenüber den Seinen zu verhalten hat.» Jenseits dieses Zirkels der Zugehörigen befinden sich «die anderen». Verschiedene moralische Ausformungen unterscheiden sich voneinander nicht in ihrer Essenz, sondern ausschließlich darin, wie weit bzw. eng wir den Kreis der Zugehörigkeit ziehen.

Mittlerweile haben wir in der Geschichte der Menschheit allerdings einen Punkt erreicht, wo die herrschende Moral *alle* einschließen muß, wenn sie nicht amoralisch werden soll. Unsere Welt hat für Draußenstehende keinen Raum mehr. Und unser Gefühl der Zugehörigkeit muß neben allen Menschen ebenso Tiere, Pflanzen und das gesamte anorganische Inventar des Haushalts Erde umfassen. Nichts mehr kann genügen als der weitestmögliche Horizont der Zugehörigkeit.

Aus diesem Grunde sehen wir uns heutzutage mit zwei fundamentalen moralischen Veränderungen konfrontiert.

118

Alle Richtlinien und Regeln, die auf Exklusivität basieren, zerbrechen, gehören der Vergangenheit an. Eine neue Wertschätzung für Richtlinien, die auf einem Gefühl universeller Zusammengehörigkeit gründen, gewinnt schnell an Boden. Von allen religiösen Regeln werden ausschließlich die überdauern, die Ausdruck grenzenloser Zugehörigkeit sind, aber die werden auch wirklich bleiben. Sie werden die Zukunft formen, wenn es denn noch eine Zukunft geben soll.

Mehr und mehr Menschen beginnen zu erkennen, daß das Überleben unseres Planeten von unserem Gefühl der Zugehörigkeit abhängt – Zugehörigkeit zu allen anderen Menschen, zu den Delphinen, die in Schleppnetzen sterben, zu Hühnern, Schweinen und Kälbern, die in Konzentrationslagern für Tiere gezüchtet werden, zu Regenwäldern, zu Seetangfeldern in unseren Ozeanen und zur Ozonschicht. Mehr und mehr Menschen werden sich bewußt, daß jeder Akt, der diese Zugehörigkeit stärkt, ein moralischer Akt der Verehrung ist, die Erfüllung einer Richtlinie, die in jedes menschliche Herz geschrieben ist.

Das ist der eigentliche Grund, warum Richtlinien und Regeln mich so faszinieren, sowohl die, die in Vergessenheit geraten, als auch die, die bleiben werden, solange Menschen menschlich sind: Sie alle sind Variationen ein und desselben Themas, eines Themas, das das menschliche Herz zu jeder Zeit erneut herausfordert. Was mich auf den ersten Blick faszinierte, war die erstaunliche Vielfalt der Regeln. Was mich auf den zweiten Blick fesselt, ist die eine große Herausforderung, die mit so unterschiedlicher Zunge zu uns spricht, die Herausforderung, von ganzem Herzen «Ja» zu sagen, ein uneingeschränktes «Ja» zur Zugehörigkeit.

GARY SNYDER

Indras Netz ist unser eigenes

Auf der letzten Seite seines Aufsatzes «Indras Netz als Ernährungskette – Gary Snyders Ökologische Vision», schreibt David Barnhill: «Für Snyder manifestiert sich Indras Netz im Jagen und Essen, wobei der Gejagte/ Gegessene Mitgefühl zeigt, und der Jäger/Esser Reinheit und Respekt.» Zuvor hatte Barnhill Indras Netz wie folgt charakterisiert: «Um die Natur dieses Netzwerks wechselseitiger Bezogenheit zu erläutern, hat Hua Yen das Bild von Indras Netz entwickelt. In diesem Bild wird das Universum als ein Netz von facettenreichen polierten Juwelen beschrieben, von denen jedes als vielfältiger Spiegel fungiert. In gewisser Hinsicht ist jedes Juwel eine Wesenheit. Wenn wir aber ein Juwel anschauen, sehen wir nichts als die Reflexionen anderer Juwelen, die wiederum Spiegelungen weiterer Edelsteine sind, und so weiter – ein endloses System von Spiegelungen. So ist in jedem Juwel das Bild des gesamten Netzes enthalten. Für Hua Yen besteht das Ziel der Religion darin, einen geistigen Zustand zu erreichen, der die Welt als interreflektiv wahrnimmt und uns befähigt, unser Leben im Rahmen einer derart radikalen wechselseitigen Bezogenheit zu führen.»

Ich möchte diese Aussage noch erweitern und hinzufügen, daß ebenso jede Art des Sammelns und Anbauens Mitgefühl, Reinheit und Respekt von allen Seiten erfordert: Vom Vegetarier ebenso wie vom Jäger. Weiter schreibt Barnhill: «Im Buddhismus ist das Essen von Fleisch traditionell geächtet, aber wir können erkennen, warum Snyder dieses Prinzip nicht übernommen hat.» Tatsächlich achte ich dieses Prinzip als Idee, als Herausforderung und als Ziel, wenn Zeit und Umstände es erlauben. Die Entscheidung, kein Fleisch zu verzehren, ist eine Erweiterung der Ersten Richtlinie: *ahimsā*, Gewaltlosigkeit, nicht «unnötig verletzen». Aber dies ist die *Saha*-Welt von *dukkha*, dem Leiden unterworfen, wo Menschen Armut und Not erfahren, und Tiere und Pflanzen wechselseitig voneinander leben. Diese Welt wird in den Sūtras als der Bereich von *kāma* beschrieben, physischer Gier und Bedürftigkeit, die alles antreiben. Alles, was atmet, ist hungrig.

Wenn Barnhills Argument dann in die Richtung geht, man *solle* also ruhig Fleisch essen und als genuine Fleischesser nicht künstlich eine Sonderrolle im Netz beanspruchen, so ist diese Schlußfolgerung nicht die meine. Ich persönlich bin der Ansicht, daß es Zustimmung verdient, wenn es Menschen gelingt, ausschließlich von Getreide und Gemüse zu leben. Es gibt jedoch viele, für die eine vegetarische Lebensweise keine akzeptable Option darstellt. Die Bewohner der Arktis sind hierfür das wohl überzeugendste Beispiel; aber ebenso bei den Völkern der Steppen und Wüsten, den Bewohnern der Küsten und der Berge stand immer auch nicht-pflanzliche Nahrung auf dem Speiseplan. Die meisten Menschen haben wohl stets gemischte Ernährung bevorzugt, zu der immer auch Fleisch gehörte. Sollen wir als Buddhisten diese Menschen ächten? «Barbarische Grenzstämme, die nicht fähig sind, den Dharma zu verstehen» (eine alte tibetische Idee). Es entspricht mit Sicherheit nicht dem Bodhisattva-Gedanken, andere Kulturen und Ernährungsweisen einfach so abzukanzeln. Was nun die moderne Nahrungsproduktion angeht, so steht außer Zweifel, daß die Rindfleischwirtschaft der Vereinigten Staaten und einiger anderer Länder einen unverantwortlichen Luxus darstellt, ebenso klar aber dürfte sein, daß die dritte Welt ohne Kühe, Hühner, Schweine, Schafe, Fische und andere Meeresfrüchte keinesfalls auskommen könnte.

Es stellt sich nun die essentielle Frage, wie wir die Erste Richtlinie in den Griff bekommen können. Als Oda Sesso Rōshi, mein Lehrer am *Daitokuji sodo,* zum 14. Fall im *Mumonkan* – «Nansen tötet eine Katze» – kam, wählte er nicht den Hohen Sitz, sondern ließ sich auf den Tatami nieder, auf gleicher Höhe mit den *unsui,* den Novizen. Er sagte: «Dies ist ein Fall, der leicht mißverstanden werden kann, und wir Japaner haben ihn manchmal vielleicht sogar mißbraucht.» Damals dachte ich, er bezöge sich auf den offensichtlichen Mangel an Widerstand seitens des Zen-Establishments gegenüber dem Erstarken eines japanischen Militarismus in den dreißiger Jahren. Jetzt denke ich, daß er darauf anspielte, daß in einer Diskussion, die die Frage des absichtlichen Nehmens von Leben anspricht, *jeder* unbedingt auf dem Boden sitzen sollte. Man kann sich dieser Frage nicht demütig genug nähern. Als ich damals, 1961, seinem *teisho* lauschte, fühlte ich mich – wie ich zugeben muß – in meinen Ansichten nur bestätigt, denn ich war mein ganzes Leben lang Pazifist gewesen (ab und zu auch Vegetarier), und glaubte daher zu wissen, wie diese Richtlinie zu interpretieren sei. Aber so einfach ist die Sache nicht.

Ich hatte auch mitbekommen, daß sogar einige der Rōshis (von den Mönchen ganz zu schweigen) Fisch aßen, wenn sie sich außerhalb ihrer Klöster aufhielten. Einmal besuchte ich den Tempel eines Rōshi nahe dem Berg Fuji und fragte ihn, warum einige Priester und Mönche Fleisch und Fisch essen würden. Er antwortete deftig: «Ein Zen-Mensch solle Hundescheiße essen können und Kerosin trinken.» Mein eigener Lehrer, Oda Rōshi, war strikter Vegetarier. Einmal aber sagte er zur mir: «Nur weil ich rein esse und andere Priester und Mönche nicht, läßt sich nicht folgern, daß ich ihnen überlegen sei. Es ist einfach mein persönlicher Übungsweg. Andere haben andere Wege. Jeder Mensch muß die Erste Richtlinie als existentielle Herausforderung akzeptieren, und dann seinen eigenen Weg damit im Leben finden.»

Ich bin niemals das gewesen, was man einen Jäger nennen könnte. Ich habe Kulturen von Jägern und Sammlern studiert und versucht, Einsichten in unsere grundlegende menschliche Aufgabe zu finden, indem ich die vielen Jahrtausende Erfahrung in der Nahrungsbeschaffung untersucht habe. Ich habe auch einige Tiere *in extremis* getötet, um zu verstehen. Bei zwei Gelegenheiten habe ich Rehe getötet, die, von Sportjägern verwundet, in unseren Teil des Waldes gekommen waren. Als ich noch Hühner hatte, haben wir sie freilaufend gehalten und nur die überschüssigen jungen Hähnchen geschlachtet, und ab und zu haben wir auch schon mal, am anderen Ende des Lebenszyklus sozusagen, ein altes Huhn gekocht. In diesem Zusammenhang habe ich die Trauer und den Druck der Notwendigkeit kennengelernt, die das Leben der bäuerlichen Menschen auf der ganzen Welt von jeher bestimmen. Sie (und ich) konnten gar nicht anders, als ihre Herden auf diese Weise zu halten, denn alles andere wäre Luxus, mit anderen Worten: unökonomisch gewesen.

Meine Hühnerschar (im Gegensatz zur kommerziellen Hühnerhaltung in engen Käfigen) konnte den ganzen Tag frei herumlaufen und scharren, hatte einen stolzen Hahn zum Freund und erfreute sich des anregenden sozialen Lebens von Freilaufgeflügel. Ab und zu forderten Luchse, Waschbären, wilde Hunde und Koyoten ihren Tribut. Habe ich die Luchse und Koyoten dafür gehaßt? Manchmal, mich auf die Seite meiner Hühner stellend, beinahe. Wir müssen hart daran arbeiten, unsere Vorurteile abzulegen, und demütig zusehen, wie das Große System seine Zyklen durchläuft. Was zum Beispiel Rehfleisch angeht, so

haben viele Familien in unserer Gegend das auf der Straße
getötete Wild geborgen, statt das Fleisch verkommen zu
lassen. Wo wir leben, ist Gartenbau nicht gut möglich, der
Wald hingegen ist riesig.

Mit der bloßen Unterscheidung «Vegetarier/Nicht-Ve-
getarier» macht man es sich zu einfach. Einige Völker,
besonders in Indien und Südostasien, sind bewußt Vegetarier. Die meisten anderen Menschen der dritten Welt sind
eher zufällig Semi-Vegetarier. Amerikaner, Australier,
Neuseeländer und einige Europäer sind die großen Fleischesser heutzutage. In den Industrieländern rekrutieren sich
die Vegetarier hauptsächlich aus der gebildeten Mittel-
schicht. Wer nicht das Bedürfnis hat, Fleisch zu essen,
braucht es ja auch wirklich nicht zu tun. Diese Vegetarier
sollten statt dessen mal ihre Abhängigkeit von fossilen
Brennstoffen untersuchen und die Folgen eines Landbaus,
der Gemüse und Getreide auf eine Weise produziert, die
Erde, Luft und Wasser schädigt und die Gesundheit unter-
bezahlter Arbeiter gefährdet. Tatsächlich müssen wir alle
nach alternativen Möglichkeiten der Nahrungsproduktion
Ausschau halten.

Meine eigene Einstellung zur Nahrung ist Neugier und
Dankbarkeit. Ich möchte gern wissen, woher mein Essen
kommt und was es war, Pflanze oder Tier. (Okra zum
Beispiel ist ein Mitglied der Hibiskus-Familie, ursprünglich
aus Afrika! Tomaten, Tabak, Kartoffeln, Auberginen –
Eierpflanzen, Nasubi, Brinjal – und Jimson-Gras gehören
zu den Nachtschattengewächsen mit ihren trompetenför-
migen Blüten. Mich faszinieren solche Details.) Bevor wir
zu essen beginnen, sagen meine Familie und ich Dank und
meditieren ein wenig über Art und Herkunft unserer Mahlzeit.

Warum habe ich als Buddhist nun Gedichte und Prosa
über Jäger, Sammler und die Nahrungskette geschrieben?
Weil die Erste Richtlinie auf physischer Ebene grundlegend

ist und weil unsere Ernährung im Hinblick auf Wirtschaft und Ökologie eine zentrale Rolle spielt. Die Ernährung ist das Feld, wo wir täglich das «Verletzen» der Welt erfahren. Selbstverständlich kann es nicht ausreichen, einfach zu sagen: «Das Leben besteht nun mal aus Schmerz und Leid, und wir sind ohnehin alle verblendet.» Vielmehr sind wir zur Übung aufgerufen. Im Laufe unserer Übung werden wir die Realität nicht verändern, aber vielleicht verändern wir uns selbst. Schuldgefühle und Selbstvorwürfe sollte unsere Übung nicht hervorrufen, aber wenn wir Glück haben, erreichen wir eine umfassendere *Sicht* und erkennen die Gleichzeitigkeit von Schmerz und Schönheit in dieser komplexen realen Welt. Es ist diese Erkenntnis, die das Bild von Indras Netz herbeiführen möchte. Bis jetzt waren es, paradoxerweise, die frühen Kulturen, die nur ihren Eigenbedarf deckten, besonders die Jäger und Sammler, die ihrer Dankbarkeit gegenüber der Erde und ihren Geschöpfen am schönsten Ausdruck verliehen haben. Als Buddhisten haben wir hier noch einiges zu lernen.

Nichts von dem, was ich gesagt habe, sollte als Rechtfertigung oder Rationalisierung für ein «Brechen» der Richtlinie verstanden werden. Wie Ryo Imamura kürzlich schrieb: «Im Buddhismus kann es keinen ‹gerechten› Krieg geben.» Wenn wir drastisch gegen die Erste Richtlinie verstoßen, indem wir zum Beispiel in Notwehr jemanden töten oder verletzen, dürfen wir nicht versuchen, die Tat zu rechtfertigen. Wir können nur sagen: «So habe ich entschieden, es tut mir leid, daß es geschehen ist, und ich akzeptiere alle daraus erwachsenden Folgen.» Der Grundsatz ist die Richtlinie, und sie dient als Maßstab, als Ideal und als Koan. Sie kann keine buchstäbliche Regel im Sinne der Zehn Gebote sein. «Töte nicht» oder «Verletze nicht» kann niemand vollkommen einhalten. Die Jains in Indien haben versucht, Ahimsā in buchstäblicher (nicht logischer) Konsequenz zu üben, und die Reinsten unter ihnen gründeten eine Institution des

Sich-zu-Tode-Hungerns als moralische Handlung. Das jedoch ist Gewaltausübung gegen den eigenen Körper.

Jedes Lebewesen beeinflußt jedes andere Lebewesen. Der Populär-Darwinismus mit seiner Betonung des Überlebens des Stärkeren hat daraus eine Sicht der Natur im Sinne eines blutigen Konkurrenzkampfes gemacht. Doch die Natur kennt genauso viele Beispiele von Symbiose, gegenseitiger Unterstützung und wechselseitiger Abhängigkeit. Die Wissenschaft von der Ökologie lehrt uns auch, daß unser Verständnis davon, was im Bereich der Natur «schädlich» ist und was nicht, derart rudimentär ist, daß wir es nicht wagen können, zwischen Raubtier und Beute, zwischen Grünpflanzen und Müllhalden-Schimmel oder sogar zwischen «Leben» und «Tod» Partei zu ergreifen.

Thich Nhat Hanh hat auf einer Versammlung von Leitern der Buddhist Peace Fellowship im Tassajara Zen Mountain Center einmal gesagt, daß wir selbst für das kleinste Anzeichen von Ahimsā, wo immer es sich zeigt, dankbar sein müssen. Ich glaube, er hat sogar gesagt, daß es schon zu begrüßen wäre, wenn ein Offizier seine Truppen mit ein bißchen mehr Ahimsā-Geist in die Schlacht führte als ein anderer. Ich meine, daß jeder einzelne von uns seinen ganz persönlichen Weg finden muß, diese Richtlinie zu üben, wohl wissend, daß es keine vollkommene Reinheit geben kann und vor allem, ohne in Selbstgerechtigkeit zu verfallen. Es handelt sich in der Tat um unser «existentielles Koan». Daher habe ich es, ganz im Geiste des Mahāyāna, auch mit «Verletze nicht unnötig» umschrieben.

Wenn ein einzelnes weggeworfenes Eßstäbchen vom Meister im Ausguß gefunden wird, und er daraufhin den Mönch schilt: «Du hast diesem Eßstäbchen das Leben genommen», können wir dieses Eßstäbchen betrachten und erkennen, wie es verletzt wurde. Doch dann muß angesichts des steigenden Verbrauchs von hölzernen Wegwerf-Eßstäbchen in Japan und Amerika auch gesagt werden: «Du tötest den Regenwald.»

Kannte der Meister diesen nächsten Schritt? Nicht ganz. Die Umsetzung aktiven Mitgefühls für Lebewesen bestand im buddhistischen China häufig nur in der zeremoniellen Freilassung von Käfig-Tauben und gefangenen Fischen. Mitgefühl mit individuellem Leben ist jedoch nur ein Teil der Geschichte. Das buddhistische China war zwischen dem 5. und dem 15. Jahrhundert Schauplatz der Ausrottung vieler Lebensformen sowie großflächiger Entwaldung. Auch Indien ist lange vor unserer Zeit zu großen Teilen bereits abgeholzt worden. Mitgefühl für leidendes Leben muß ausgedehnt werden bis zur Ebene einer ganzen Wasserscheide, eines Natur-Systems, eines Lebensraums. Das Leben eines Papageis oder eines Affen zu retten ist gut. Aber wenn nicht der ganze Wald gerettet wird, sterben alle. Der ganze Planet ächzt unter der massiven Mißachtung der Richtlinie von Ahimsā durch hochorganisierte Gesellschaften und multinationale Konzerne auf der ganzen Welt. Tausende von Lebensformen – tierische wie pflanzliche – laufen Gefahr, im nächsten Jahrhundert ausgerottet zu sein. Ich hoffe, die Leser dieses Buches sehen die Friedensbewegung, die Umweltbewegung und unsere eigene Buddhist Peace Fellowship in diesem Licht und räumen der Bemühung, DIE LEBENSRÄUME ALLER WESEN ZU RETTEN, höchste Priorität ein.

Die Zukunft liegt in unserer Hand

«Was ist deine Übung?» Viele Praktizierende des Buddhismus würden denken, daß dies eine Frage nach ihrer bevorzugten Meditationsform ist und würden demzufolge etwa antworten: «Ich übe *vipassaña* oder *dzogchen,* oder *shikantaza.*» Solche Antworten reflektieren die weitverbreitete Sicht, daß Übung im Wesentlichen eine Angelegenheit der spirituellen Technik sei. Ethik gilt von diesem Gesichtspunkt aus als ein Satz von Werten und Richtlinien, die die eigene Praxis *unterstützen.*

Der Buddha jedoch sprach von der Übung (*siksa*) als einem dreifachen Weg, bestehend aus Ethik, Meditation und Weisheit. Wenn Buddhisten sich aber unter dem Einfluß der technozentrischen Kultur des Westens betrachten, verstehen sie ihr «Tun» hauptsächlich im Sinne der zweiten dieser drei Übungen, nämlich der Meditation. Das paßt zu einer Weltsicht, in der der Lösung von Problemen durch Anwendung von Techniken absolute Priorität eingeräumt wird.

Der signifikanteste Aspekt der sich entwickelnden Bewegung eines engagierten Buddhismus besteht in der Neubewertung dessen, was mit «Übung oder Praxis» umschrieben wird. Durch die Betonung des Engagements verschiebt sich das Zentrum der Übung von einer ausschließlichen Identifikation mit der Meditation hin zu einem Miteinbeziehen ethischer Fragen. Hier besteht allerdings die Gefahr, daß «engagierte Buddhisten» sich subtil (oder weniger subtil) anderen Buddhisten, die «nur» meditieren, überlegen fühlen. Wie beim Technozentrismus der Meditierer, laufen engagierte Buddhisten Gefahr, einer weiteren westlichen Obsession anheimzufallen: dem Glauben, allein das Handeln zähle.

Ethik als Übung beginnt damit, ethische Probleme in die Sphäre meditativen Gewahrseins einzubeziehen – sich achtsam der widerstreitenden Impulse gewahr zu sein, die während der Meditation ins Bewußtsein dringen. Statt sie als Ablenkungen zurückzuweisen (was ganz legitim wäre, wenn man Konzentration üben wollte), erkennt man sie als Potential für Handlungen, die eigenes Leiden oder das Leiden anderer zur Folge haben können.

Die Übung dieser Achtsamkeit führt zu zunehmender Empfänglichkeit gegenüber dem Von-Augenblick-zu-Augenblick-Entstehen von Gedanken und Emotionen. Sehr häufig werde ich mir eines Gefühls, zum Beispiel meines Zorns, erst dann bewußt, wenn er mich bereits überwältigt hat. Die oben erwähnte Art der Meditation trainiert mich darin, Geisteszustände während ihres Entstehens zu beobachten.

Das heißt aber nicht, daß ich die Impulse, die nicht in mein spirituelles Selbstbild passen, unterdrücke oder mißachte. Achtsamkeit bedeutet, alles, was entsteht, zu akzeptieren und es zu durchschauen. Die Wurzel meiner ethischen Praxis besteht in der Fähigkeit zu akzeptieren, daß auch ich *potentiell* ein Mörder, Dieb, Vergewaltiger, Lügner und Drogenabhängiger bin. Ethik zu üben bedeutet, die Realität dieser Impulse anzunehmen – und loszulassen. Sie loszulassen heißt, ihnen zu gestatten, ihrer eigenen Natur der Auflösung zu folgen. Denn nur wenn ich einen Impuls bestätige («Ja, ich hasse diesen Menschen!»), setze ich die Kettenreaktion in Gang, die in verbalem oder physischem Handeln gipfelt.

Wenn die Kraft der Achtsamkeit langsam wächst, gewinne ich zunehmende Freiheit der Entscheidung. Achtsamkeit verstärkt sich jedoch nicht nur durch die größere Kapazität, achtsam zu sein – wir alle haben wohl schon einmal die Erfahrung gemacht, uns selbst achtsam beim Übertreten einer Richtlinie zu beobachten. Achtsamkeit wird ebenso durch ihre «Schwester»-Qualitäten ermächtigt – gläubiges Vertrauen, Enthusiasmus, Meditation und Weisheit (die übrigen vier der fünf Kräfte, *indriya,* von denen der Buddha sprach). Je weniger eine solche Achtsamkeit vorhanden ist, desto leichter wird unsere Wahl von psychischer Gewohnheit und gesellschaftlicher Konditionierung bestimmt. Nur wenn die Achtsamkeit voll entfaltet ist, bin ich in meiner Entscheidung wirklich frei.

Was bestimmt meine Entscheidung für dieses anstatt jenes? Was läßt mich glauben, diese Handlung sei richtig, eine andere jedoch falsch? Achtsamkeit hilft mir zu erkennen, welche Impulse von Augenblick zu Augenblick entstehen, aber sie sagt mir nicht, welche dieser Impulse ich loslassen und welchen ich nachgeben sollte. Um das zu wissen, muß ich mir meiner Prioritäten und Werte bewußt sein. Und dieses Gewahrsein liegt im Herzen meines *gläubigen Vertrauens* als Buddhist.

Die Praxis buddhistischer Ethik basiert auf gläubigem Vertrauen. Denn was ich als richtig und falsch, gut und schlecht betrachte, kann ich weder logisch beweisen noch sinnlich erfahren. Selbst wenn ich meine Überzeugung, was richtig und was falsch ist, mit dem Hinweis auf mein Gewissen, meine Intuition oder meine Buddha-Natur rechtfertige, handelt es sich immer noch um einen Akt gläubigen Vertrauens auf etwas (wie das Gewissen), das ich nicht beweisen oder beobachten kann.

«Buddhistische Ethik» bezieht sich generell auf die Richtlinien, denen ich mich als Laienanhänger, als Ordinierter, als strebender Bodhisattva, als Zen-Praktizierender oder als Anhänger des Vajrayāna verschreibe. Richtlinien sind formeller Ausdruck der Werte, die ich aus gläubigem Vertrauen wähle, um danach zu leben. Es sind diese in den Richtlinien festgelegten Werte, auf die ich mich beziehe, wenn ich eine ethische Entscheidung treffe.

Ohne Umschweife ausgesprochen (zum Beispiel: «Töte nicht»), scheint eine Richtlinie ausschließlich ein Verbot zu diktieren. Diesem Verbot liegen jedoch Werte zugrunde: daß das Leben kostbar ist, daß die Verminderung von Leiden gut ist, daß Mitgefühl gut ist, daß der Schutz und die Verbesserung des Lebens gut sind. In allen buddhistischen Traditionen herrscht eine Spannung zwischen jenen, die die buchstäbliche Bedeutung der Richtlinien betonen, und denen, die die zugrundeliegenden Werte betonen. Bekannt ist die Geschichte von den zwei Mönchen, die eine Frau im Fluß um ihr Leben kämpfen sehen. Der eine springt ins Wasser, um sie zu retten, während der andere mißbilligend zusieht. Ins Kloster zurückgekehrt, wirft letzterer dem anderen vor, sein Mönchsgelübde gebrochen zu haben, weil er eine Frau berührt habe. Der Gefährte antwortet: «Ich habe sie am Flußufer abgesetzt. Du trägst sie immer noch.»

Jedes ethische Dilemma konfrontiert mich mit einer einzigartigen und komplexen Situation, die niemals zuvor existiert hat und die auch nie wieder genauso eintreten wird. Keine noch so große Zahl von Regeln und Richtlinien wird jemals in der Lage sein, die unendliche Vielfalt möglicher ethischer Zweifelsfälle abzudecken, die mir begegnen könnten. Regeln mögen manche einfache Entscheidung erleichtern, aber die wirklichen Zwangslagen verlangen nach einer *Übung* in Ethik. Erfordern sie doch, daß man die Situation gründlich erwägt und dann – mit Weisheit – eine Entscheidung trifft. Diese Weisheit verlangt von mir, daß ich mein Augenmerk auf die den Richtlinien und Regeln zugrunde liegenden Werte richte.

Handlung *(karma)*, so erklärt der Buddha, ist Absicht.

Die Absicht haben, etwas zu tun, bedeutet, sich zu entscheiden, auf bestimmte Art und Weise zu handeln. Eine solche Entscheidung jedoch beinhaltet jedesmal ein Risiko – denn ich kann mir des Ergebnisses meiner Handlung niemals sicher sein. Alles, worauf ich hoffen kann, ist, genug Weisheit zu besitzen, um zu erkennen, was das Beste wäre – eine Weisheit, die die Demut erfordert, mir klar darüber zu sein, daß ich Fehler mache.

Die Übung der Ethik umfaßt also auch die Übung von Meditation und Weisheit. Die Dreifache Übung des Buddha ist daher in jeder ethischen Handlung präsent: in der inneren Verpflichtung gegenüber den Werten, die in den Richtlinien formuliert sind, in der Klarheit, Stille und Freiheit der Achtsamkeit, die es mir erlaubt, bewußt zu erleben, was im Moment vorgeht, und in der Weisheit, mich für das entscheiden zu können, was das Beste ist.

Im Frühjahr 1993 hatte ich das Glück, Mitglied einer Gruppe westlicher buddhistischer Lehrerinnen und Lehrer zu sein, die sich mit Seiner Heiligkeit dem Dalai Lama trafen, um unter anderem Fragen buddhistischer Ethik vor allem im Hinblick auf Lehrende zu diskutieren. Der Dalai Lama ist sowohl ein außerordentlicher Vertreter des historischen Dharma wie auch ein herausragender Interpret seiner Inhalte. Er ist von radikaler Liberalität, was die Doktrin und ihre Interpretation angeht, in ethischen Fragen jedoch höchst konservativ.

Es ist der Schüler, so sagte der Dalai Lama, der den Lehrer mit Autorität ausstattet und ihn in eine bestimmte Rolle drängt. Warum sind einige Lehrer in Amerika und Europa in Skandale verwickelt gewesen? Warum konnten sie ihre Schülerinnen und Schüler ausbeuten und mißbrauchen? Dies war ein Thema, das dem Dalai Lama sehr am Herzen lag. Der Schüler, die Schülerin, so merkte er an, prüft oft die ethischen und spirituellen Qualitäten einer

Person nicht eingehend genug, bevor er ihn (meistens handelt es sich um «ihn») als Lehrer akzeptiert. Die tibetische Tradition hingegen postuliert, daß einem solchen Schritt Jahre genauester Prüfung vorausgehen sollten. Der Fehler liegt allerdings in erster Linie beim Lehrer. Der Dalai Lama machte folgende Beobachtung: «Viele Freunde, die ich hier [in Indien und Tibet] gekannt hatte, waren da sehr bescheiden, im Westen aber wurden sie stolz.» Wenn ein einfacher Mönch aus einer ärmlichen Flüchtlingssiedlung in Indien plötzlich in einer europäischen oder amerikanischen Großstadt verehrt und mit Wohlstand überschüttet wird, ist die Gefahr, daß ihm diese Behandlung zu Kopfe steigt, verständlicherweise groß. «Alkohol», so sagt Seine Heiligkeit, «ist oft die Wurzel solcher Probleme.» Natürlich: ein verführerischer Krückstock für jemanden, der, seiner heimatlichen Kultur entfremdet, in eine verwirrende und herausfordernde Welt geworfen ist, ohne die notwendigen sozialen und emotionalen Mittel zu haben, den neuen Herausforderungen zu begegnen.

Das wäre alles gut und schön, bis auf die Tatsache, daß die meisten dieser asiatischen Lehrer und ihrer westlichen Nachfolger angeblich erleuchtet sein sollen. Was bedeutet «Erleuchtung», wenn die, die sie angeblich haben, immer noch diesen wenig erbaulichen Verhaltensmustern unterworfen sind, die wir armen unerleuchteten Wesen zu überwinden bestrebt sind? Zumindest, so möchte man annehmen, sollte Erleuchtung doch einen gewissen Grad an Zufriedenheit beinhalten. Wenn aber jemand zufrieden ist, wie kann er dann der Selbstüberschätzung erliegen? Warum kann er von Alkohol abhängig werden? Warum sollte er eine Vielzahl von schnellen sexuellen Abenteuern suchen? Selbst unerleuchtete zufriedene Menschen haben so etwas nicht nötig.

Wenn die Handlungen eines Lehrers unethisch sind, antwortete der Dalai Lama, dann ist seine Praxis falsch, selbst wenn er viele Jahre geübt haben sollte. Es mangelt solchen Lehrern ganz einfach am rechten Verständnis des Dharma. Es gibt eine «Lücke» zwischen dem Dharma und ihrem Leben. Er widersprach auch der Vorstellung, daß man nicht mehr an Moral gebunden sei, wenn man erst die letztendliche Wahrheit von der Leerheit verstanden habe. Im Gegenteil: Indem die Erkenntnis der Leerheit das Netz der Verbundenheit, das alle Lebewesen ethisch verbindet, enthüllt, überschreitet sie nicht mystisch jede Moralität, sondern verankert sie in der Erfahrung.

Seine Heiligkeit gab bei einer Gelegenheit der Sorge Ausdruck, daß die Zen-Erfahrung des *satori* entweder mit einem Zustand tiefer Konzentration (samādhi) verwechselt werden oder einfach ein Zustand der Nicht-Begrifflichkeit sein könne, die beide kein transformatives Verstehen beinhalten würden. Die Betonung hoher Ebenen der Erleuchtung im Zen, so merkte er an, berge die Gefahr, niedere Ebenen einfachen neurotischen Verhaltens unbearbeitet zu lassen. Er wunderte sich auch über Buddhisten, denen er begegnet war, die über Erfahrungen von Leerheit sprachen, aber menschliche Wärme vermissen ließen, was für ihn auf eine meditative Fehlentwicklung in Richtung reiner Nicht-Begrifflichkeit oder geistigen Sinkens (eine subtile Form der Dumpfheit) hinwies. «Daher», so schloß er, «bevorzuge ich den stufenweisen Weg.»

Jemand bemerkte, daß unsere gemeinsam verbrachten Tage «ein Gefühl von Richtigkeit bis in die Knochen» gebracht hatten. Die Begegnung mit dem Dalai Lama diente als Bestätigung von etwas, das viele von uns intuitiv seit langem für richtig hielten, hatten sie weder die Worte noch den Mut gefunden, es auszudrücken. «Die Vergangenheit ist vergangen», sagte der Dalai am letzten Tag. «Was wichtig ist, ist die Zukunft. Wir sind die Schöpfer. Die Zukunft liegt in unserer Hand. Selbst wenn wir versagen sollten, kein Bedauern – wir müssen uns Mühe geben.»

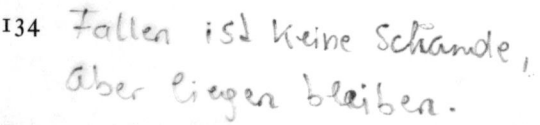

Fallen ist keine Schande, aber liegen bleiben.

JOAN HALIFAX

Deine Spuren sind der Weg

Nur deine Spuren, Wanderer,
sind die Straße, sonst nichts;
Einen Weg, Wanderer, gibt es nicht,
Du selbst schaffst im Gehen den Weg.
Im Gehen erschaffst Du den Weg.

Und wenn Du Dich umdrehst
siehst Du die Straße,
die nie mehr Dein Fuß betritt.
Einen Weg, Wanderer, gibt es nicht,
nur Spuren im Schaum des Meeres.

(Antonio Machado)

Immer wenn ich an das Befolgen der Richtlinien im Rahmen buddhistischer Praxis denke, kommen mir zwei Eigenschaften in den Sinn: Unterscheidungsvermögen und
Güte. «Könnten nicht alle Richtlinien Kategorien von
Unterscheidungsvermögen und Güte sein?» frage ich mich
selbst. In gewisser Hinsicht halte ich das für möglich. Oder
zumindest wünsche ich mir, daß es so wäre, wenn wir sie in
unserem Alltag üben. Als ich mich mit den buddhistischen
Regeln guter und schlechter Lebensführung beschäftigt
habe, die seit der Zeit Gautamas entstanden sind, fand ich,
daß viele der Gebote historisch und kulturell bedingt waren. Auf den neuesten Stand gebracht, wie im Falle der
Vierzehn Regeln des Tiep-Hien-Ordens oder in Thich

135

Nhat Hanhs Neuformulierung der Fünf Wunderbaren Richtlinien, sind unsere buddhistischen Regeln einfach gute Medizin für unseren launischen Geist und unser vergeßliches Herz. Sie halten uns an zu sehen und richten unser Augenmerk auf die Güte. Obwohl unsere Ursprüngliche Natur ohne Makel sein mag, hat sich doch bei den meisten von uns nicht wenig «Staub» auf dem Spiegel des Geistes angesammelt. Mit der Übung geht es ans Großreinemachen. Richtlinien und Regeln erinnern uns daran, daß das Haus geputzt werden muß und wir nicht dauernd vergessen sollten, uns um uns selbst und um andere zu kümmern. «So wird's gemacht», sagen uns die Richtlinien.

Übung ist die Entwicklung der Kunst, in Schönheit und Aufrichtigkeit, mit Würde und Stärke zu leben. Die Richtlinien sind eine Verfeinerung dieses Handwerks, sie sind ein Achtsamkeits-Werkzeug und ein Werkzeug des Mitgefühls, das Körper, Sprache und Geist der ursprünglichen Ganzheit öffnen kann. Ebenso vertiefen die Richtlinien die Erfahrung von Gemeinschaft. Thây hat oft gesagt, daß die Richtlinien unsere Beschützer seien: Sie schützen uns und andere. Wenn wir miteinander in Frieden leben, mit den vier Welten von Großmutter Erde, dann verschreiben wir uns dem Pfad der Gewaltlosigkeit gegenüber allem. Wir sehen in allen Dingen, in allen Wesen uns selbst. Wir wissen, wenn wir andere durch Körper, Sprache oder Geist verletzen, verletzen wir einen Teil von uns selbst. Wir erkennen, daß unsere sogenannte individuelle Identität mit allen anderen Identitäten verbunden ist, wir also nicht als separates Selbst existieren, sondern in einem Kontinuum mit allem anderen. Die Richtlinien können in uns den Sinn für die tiefe Verantwortung gegenüber der größeren Welt ebenso wecken wie für die Verantwortung uns selbst gegenüber. Sie sind, in ihrer Essenz, ein Weg zur Fürsorge für unsere Gemeinschaft im Großen wie im Kleinen.

Die Richtlinien haben aber auch ihren Schatten. Sie

können zu Frömmelei, Selbstgerechtigkeit und Humorlosigkeit verführen, und es könnte sich hinter etwas, das als «hilfreiche Kritik» gerechtfertigt wird, sogar Bosheit verbergen. Ich habe erlebt, wie die Richtlinien als Waffe gegen andere mißbraucht wurden, statt als Werkzeug zu tieferem Verstehen genutzt zu werden. Erniedrigung und Bestrafung derjenigen, die die Richtlinien übertreten, scheinen mir unvereinbar mit der buddhistischen Sichtweise von uns selbst als nicht getrennt von anderen und leer von jeder Identität. Es gibt bessere Mittel, um die Verblendeten sehend zu machen. Zum Verständnis gelangt man durch Verstehen, um Thich Nhat Hanh zu zitieren. Wie können wir einem Herzen helfen, seine Verteidigungsstrategien aufzugeben? Wie können wir unsere Ursprüngliche Unschuld wiedergewinnen? Sicherlich nicht durch den Zwang von Bestrafung und öffentlicher Erniedrigung. Das ist im westlichen Sangha seit jeher ein großes und zähes Problem. Ich glaube, wir haben den Weg, der Mitgefühl für alle kennt, noch nicht gefunden. Leiden hat viele Gesichter. Opfer und Täter leiden beide. Entfremdung hat viele Gesichter, Gier, Eifersucht, sexuelle Triebhaftigkeit, Selbstgerechtigkeit, Zorn, Haß, Scheinheiligkeit und alle anderen Formen offensichtlicher Verblendung.

Häufig verstecken sich Menschen auch hinter den Richtlinien und tun heimlich das Gegenteil von dem, was sie predigen. Tatsache ist, daß wir die Richtlinien dauernd brechen. Wenn wir das einsehen, besteht eine geringe Möglichkeit, daß wir Mitgefühl entwickeln – nicht nur für uns selbst, sondern auch für andere. Die Japaner haben einen Ausdruck, der das Gefühl von Pathos im Kern unseres allzu menschlichen Dilemmas gut erfaßt: *mono no aware*, «die kleine Wehmut». Einfach indem wir leben, nehmen wir Leben. Lederschuhe und Gürtel tragen, einatmen und ausatmen, eine Tasse Wasser trinken, einen Waldspaziergang machen, Senfsamen ziehen, hierhin und dorthin fliegen: bei allem Tun sterben tausend Dinge und tausend werden neu geboren. Unsere Gedanken können niemals so rein wie frisch gefallener Schnee in einer Silberschale sein. Unsere Sprache ist nur bedingt brauchbar. Unseren eigenen Körper und den anderer wie eine Kostbarkeit zu behandeln, ist – getrieben, wie wir sind, von Pflicht oder Gier, Angst oder Verwirrung – so einfach nicht. In unserem täglichen Kampf um ein heilsames Leben sind wir gefordert, Aufrichtigkeit zu üben. Unsere Welt ist in keinem besonders gesunden Zustand. Unter Berücksichtigung der andauernden Zerstörung unserer Umwelt, des Verlusts an Werten und Sinn auf globaler und lokaler Ebene sowie der handfesten Realität menschlichen Leidens, stehen die Chancen für die Entwicklung von etwas Gleichmut oder dauerhafter Freude relativ schlecht. Und darum üben wir: Erleuchtung ist ein Zufall, die Übung macht uns zufallanfällig.

Ich glaube daran, daß durch die Fehler, die wir machen, die Muskeln von Wahrheit, Mitgefühl und Mut trainiert werden. Wo wir schwach sind, finden wir Mittel und Wege zur Entwicklung unserer Stärke. Und häufig braucht man einen Dorn, um einen Dorn zu entfernen. Manchmal ist eine sogenannte wenig tugendhafte Handlung ein hilfreiches und angemessenes Mittel. Das Streben nach einer unrealistischen und übertriebenen Vollkommenheit ist ein Wahnsinn, der Unauthentizität erzeugt – letztlich kann ein solcher Mensch zu einem Monster an Selbstgerechtigkeit werden. Fall in die Dunkelheit! Wo kommen die Knie der Demut auf? Übe aufzustehen! Das Rückgrat von Zehntausenden richtet sich mit dir auf. In diesem wunderbaren Kampf um die Wahrheit sind wir nicht allein. Thây hat einmal geschrieben, daß wir durch unser Leben mit der Wahrheit experimentieren. Die Richtlinien sind nicht die Wahrheit. Gewöhnlich weisen sie die freundlichste Alternative. Wenn aber ein Mönch oder eine Nonne ihren lebendigen Körper den Flammen opfert, wo bleibt da die Wahrheit des Nicht-Verletzens?

Im Hochland von Nepal, im Thupten-Chöling-Kloster nahe Junbese im Tal von Solu, saßen vor einiger Zeit Hunderte von Mönchen und Nonnen geduldig im Hof der großen *gompa,* während der Arzt, der uns begleitete, sie medizinisch betreute. Viele hatten Tuberkulose oder Krebs. Alle lächelten, Selbstmitleid gab es nicht. Wir Westler konnten den Anblick von soviel gleichmütig ertragenem Schmerz kaum ertragen. Während ich unter ihnen stand, erinnerte ich mich an das Bild des ersten vietnamesischen Mönchs, der sich selbst verbrannt hatte. Sein Körper stand in Flammen, er aber saß inmitten des Infernos still – ein «Lotos in einem Meer von Feuer». Hatten ihn die Richtlinien zu diesem radikalen Akt der Selbstauslöschung gebracht? Zum Teil, glaube ich, schützten ihn Richtlinien, als er sein Fleisch den Flammen übergab. Er wußte, daß er vielleicht viele Leben retten würde, wenn er sein eigenes hingab. Es bedarf wachen und radikalen Unterscheidungsvermögens und großer Liebe, um sich so für andere zu opfern. Indem er gegen die Richtlinien verstieß, befolgte er sie.

Was können wir mit den Richtlinien anfangen? Wie können wir durch sie auf nicht-duale Weise leben? Was müssen wir tun, um unsere Ursprüngliche Unschuld, unsere natürliche Tugend, zurückzugewinnen? Ich glaube, es gelingt nicht dadurch, daß wir etwas aufsetzen, was wir nicht sind. Federn zu tragen macht uns nicht zu einem flugfähigen Vogel. Der Dichter Antonio Machado erinnert uns daran, daß wir den Weg im Gehen erschaffen. Als der Buddha starb, trug er seinen Freunden auf, Lehrer und Lehren in Frage zu stellen. Akzeptiere nichts auf Treu und Glauben hin. Studiere das Selbst, sagte Dogen. Kultiviere Unterscheidungsvermögen. Wo unser Fuß steht, können wir die Wahrheit finden. Können wir tief genug schauen

und das Universum im Staub unter unseren Füßen erkennen? Durchdringe scharf den gegenwärtigen Augenblick.
Und entspanne dich. «Benutze die Richtlinien als Spiegel»,
sagt Thich Nhat Hanh. Laßt die Richtlinien unsere Gefährten sein, nicht unsere Meister. Denken wir daran, daß die
große Frage für die meisten von uns noch ohne Antwort ist.

RICHARD BAKER

Anmerkungen zur Praxis der Richtlinien

Wie handeln wir in der Welt? Wie wecken wir die Welt,
ohne uns, anderen und der Welt selbst zu schaden? Wie
tragen wir so wenig Gepäck wie möglich in jeden Augenblick, und wie sammeln wir in jedem Augenblick möglichst wenig Gepäck an? Was bringen wir in die Gegenwart
mit? Wie treten wir, mit reinem Gewissen und klarem
Bewußtsein, in jeden Moment der Gegenwart ein, halten
sanft die Welt und unser Leben und lassen wieder los?

In einer Zen-Geschichte fragt Xiushan: «Wie können wir
die Welt verändern?» Dizang antwortet: «Was nennst du
die Welt?»

Das ist der Anfang der Richtlinien. Was nennen wir die
Welt? Wie nennen wir sie, und wie treten wir in sie ein? Was
ist die Welt? Es sind viele Welten, viele jeden Augenblick.
Und unser Geist, der Zustand unseres Geistes, unsere
Einstellungen sind die Richtlinien, die die Welt formen,
teilen, retten oder untergehen lassen.

Diese Fragen werden beantwortet, indem wir die Richtlinien finden und befolgen. Die Richtlinien sind das, was
wir in die Gegenwart mitbringen, was wir für wahr,
notwendig und verantwortungsbewußt halten. Die Richtlinien sind die Grammatik unserer geistigen Haltung, unseres Denkens und Tuns, basierend auf der weitgespannten
Erfahrung vieler Menschen (aus vielen Kulturen und Zeit-
altern). Sie erlauben uns, gelassen und verantwortungsbewußt mit uns selbst, mit anderen, ja mit allen Phänomenen

141

umzugehen. Ganz allgemein können wir sagen, daß die Erste Richtlinie in der Erkenntnis der Möglichkeit und Schönheit von Regeln überhaupt besteht. Wir erkennen die Kraft und Erlösung, die darin liegt, sich selbst und der Welt gegenüber eine Verpflichtung einzugehen, und werden so fähig, uns persönlich zur Einhaltung der Richtlinien zu verpflichten.

Karma ist das Gepäck, das wir ansammeln. Dharma bedeutet, dieses Gepäck wieder abzulegen. Und die Richtlinien sind die Übungen und Einstellungen, die es uns erlauben, kein weiteres Gepäck mehr anzusammeln und statt dessen damit zu beginnen, es loszuwerden. Sie sind die Alchimie und Destillation der Erfahrung, die Karma in Dharma transformiert. Und sie sind das Fundament der Dharma-Praxis und der Transformation des Selbst – unseres gewöhnlichen Lebens – in Buddhas Leben.

Drei Ebenen der Übung

Es gibt drei Ebenen der bewußten Übung: die Ebene der Aufmerksamkeit, die Ebene der Absichtlichkeit und die Ebene der Stabilisierung von Körper und Geist. Obwohl diese Ebenen Schlaf, Traum, unterbewußte und unbewußte Bewußtseinszustände einschließen, findet der Zugang zu ihnen, ihre Artikulation, Entwicklung und Übung doch größtenteils in unserem bewußten Geist, unserem Wachbewußtsein statt.

1. Die Ebene der Aufmerksamkeit in der Übung

Die erste Ebene, das, was allgemein meist als Übung verstanden wird, besteht darin, unsere Aufmerksamkeit auf unseren Atem und unsere gegenwärtige physische Aktivität zu richten. In der Zazen-Meditation liegt die Anfangsübung ebenso wie die fortgeschrittene Praxis im Atem. Anfänglich richten wir unsere Aufmerksamkeit gewöhnlich auf den Atem, indem wir ihm folgen oder indem wir die Atemzüge zählen. Dadurch werden Körper und Geist miteinander in Verbindung gebracht, und es entsteht ein allgemeines Feld der Sammlung, der inneren Wahrnehmung und schließlich ein nicht-duales Gewahrsein, das nicht mehr in den Bereich vergleichenden oder gewöhnlichen, konzeptuellen Denkens fällt. Diese Praxis der Vereinigung von Körper und Geist durch die Sitzmeditation und durch das Lenken der Aufmerksamkeit auf den Atem führt zum Erwachen, zur Entwicklung und zur Ausbildung eines inneren Bewußtseins, das wiederum das äußere Bewußtsein verändert.

Eine weitere einleitende Atemübung ist das Benennen unseres Atems: «Dies ist Einatmen, dies ist Ausatmen. Jetzt atme ich ein, jetzt atme ich aus.» Wie wir den Atem genau benennen, bleibt uns überlassen. Auch in dieser Übung verbinden wir wieder Körper und Geist miteinander, wir vereinigen den Akt des Denkens mit dem des Atmens, führen die Gedanken zu Atem und Körper zurück und verändern damit die Basis der Gedanken, die so aus dem Körper-Geist entstehen und nicht mehr aus vergleichendem Denken.

Dieses Benennen ist das Fundament der Achtsamkeitspraxis, der täglichen Übung der Aufmerksamkeit: «Jetzt bin ich ein gehender Mensch.» – «Jetzt bin ich ein sitzender und schreibender Mensch.» – (Jemand ruft meinen Namen) «Jetzt bin ich ein Mensch, der sich umdreht, da sein Name gerufen wurde.» – «Jetzt bin ich ein für einen Augenblick nachdenklicher Mensch.» – «Jetzt, hier, gibt es einen atmenden Menschen, der seine Hände auf die Tastatur legt.» Diese Augenblicks-Personen sind realer als unsere gewöhnlichen Definitionen von Identifikation, sind tiefer im

Bewußtsein, im Sein und in der gegenwärtig sich entfaltenden Situation verwurzelt. Gleichzeitig sind sie zutiefst vergänglich.

Die gegebenen und absichtsvollen Strukturen der meisten Sprachen und Kulturen benennen und schaffen Dauerhaftigkeit. Die Gewohnheit, alles zu benennen, ist die Gewohnheit, Dauerhaftigkeit namhaft zu machen, Dauer zu erwarten, auf Dauer zu hoffen. Wenn wir jedoch beginnen, den Atem zu benennen, gehen wir in die entgegengesetzte Richtung. Wir fangen an, uns darin zu üben, Vergänglichkeit zu benennen – denn dieser Atemzug wird bald vergangen sein. Mein «dauerhafter» Name, Richard Baker, ist nicht meine ursprüngliche Erfahrung. Er existiert in einem Geistes- und Bewußtseinszustand, den ich von anderen gelernt habe – ein notwendiges, jedoch nicht tief verwurzeltes Bewußtsein. Indem wir Atem, Handlungen und ursprüngliche Denkinhalte benennen, untergraben wir die eingefahrene Gewohnheit des Benennens selbst. Dieses Mantra der Vergänglichkeit, diese Gewohnheit, Vergänglichkeit zu benennen, wird irgendwann wirksamer sein als die sogenannten dauerhaften Namen und Identitäten, die wir für selbstverständlich halten.

Das Benennen der Vergänglichkeit wird zu einer neuen Art von Wahrnehmung. Es wird die Basis für Gleichmut, für die Wahrnehmung des «Dazwischen-Seins», für ein Wahrnehmen außerhalb der Kategorien von entweder – oder, Existenz und Nichtexistenz, für ein Wahrnehmen außerhalb des Gefängnisses von Vorlieben und Abneigungen. Die Übung der Aufmerksamkeit, das Benennen von Vergänglichkeit, schafft eine Grundlage für Erkenntnis und Anwendung der Richtlinien – die Ebene der Absichtlichkeit in der täglichen Praxis. Eine aufrichtige und sorgsame Übung der Richtlinien und ihr rechtes Verständnis sind abhängig von der Übung und Erkenntnis der Vergänglichkeit.

2. Geist-Körper-Stabilisierung

Ein gefestigter Geist und Körper sind die Grundlage für jedes Erkennen geistiger und körperlicher Aktivität. Diese Stabilität besteht aus einem Gefühl von Kontinuität in der Vergänglichkeit und der Erfahrung, uns selbst empfindsam und verantwortlich in der Gegenwart zu sehen. Anfänglich werden Geist und Körper durch die Übung des Zählens, Verfolgens und Benennens des Atems zusammengebracht – an ihre Nicht-Zweiheit erinnert. Der Prozeß wird fortgesetzt durch innere Erfahrung, die Alchimie von Gelassenheit, Geschmeidigkeit, Dankbarkeit und Glückseligkeit. Diese Erfahrungen entstehen zuerst im Körper, dann im Geist, dann gehen sie hin und her und schließlich treten sie in beiden zusammen auf und vereinigen so Körper und Geist in einem gemeinsamen Feld und Impuls von Wahrnehmung, Vergegenwärtigung und Samādhi.

Der gefestigte Körper-Geist wird als Ebene ursprünglicher Präsenz manifest, als eine von Augenblick-zu-Augenblick-Substantialität des Seins, in der wir unser Alltagsleben aus Aktivitäten, Gedanken und Wahrnehmungen verankern können. Es ist ein tiefes Gefühl, mit dem wir vertraut werden können. Manchmal handelt es sich um eine Erinnerung an Einheit, wie wir sie in der Meditation erlebt haben. Wenn Festigung und Integration von Körper und Geist verwirklicht sind oder beginnen, verwirklicht zu werden, stellt sich eine deutliche Erfahrung von Gleichmut, Klarheit, Fülle und Verwurzeltsein ein. Es ist ein energetisches Verwurzeltsein des Geistes im Körper, des Körpers im Geist, des Geist-Körpers in der Welt der Phänomene und der Welt der Phänomene im Körper-Geist. Auf diese Weise wird uns ermöglicht, Zufriedenheit statt Ablenkung zu wählen. Indem wir Geist und Körper stabilisieren, entwickeln wir eine Form der Präsenz, in der wir unsere Übung der Richtlinien verankern können.

3. Die Ebene der Absichtlichkeit, der Vorsätze in der Übung

Die dritte Ebene der Übung besteht darin, sich den Strom aus Einstellungen, Sichtweisen, Geneigtheiten, Gewohnheiten und Normen, der jede Wahrnehmung und jeden Gedanken-Moment konditioniert und definiert, bewußt zu machen und zu lenken. Die Richtlinien sind eine transformative Praxis, die wir bereits üben und die wir uns bewußt machen können. Wenn diese Ebene von Körper und Geist unberücksichtigt bleibt, können wir keine wahre Freiheit erlangen. Ferner werden die beiden anderen Teile unserer Übung – Achtsamkeit und Stabilisierung von Körper und Geist – wenig Kraft oder transformative Wirkung haben. Im besten Falle können sie dann den Status quo verbessern und unser Wohlbefinden fördern. Der Status quo von Kultur, Geist und Persönlichkeit wird zum größten Teil aufrechterhalten in jenem absichtslosen, nicht-bewußten und unterbewußten Identitätsstrom, den die meisten von uns als die gegebene und festgelegte Dauerhaftigkeit der Welt erleben. Mit der Verbesserung des Status quo und der Steigerung unseres Wohlbefindens ist zwar schon einiges erreicht, dennoch besitzen wir damit noch nicht jene Freiheit, die Welt und uns selbst zu transformieren, die die wahre Kraft buddhistischer Übung ausmacht.

Das erste, was der Buddha lehrte, war der Achtfache Pfad, die Vierte Edle Wahrheit. Das erste Glied des Achtfachen Pfades ist die Vollkommene Erkenntnis. Das zweite Glied ist der Vollkommene Entschluß, der die Ebene der Absichtlichkeit (potentielle Absichtlichkeit) von Körper und Geist umfaßt – die Sichtweisen, Definitionen, Annahmen, Vorurteile und Absichten, mit denen wir jeden Moment beginnen und die wir in jeden Moment mitbringen. Durch den Achtfachen Pfad gewinnen wir Zugriff auf unser gelebtes Leben und auf den nicht- und unterbewußten Identitätsstrom, wo die Richtlinien wirken.

Bevor wir uns mit den formellen Richtlinien befassen, müssen wir unsere eigenen Richtlinien untersuchen – die Regeln, nach denen wir bereits leben. Denn selbst wenn uns das nicht bewußt ist: Wir leben nach bestimmten Regeln. Es ist nötig, sie in unseren Handlungen, Erwartungen usw. zu identifizieren. Die Entdeckung unserer eigenen inneren Grundsätze, die Untersuchung der Normen unserer Kultur und das Studium der buddhistischen Richtlinien sind der erste Schritt dazu. Um dann unsere vorgefaßten Sichtweisen zu ändern, müssen wir uns neue Ziele setzen. Um die Ebene der Intention unseres Geistes zu ändern, neu auszurichten oder zu transformieren, ist es nötig, Richtlinien zu formulieren und Versprechen abzulegen.

Als ersten Schritt in diesem Prozeß müssen wir, wie gesagt, eine Bestandsaufnahme unserer bisherigen Sichtweisen machen und sie dann daraufhin überprüfen, ob sie sich aufrichtig, sorgsam und guten Gewissens als Absichten für unser Handeln, Sprechen und Denken eignen – Glieder drei und vier des Achtfachen Pfades. Wenn wir einige der Absichten, die wir hegen, nicht wirklich ehrlich auch so meinen, können wir in dieser Dissonanz unsere wahren Richtlinien entdecken. Die Entdeckung unserer wahren Richtlinien, unserer inneren Grundsätze – Suzuki Rōshi nennt dies «Anerkennen unserer innersten Wünsche» – ist die Weiterführung der Übung des Achtfachen Pfades.

Wir überprüfen unsere Haltung an unserem Broterwerb (Glied fünf des Pfades), an unserer Fähigkeit, uns anzustrengen (sechs), an unserer Achtsamkeit (sieben) und an unserer Fähigkeit zur Konzentration (acht). Damit kehren wir wieder zum Anfang des Achtfachen Pfades zurück, indem wir uns an jene Sichtweisen und Vorsätze – unsere Richtlinien also – halten, die den Test durch Achtsamkeit, Anstrengung und Konzentration bestanden haben, die wir also authentisch in unserem Sprechen, Handeln und unserer Lebensführung ausdrücken können. Auf diese Weise ist der

Achtfache Pfad ein Entdeckungsprozeß unserer eigenen Richtlinien – der Sichtweisen, die wir akzeptieren können, weil sie der Gesundheit und Ganzheit von Körper und Geist förderlich sind und weil sie mit unserem Gefühl einer erweiterten Identität und Verantwortung im Einklang stehen. So sind die Richtlinien und Gelübde sowohl der Anfang des Achtfachen Pfades als auch sein Ergebnis.

Fünf Arten von Richtlinien

Die Richtlinien sollten unter fünf Gesichtspunkten untersucht werden. Erstens sind da unsere inneren persönlichen Richtlinien, unsere tiefsten Wünsche, die wir entdecken, wenn wir uns selbst intensiv betrachten – wie vorher angesprochen. Zweitens finden wir auch hausgemachte, äußere Richtlinien (entwickelt oder unentwickelt), basierend auf einer Mischung aus unserer Religion, Ausbildung und Erfahrung. Drittens gibt es die praktischen Richtlinien, die uns helfen, in der Welt zu überleben, das heißt in unserer speziellen Kultur und Zeit. Bei ihnen handelt es sich um die Bräuche und Normen unserer Gesellschaft, denen wir aus Rücksichtnahme auf andere und zur Förderung unseres eigenen praktischen Wohlergehens sinnvollerweise folgen. Wir können sie einhalten, solange sie nicht uns selbst oder anderen schaden oder zu einer Falle für unsere Identität werden.

Viertens sind da die Richtlinien, die uns helfen, das Ich zu zähmen und es auf das Selbst und die Leerheit ausgerichtet zu halten – weg von der Krankheit, in der sich das Ich manifestiert: endlose Vergleiche, Abhängigkeit, nach innen und nach außen gerichteter Haß, Destruktivität, Anhaftung, Verwirrung, Angst, Gier, Zorn und Verblendung. Wir müssen die Notwendigkeit, in der Gesellschaft ein starkes, funktionsfähiges Ich zu besitzen, ausgleichen mit seiner Tendenz, selbstsüchtig und eng zu werden. Die grundlegende Praxis des unkorrigierten Geistes, die in der Sitzmeditation des Zazen geübt wird, bedeutet nicht, daß wir nicht die Verantwortung hätten, unser Ich zu zähmen. Wir müssen uns stets erinnern, daß kurzsichtige, augenblickliche Begierden und Erfolge auf lange Sicht nicht in unserem wahren Interesse liegen – weder materiell noch psychologisch oder gar spirituell. Wir müssen schon ein bißchen streng sein mit uns, sonst essen wir zu viele Plätzchen oder machen noch Schlimmeres!

Schließlich gibt es Richtlinien, die auf Erleuchtung basieren, auf dem wahren Leben mit anderen aufgrund unserer größeren Identität und auf der Erkenntnis von Buddhas Leben und Geist. Die buddhistischen Richtlinien schaffen die Bedingungen für die Verwirklichung der Erleuchtung und sind Ausdruck eben dieser Erleuchtung. Traditionell könnte man sagen, die Erleuchtungs-Richtlinien finden sich in den Vier Edlen Wahrheiten (dem Akzeptieren des Leidens – der Fähigkeit, sich mit dem Leiden in der Welt auseinanderzusetzen –, dem Verstehen seiner Ursachen – der Aufhebung des Leidens) im Achtfachen Pfad, in der Erkenntnis von Vergänglichkeit und wechselseitiger Abhängigkeit, in der Praxis der Achtsamkeit, in der Übung des Verweilens in unserem Atem-Körper, in der Wahl von Zufriedenheit und Freude statt Ablenkung (dem Vorziehen von Geisteszuständen, die uns stärken, vor solchen, die uns erschöpfen), in der Fähigkeit, jeden Menschen als Buddha zu erkennen, in der Absicht, mit jedem Menschen, der uns begegnet, die Erleuchtung zu vollenden, in den Sechs Pāramitās (Großzügigkeit, Disziplin, Geduld, Energie, Meditation, Weisheit-Leerheit) und, um diese unvollständige Liste zu einem Ende zu bringen, in den Vier Unermeßlichen Verweilzuständen (grenzenlose Güte, grenzenloses Erbarmen, grenzenlose Freude über die Befreiung anderer vom Leid und grenzenloser Gleichmut).

Direkter könnte man sagen, daß die Richtlinien der Erleuchtung durch eine ungehinderte Transparenz des Bewußtseins und des Gewahrseins verwirklicht werden, getragen von unserer Bereitschaft und Fähigkeit, die Vergänglichkeit und Einfachheit des Lebens zu erkennen und zu akzeptieren, dem Gelübde, niemandem zu schaden, dem Wunsch, daß jeder Mensch, der uns begegnet, frei sein möge vom Leiden, dem Wunsch, allen nur zu nutzen, sowie dem Wunsch, jeder Mensch, der uns begegnet, möge die Freiheit der Erleuchtung erlangen.

Mit den Richtlinien üben

Der Akt des Ablegens der Gelöbnisse bewirkt eine Umkehr in uns – «im Sitz unseres Seins selbst». Es bedeutet, unser Leben zu «sehen», unsere Existenz zu erkennen und Verantwortung dafür zu übernehmen. Die Richtlinien verwandeln uns in menschlichere Wesen und manchmal in Buddhas. In diesem Sinne ist das Annehmen der Richtlinien sowohl ein Schritt auf dem Weg, als auch ein Akt der Verwirklichung – die erste Erleuchtungserfahrung, obwohl es uns oft schwerfällt, das zu diesem Zeitpunkt bereits zu erkennen.

Die Übung, den Richtlinien zu folgen, verwandelt unser persönliches Leben und läßt uns in komplexen Situationen mit Vertrauen agieren. Die Richtlinien sind die Keim-Lehren, die es uns erlauben, in der Welt mit Weisheit, Konsequenz und Mitgefühl zu handeln. Zur gleichen Zeit sind die Richtlinien auch Grundsätze, profunde Grundsätze, die uns in den gewöhnlichen und außergewöhnlichen Situationen des Lebens Gleichgewicht und Schutz gewähren.

Während wir unser Verständnis der Richtlinien in den – gewöhnlich inkonsequenten – Wechselfällen des Lebens vertiefen, ist das Übertreten einer Richtlinie nichts Inkonsequentes. Das Übertreten unserer eigenen inneren Richtlinien macht uns krank – obwohl wir es nicht immer gleich «sehen». Und das Ignorieren von Richtlinien und Normen unserer Gesellschaft kann irgend etwas zwischen Unbequemlichkeit, Isolation oder Katastrophe bewirken. Darüber hinaus wirkt sich der bewußte Bruch der buddhistischen Richtlinien und Gelübde – so wie das Übertreten unserer inneren Richtlinien – persönlich zerstörerisch und sehr wahrscheinlich Leid verursachend für andere aus. Die buddhistischen Richtlinien sind zwar keine kosmischen Gesetze, aber zutiefst menschliche Prinzipien. Ihre Leugnung läßt unser Karma anwachsen, kann uns aus dem Gleichgewicht bringen und uns krank oder funktionsunfähig machen.

Heutzutage müssen die Richtlinien und ihre Umsetzung nicht nur moralisch und ethisch klar und ausgereift sein, sondern auch psychologisch ausgefeilt und scharfsinnig. Die Psychologie der heutigen Zeit hat neue und bis dato unbekannte persönliche und gesellschaftliche Dynamiken aufgedeckt, die nicht ignoriert werden können. Das Unverständnis der individuellen und zwischenmenschlichen psychischen Bedürfnisse, Erwartungen und Projektionen kann zu schmerzhaften, ja ruinösen Mißverständnissen führen.

Wir sollten die Richtlinien realistisch sehen. Sie können uns vielleicht zu menschlicheren Wesen und sogar zu Buddhas machen, aber gewiß nicht zu Präsidenten, Rechtsanwälten, Ärzten, Wissenschaftlern oder Künstlern. Die Richtlinien würden uns zwar zweifellos zu besseren Präsidenten machen und wahrscheinlich auch zu besseren oder zumindest verantwortungsvolleren Wissenschaftlern. Aber wir brauchen trotzdem eine solide Ausbildung und gesellschaftlichen Schliff, um den täglichen Anforderungen mit der Hoffnung auf Verbesserung dieser Welt begegnen zu können. Dummerweise kann uns weder das Ablegen von Gelübden noch deren intelligente und genaue Einhaltung, noch gar die Erleuchtung selbst augenblicklich oder automatisch für alle Wechselfälle des Lebens rüsten – vor allem nicht in unserer schnellebigen und komplexen Zeit. Wir mögen bereit sein, Verantwortung in unserer Gesellschaft zu übernehmen, aber die Verantwortung muß auch da sein, um übernommen werden zu können. Heutzutage können sich Situationen und Tendenzen so schnell und auf so vielen Ebenen entwickeln, daß es uns häufig unmöglich ist, die sich verändernde Struktur oder Dynamik historisch, erfahrungsmäßig oder intuitiv auf eine Weise in den Griff zu bekommen, die verantwortliches Handeln zuließe. Für die drohenden, überwältigenden und immens komplexen ökologischen, politischen, wirtschaftlichen und spirituellen Probleme, mit denen wir uns heute konfrontiert sehen, gibt es keine einfachen Antworten. Dennoch müssen wir – gewappnet mit Mut, Mitgefühl und den Richtlinien – alles versuchen, um Antworten zu finden. Die Richtlinien sind für uns persönlich, für die Gesellschaft und für den gesamten Planeten der Ausgangspunkt, weil sie das notwendige und essentielle Fundament für die Entwicklung praktischer Weisheit und wirksamen Mitgefühls darstellen.

Der Geist der Richtlinien

Als der Buddha eine Blume hochhob, hob er nicht nur eine natürliche Blume hoch, sondern auch ein blumen-wahrnehmendes Bewußtsein. Er erhob dieses Bewußtsein in sich selbst und in Mahākāshyapa. Und Mahākāshyapa antwortete mit einem Lächeln – mit lächelndem Bewußtsein.

Wenn wir üben, unsere Aktivitäten oder unseren Atem zu benennen, sollten wir auf den Zustand des Geist-Körpers achten, den Zustand des Bewußtseins, der durch das Benennen von Vergänglichkeit entsteht. Es sollte sich ein Unterschied zu dem Geisteszustand feststellen lassen, der durch Nachdenken über unsere Aktivitäten und Wahrnehmungen entsteht. Eine Unterscheidung zwischen Geisteszuständen und den Bedingungen ihres Entstehens und Vergehens treffen zu können ist Teil des Handwerks der Übung. Alles, was wir tun oder denken, besonders wenn wir in einem stabilen Geist-Körper verwurzelt sind, erzeugt ein Bewußtsein, das diese Aktivität, diese Art zu denken begleitet und ähnliche unterstützt. Durch Übung wird es möglich, die Geisteszustände, in denen wir leben, zu erkennen und eine Wahl zu treffen. Wir haben die Wahl in Geisteszuständen zu leben, die uns stärken, und wir können beschließen, Geisteszustände, die uns schwächen, zu transformieren.

Eine Art, die Richtlinien zu üben, ist, ihnen zu folgen. Ein anderer Weg besteht darin, einen geistigen Zustand des Einhaltens der Richtlinien zu erzeugen. Statt zu fragen: «Wie befolge ich die Richtlinien?», können wir fragen: «Welcher geistige Zustand ist der Verwirklichung der Richtlinien förderlich?» Wenn die Richtlinien als intensive Vorsätze in uns präsent sind, erzeugen sie einen solchen geistigen Zustand. Wenn wir also die Richtlinien studiert haben und zu einem aufrichtigen Entschluß gekommen sind, wie wir mit uns selbst, mit anderen und mit der Welt umzugehen gedenken, wenn wir fähig sind, uns der Welt zu verpflichten, so, wie wir sie sehen (sowohl realiter als auch idealiter), und wenn wir die Richtlinien formell übernommen haben, dann werden sie zu einem vorsätzlichen Geist-Körper-Kontinuum, das Bewußtseinszustände hervorruft, die unmittelbarer und natürlicher Ausdruck der Richtlinien sind. Die Richtlinien zu befolgen bedeutet nicht, uns dauernd selbst zu korrigieren. Es bedeutet, daß wir – sobald wir den Geist des Gleichmuts kennen, der ganz spontan die Richtlinien einhält – herausfinden, daß die meisten Dinge bereits gut und schön sind und daß sie sich außerhalb der Gefängnisse von «Vorlieben und Abneigungen», von «mein und dein» abspielen.

Immer wenn wir einer Richtlinie folgen, entwickeln wir den Geist und das Bewußtsein dieser Richtlinie in uns selbst und anderen. Wir verstärken im Kontinuum unserer Vorsätze und Absichten ein die Richtlinien befolgendes Bewußtsein. Alles, was wir tun, hat Auswirkungen und berührt zutiefst alles, was uns umgibt und jeden Aspekt der Situation, in der wir uns befinden. Wir wissen nicht, wie weit sich die Oberfläche und Tiefe jeder Situation in Vergangenheit und Zukunft erstrecken – die verschiedenen Grenzen der Gegenwart sind unbekannt.

Indem wir die Richtlinien üben, halten wir die Welt in der Umarmung der Erleuchtung, im Geist liebevoller Güte. Indem wir den Richtlinien folgen, schaffen wir die Bedingungen für die Erkenntnis der Erleuchtung und für die Entwicklung eines erleuchteten Lebens.

Wir müssen nicht in die Vergangenheit zurück, wir müssen nicht darauf warten, daß der Buddha die Blume aufhebt – das können wir selbst. Und wir müssen auch nicht warten, bis Mahākāshyapa lächelt, wir können selbst lächeln. Das sind die geistigen Zustände, die erleuchteten Geist und erleuchtete Aktivität in jedem von uns und in allen Situationen erkennen und die die Richtlinien unmittelbar und natürlich befolgen.

Die Fünf Großen Richtlinien

Idealerweise werden sich für uns durch das Studium unserer selbst, unserer Kultur, anderer Menschen, unserer engeren und weiteren Umwelt sowie durch die Praxis und das Studium des Buddhismus bestimmte Richtlinien heraus-

kristallisieren, denen wir folgen können. Praktische Richtlinien, die unsere Persönlichkeit vervollkommnen, die andere unterstützen, die das Leben auf diesem Planeten schützen und die aus erleuchtetem Geist hervorgehen. Das
Studium der Fünf Wunderbaren Richtlinien des Buddhismus bedeutet, unsere hausgemachten Richtlinien, unsere
kulturellen Richtlinien, die das Ego zähmenden Richtlinien, unsere eigenen inneren Richtlinien und die Richtlinien
(die Einsichten), die sich aus Übung und Erkenntnis ergeben, zusammenzubringen.

Im Laufe vieler Jahrhunderte und beeinflußt durch viele
Kulturen hat die buddhistische Tradition das Ergebnis
dieses Studiums in den Fünf Großen Richtlinien zusam-
mengefaßt, die ich hier mit meinen eigenen Worten wieder-
geben möchte:

Töte nichts. Bitte, sei dir der Kostbarkeit und wechselseitigen
Verbundenheit alles Existierenden bewußt.
Nimm nicht, was nicht gegeben wurde. Bitte, sei frei von
Besitzanspruch und übe Großzügigkeit.
Mißbrauche die Sinne nicht. Bitte, gehe verantwortungsbe-
wußt mit deiner Sexualität um.
Lüge nicht oder sprich nicht auf irgendeine Weise falsch. Bitte,
akzeptiere die Dinge, wie sie sind.
Gebrauche oder verkaufe keine Rauschmittel oder irgend etwas,
das andere schädigen oder verblenden könnte. Bitte, übe Mit-
gefühl.

Diese Fünf Großen Richtlinien können nur dann in unserem persönlichen, gesellschaftlichen und planetaren Leben
erkannt und geübt werden, wenn wir sie aufgrund unserer
eigenen Erfahrung verstehen und wenn sie tief in unseren
Körper-Geist gelangen, indem wir sie als Gelübde annehmen. Die Richtlinien zu üben bedeutet, daß jede einzelne
von ihnen in unserem Geist, unserem Kontinuum präsent

sein sollte, wann immer wir denken oder handeln. Zum Beispiel: Sind wir «undicht», wenn wir sprechen, oder nicht? Wenn wir das Gefühl haben, undicht zu sein, uns von unserem Reden nicht genährt fühlen, dann sprechen wir in gewisser Weise falsch, künstlich oder zerstörerisch. Dieses Beispiel läßt sich auf unser Verhalten, unseren Broterwerb, unser Bewußtsein während der Meditation und selbst auf den Zustand unseres Geistes im Schlaf ausdehnen.

Das Befolgen bzw. Nicht-Befolgen der Richtlinien ist sowohl die Quelle als auch die Bedingung aller Schlaf- und Wach-Zustände unseres Körpers und unseres Geistes. Die Richtlinien legen die Tiefen der Gegenwart bloß und finden ihren Ausdruck in der Komplexität und Einfachheit jeder Situation. Sie öffnen uns auch für die Nuancen und stillen Momente einer jeden Situation und eröffnen uns die Möglichkeiten, die Gefahren und die Fülle einer jeden Gelegenheit. Die Einfachheit jeder Richtlinie – ihre mantra-gleiche Präsenz – wirkt in den unendlichen Dimensionen, den Gelegenheiten und der Leerheit jeden Augenblicks. Die Richtlinien sind Manifestation und Ausdruck erleuchteten Geistes. Darum sind auch alle Lehren des Buddhismus und alle Erfahrungen eines verantwortungsbewußten Lebens in diesen fünf schlichten Aussagen enthalten.

Wenn die Richtlinien vollständig verstanden und realisiert werden, sind sie der Geist der Erleuchtung. Sie drücken das kollektive Wohlbefinden unserer Kultur aus und bestimmten die Ausrichtung unseres inneren Seins. Sie führen auch unsere Gedanken, Worte und Handlungen in Ganzheit und Verwirklichung zusammen, und sie sind die Erkenntnis, daß wir alle und die Welt eine Oberfläche und viele Tiefen teilen. Die Richtlinien halten uns den uralten Schildkröten-Spiegel vor, der unser Leben und das Leben unserer Gesellschaft reflektiert. Es gibt in unserem Sein, in unserem Leben eine gewisse Richtung – und im Erkennen dieser Richtung erblüht der Frühling.

Im Zen sagen wir zwar, daß die Praxis von Zazen alle Richtlinien manifestiert, aber die Richtlinien tatsächlich formell zu akzeptieren, ist sehr wichtig und sehr wirkungsvoll. Sie können uns und unsere Gesellschaft schützen und der fruchtbare Boden für unsere gesamte Entwicklung sein. Wenn wir die Richtlinien akzeptieren, tauchen wir ein in den Lebensstrom ihrer Übertragungslinie. Der ganze Buddhismus geht hervor aus *bodhichitta,* dem Geist der Erleuchtung und der Sehnsucht, mit allen zusammen Erleuchtung zu erlangen. Diese Richtlinien sind der Geist unserer Dharma-Vorfahren.

Buddha präsentiert im Hochhalten einer Blume die Richtlinien. Wir sind eine Blume. Wir sind die Richtlinien. Durch sie halten wir stets unser Selbst und unsere Selbstlosigkeit in der Welt hoch. Wir sind Mahākāshyapas Lächeln. Und unser Lächeln ist alle Richtlinien. Unser Wesen ist das Blumen-Richtlinien-Bewußtsein. Es heißt, wenn jemand die Richtlinien als Gelübde annimmt, fallen Blumen vom Himmel und die Erde bebt.

Teil III

Die Drei Juwele

Die Drei Juwele: Buddha, Dharma, Sangha

Ich nehme Zuflucht zum Buddha,
der mir den Weg in diesem Leben zeigt.

Ich nehme Zuflucht zum Dharma,
dem Weg von Verstehen und Liebe.

Ich nehme Zuflucht zum Sangha,
der Gemeinschaft, die in Harmonie und Bewußtheit lebt.

Wenn man in der buddhistischen Tradition gelobt, die Fünf Wunderbaren Richtlinien zu studieren, zu üben und zu beachten, nimmt man immer auch Zuflucht zu den Drei Juwelen. Die Fünf Wunderbaren Richtlinien zu üben bedeutet, Vertrauen zu setzen in den Pfad von Achtsamkeit, Verstehen und Mitgefühl, denn aus diesen drei Komponenten bestehen die Fünf Wunderbaren Richtlinien. Die Drei Juwele sind aus denselben Elementen gemacht. Achtsamkeit, Verständnis und Mitgefühl sind universelle Werte, die alle kulturellen Grenzen transzendieren. In jeder spirituellen Tradition gibt es ein Äquivalent zu den Fünf Wunderbaren Richtlinien und den Drei Juwelen.

Als wir uns noch im Mutterleib befanden, haben wir uns – geschützt vor Hitze, Kälte, Hunger und anderen Widrigkeiten – sicher gefühlt. Obwohl wir noch nicht so bewußt waren wie jetzt, wußten wir doch irgendwie, daß dieser Ort sicher war. In dem Augenblick, da wir ins Leben geworfen wurden, begannen wir zu schreien, und seitdem sehnen wir uns zurück in die Sicherheit des Mutterleibs.

Wir leben in einer Welt, die vergänglich ist und voll von Leiden. Wir fühlen uns unsicher. Wir sehnen uns nach Dauerhaftigkeit, aber alles ist im Fluß. Wir begehren eine absolute Identität, aber kein Wesen ist permanent, nicht einmal jenes, das wir unser «Selbst» nennen. Nach einer Zuflucht zu suchen bedeutet zuallererst, nach einem Platz zu suchen, der sicher, geschützt und dauerhaft ist, etwas, auf das wir uns für lange Zeit verlassen können. Wir sehnen uns nach einem Ort wie dem Himmel, wo eine starke, stabile Persönlichkeit wie Gottvater uns beschützt und wo wir uns um nichts mehr sorgen müssen. Aber der Himmel liegt immer in der Zukunft.

In der asiatischen Literatur haben einige Dichter den Glauben zum Ausdruck gebracht, daß sie an einem sicheren, angenehmen Ort gelebt hatten, bevor sie auf die Erde ins Exil geschickt worden waren. Nach ihrem Tode erwarteten sie, an diesen Ort zurückzukehren. Andere Asiaten glaubten, daß sie in ihrem vorigen Leben Götter gewesen wären, die aber, zur Strafe für irgendein Fehlverhalten, auf die Erde ins Exil geschickt worden seien. Wenn sie nun in diesem Leben verdienstvolle Taten ansammelten, so glaubten sie, würden sie an diesen sicheren Ort zurückkehren dürfen. Der Wunsch nach Zuflucht ist eine universelle Sehnsucht nach Rückkehr an einen Ort, wo wir sicher und geschützt sind. Auf vietnamesisch bedeuten die Worte für «Zuflucht nehmen» buchstäblich «zurückgehen und vertrauen».

Wie aber können wir uns jetzt sicher fühlen? Die Dinge *sind* vergänglich. Wenn ein Getreidekorn nicht vergänglich wäre, könnte es niemals zu einer Ähre werden. Wenn Ihre Tochter nicht vergänglich wäre, könnte sie niemals zu einer schönen jungen Dame heranwachsen. Wenn Diktaturen nicht vergänglich wären, gäbe es keine Hoffnung, sie zu stürzen. Wir brauchen die Vergänglichkeit, und wir sollten uns eigentlich glücklich schätzen, sagen zu können: «Lang

[handschriftliche Randnotiz:] Bin noch auf der Suche nach diesem Platz !!

lebe die Vergänglichkeit, damit das Leben möglich ist.»
Dennoch sehnen wir uns ganz tief innen nach Dauer.

Im Buddhismus gibt es zwei Arten von Übung – devotionale und transformative. In der devotionalen Praxis der Hingabe verlassen wir uns hauptsächlich auf die Kraft eines anderen – das kann der Buddha sein oder Gott. In der transformativen Praxis verläßt man sich mehr auf sich selbst und den Weg, dem man folgt. Dem Dharma ergeben zu sein ist etwas anderes, als den Dharma zu üben. Wenn Sie sagen: «Ich nehme Zuflucht zum Dharma», beweisen Sie vielleicht Ihren Glauben, aber das ist nicht dasselbe, wie den Dharma zu üben. Zu sagen: «Ich möchte Arzt werden», ist ein Ausdruck Ihres Entschlusses, Medizin zu studieren. Um aber ein Doktor zu werden, müssen Sie sieben oder acht Jahre üben und das Fach studieren. Wenn Sie sagen: «Ich nehme Zuflucht zu Buddha, Dharma und Sangha», drücken Sie auch nur Ihre *Bereitschaft* zur Übung aus. Sie üben nicht bereits, nur weil Sie diese Aussage gemacht haben. Den Weg der Transformation betreten Sie in dem Moment, da Sie beginnen, die Dinge, die Sie gesagt haben, auch zu tun.

Aber auch das Aussprechen von Worten ist bereits wirksam. Wenn Sie sagen: «Ich habe mich entschieden, Medizin zu studieren», hat das bereits Einfluß auf Ihr Leben, lange bevor Sie sich immatrikulieren. Sie wollen es, und so werden Sie Mittel und Wege finden, die Universität zu besuchen. Wenn Sie sagen: «Ich nehme Zuflucht zum Dharma», drücken Sie Vertrauen in den Dharma aus. Sie betrachten Dharma als etwas Heilsames und wollen Ihr Leben danach ausrichten. Das ist Hingabe, devotionale Praxis. Wenn Sie den Dharma studieren und in Ihren Alltag integrieren, dann ist das transformative Praxis. In jeder Religion gibt es diese Unterscheidung zwischen devotionaler und transformativer Praxis.

Viele Buddhisten rezitieren die Dreifache Zuflucht als

devotionale Übung. Wir brauchen Glauben und Vertrauen, um überhaupt üben zu können. Im Buddhismus sind Glauben und Vertrauen eng miteinander verbunden, und manchmal bedeuten sie sogar dasselbe. Blinder Glaube sollte jedoch nie bestärkt werden. Wir müssen Dinge betrachten, berühren, ausprobieren und verifizieren, bevor wir wirklich an sie glauben können. Buddha, Dharma und Sangha sind Dinge, die wir berühren können. Es handelt sich nicht um Spekulationen. Der Buddha ist ein Mensch, der gelebt hat. Sein Leben und seine Lehre sind uns bekannt. Durch Einsatz unserer Zeit, Energie und Intelligenz können wir mit dem Buddha Kontakt aufnehmen. Wahrer Glaube und echtes Vertrauen erwachsen aus solchem In-Kontakt-Sein, nicht dadurch, daß jemand etwas sagt, was wir dann einfach glauben sollen.

Mit dem Dharma können wir ganz direkt in Beziehung treten. Der Dharma existiert in schriftlicher Form, in traditioneller Überlieferung und in der Praxis der Menschen. Wo immer Menschen den Dharma üben, können wir die Früchte ihrer Praxis sehen. Der Dharma ist also etwas ganz Konkretes, das wir berühren, ausprobieren und verifizieren können, und daraus erwachsen wahrer Glaube und aufrichtiges Vertrauen.

Sangha ist eine Gemeinschaft, die den Dharma übt. Ein guter Sangha ist Ausdruck des Dharma. Wenn wir einem übenden Sangha begegnen, der einen gewissen Grad an Frieden, Ruhe, Glück und Transformation ausstrahlt, entstehen Glauben und Vertrauen in uns. Stellen Sie sich vor, ich sei jemand, der seit langem an nichts mehr glauben konnte. Ich kannte keinen Frieden. Doch plötzlich sehe ich eine Gemeinschaft von Menschen, die sich durch die Übung verändert haben. Jetzt habe ich Glauben und Vertrauen, und das bringt mir wiederum einen gewissen Frieden. Hingabe bedeutet im Buddhismus nicht, eine Theorie zu akzeptieren, ohne die Wirklichkeit zu berühren.

Viele Laienanhänger in buddhistisch orientierten Ländern rezitieren: «Ich nehme Zuflucht zum Buddha, ich nehme Zuflucht zum Dharma, ich nehme Zuflucht zum Sangha.» Aber dann lassen sie Mönche und Nonnen für sich praktizieren. Sie unterstützen den Sangha der Übenden, indem sie Lebensmittel, Unterkunft und andere Dinge spenden, die die Gemeinschaft zum täglichen Leben braucht. Sie haben das Gefühl, daß die Übung eines Menschen, in wahrem Glück zu leben, vielen Menschen Glück bringt. Das ist devotionale Praxis. Für diese Menschen ist es bereits genug, die Worte «Ich nehme Zuflucht zum Buddha, ich nehme Zuflucht zum Dharma, ich nehme Zuflucht zum Sangha» zu sprechen, um Frieden und Freude zu erfahren. In Nordamerika aber oder in Europa möchten auch Laienanhänger Transformation üben. Die Gemeinschaft der Vipassanā-Meditierenden im Westen setzt sich zum Beispiel aus Menschen zusammen, die üben – sie verlassen sich nicht nur auf Mönche und Nonnen – und viele von ihnen sind Laienlehrer.

Einige Monate vor seinem Dahinscheiden lehrte der Buddha seine Schüler, Zuflucht zu sich selbst zu nehmen. «Bhikkhus, seid euch selbst eine Insel. Nehmt zu nichts anderem Zuflucht. Nehmt Zuflucht zum Dharma. Laßt den Dharma euer Licht sein. Laßt den Dharma eure Insel sein.» Er traf bereits sorgfältige Vorbereitungen für sein Dahinscheiden.

Der Buddha sagte: «Mein physischer Leib wird nicht mehr unter euch sein, aber mein Dharma-Körper (Dharmakāya) wird für immer bei euch sein. Wenn ihr es wünscht, könnt ihr Zuflucht zu meinem Dharma-Körper nehmen, wann immer es euch beliebt.» In der späteren buddhistischen Geschichte wurde der Dharma-Körper zum Geist oder zum innersten Wesen des Buddha, das heißt zum wahren Buddha, der zu allen Zeiten verfügbar ist. Wenn wir den Dharmakāya zu berühren verstehen, dann ist er für uns, unsere Kinder und deren Kinder jederzeit verfügbar. Die klare Erkenntnis, daß der physische Körper nicht so wichtig ist wie der Dharma-Körper, war den Schülern des Buddha ein großer Trost. Heutzutage herrschen in unserer Gesellschaft so viel Leid und Gefahr, daß sie einem starken Strudel gleichen, der uns in den Ozean des Leidens reißen will. Zu unserem Schutz können auch wir uns darin üben, uns selbst eine Insel zu sein.

Sanghakāya ist ein neues Wort. Jeder Buddha und jeder Praktizierende hat seinen Sangha-Körper. Ein Buddha kann nur dann ein Buddha sein, wenn er oder sie den Dharma in sich trägt. Ohne Dharma kann niemand ein Buddha sein. Der Buddha und der Dharma sind zwei und dennoch eins. Ein Buddha kann ohne Dharma nicht sein. Der Dharma kann ohne Buddha nicht sein. Ein Sangha ist eine Gemeinschaft, die den Dharma übt. Wenn es keinen Sangha gibt, wer übt dann den Dharma? Der Dharma ist nicht faßbar, wenn es keine Übenden gibt. Wenn Sie wollen, daß Dharma geübt wird, brauchen Sie einen Sangha. Daher beinhaltet der Sangha den Buddha und den Dharma. Der Buddha, der Dharma und der Sangha bedingen und durchdringen einander. Man könnte sie die buddhistische Dreifaltigkeit nennen: *Triratna,* die Drei Juwele. Im Triratna beinhaltet jedes Juwel die beiden anderen. Wenn Sie Zuflucht nehmen zu einem, nehmen Sie Zuflucht zu allen dreien. Wenn Sie Vertrauen in den Sangha haben und in dem Sangha üben, drücken Sie auch Ihr Vertrauen in Buddha und Dharma aus. Es ist wesentlich, die Richtlinien in einem Sangha, einer Gemeinschaft von Übenden, zu praktizieren. Sie brauchen einen Sangha, der Sie in Ihrer Übung unterstützt. Ein wahrer Sangha trägt in seinem Herzen immer Buddha und Dharma.

Auch die devotionale Praxis im Buddhismus basiert auf dem, was man sehen, hören und berühren kann. Wenn wir nicht in Kontakt sind mit dem physischen Buddha, können wir nicht in Kontakt mit dem Dharma-Körper oder mit dem Sangha-Körper des Buddha sein. Weil wir über das Leben des physischen Buddha wohl unterrichtet sind, hat unsere Hingabe ein solides Fundament. Das ist im Christentum nicht anders. Jesus ist jemand, den wir berühren können. Informationen über sein Leben und seine Lehre stehen uns zur Verfügung.

Im *Anguttara-Nikāya* sagt der Buddha: Wenn Sie aufgeregt, ängstlich oder schwach sind und dann die Zufluchtnahme zu Buddha, Dharma und Sangha üben, werden Ihre Angst und Ihre Instabilität verschwinden. Er erzählt die Geschichte des Kampfes zwischen Sakra, dem König der Götter, und den *asuras*. Sakra befahl seiner Armee von *devas,* himmlischen Soldaten, seine Flagge mit den sieben Juwelen zu hissen. Jedesmal, wenn die Devas im Kampf gegen die Asuras ihr Vertrauen verloren, brauchten sie nur die Flagge anzuschauen und gewannen es augenblicklich zurück. Das ist nur natürlich. Wenn Sie Vertrauen in Ihren Kommandeur haben, können Sie als Soldat gut kämpfen. Wenn Sie einen guten Grund haben zu kämpfen, besitzen Sie den Mut, Ihre Stellung zu halten. Der Buddha hat dieses Beispiel gewählt, um über Zuflucht zu sprechen. Wenn Sie voller Zweifel, Schwäche oder Aufregung sind und Ihre Aufmerksamkeit auf Buddha, Dharma und Sangha richten, werden Sie wieder sicher und stark. Das ist die Frucht einer devotionalen Übung der Dreifachen Zuflucht.

Zufluchtnahme kann aber ebenso eine transformative Praxis sein. Was den Buddha zum Buddha macht, ist die Erleuchtung, der lebendige Dharma, die Frucht der Praxis. Die *tripitaka,* die drei Körbe der Lehren, ist zwar Dharma, aber nicht der lebendige Dharma. Dharma in Form von Audiokassetten, Videokassetten oder Büchern ist nicht lebendiger Dharma. Der lebendige Dharma muß in einem völlig Erleuchteten, einem Buddha, gesehen werden, oder in den noch nicht völlig Erleuchteten, die aufrichtig üben.

Die Essenz des Dharma ist Erleuchtung, was bedeutet, zu verstehen, bewußt zu sein.

Die Übung der Achtsamkeit ist der Schlüssel zur Erleuchtung. Wenn Sie sich einer Sache bewußt werden, beginnen Sie, erleuchtet zu sein. Wenn Sie ein Glas Wasser trinken und sich gleichzeitig mit Ihrem ganzen Sein zutiefst bewußt sind, daß Sie ein Glas Wasser trinken, ist Erleuchtung in ihrer anfänglichen Form vorhanden. Erleuchtet sein bedeutet, in bezug auf etwas Erleuchtung zu besitzen. Ich bin erleuchtet hinsichtlich der Tatsache, daß ich ein Glas Wasser trinke. Allein aus dieser Erleuchtung kann ich Freude, Frieden und Glück ziehen. Wenn Sie in den blauen Himmel schauen und sich des blauen Himmels bewußt werden, wird der blaue Himmel real und Sie werden real. Das ist Erleuchtung, und Erleuchtung bringt wahres Leben und wahres Glück hervor.

Die Substanz eines Buddha ist Achtsamkeit. Jedesmal wenn Sie zu Ihrem Atem zurückkehren, tiefes Atmen in Achtsamkeit üben, sind Sie ein lebender Buddha. Wenn Sie nicht wissen, was Sie tun sollen, kehren Sie zu Ihrem Atem zurück, atmen Sie bewußt ein und aus, und nehmen Sie Zuflucht zur Achtsamkeit. In schwierigen Momenten ist das Beste, was man tun kann: zu sich selbst zurückkehren und in Achtsamkeit ruhen. Wenn Sie im Bett liegen und nicht einschlafen können, kehren Sie am besten zu Ihrem Atem zurück. Sie fühlen sich sicher und glücklich im Bewußtsein, daß Sie Ihr Bestes geben, egal was geschieht. Zuflucht zum Buddha zu nehmen – nicht als Akt bloßer Verehrung, sondern als echte Übung – ist sehr trostreich. Sie haben einen Platz, an den Sie heimkehren können, wann immer Sie sich verwirrt, zornig, verirrt, aufgeregt oder ängstlich fühlen. Achtsamkeit des Atems ist Ihre eigene Insel. Sie ist sehr sicher. «Sich selbst eine Insel sein» bedeutet, zu sich selbst zurückkehren zu können, wann immer man in Situationen von Gefahr, Instabilität oder Verlust gerät. Diese Übung des Zufluchtnehmens ist sehr konkret. Wenn Sie zu Ihrem Atem zurückkehren – tief ein- und ausatmen – und die Lampe der Achtsamkeit in sich entzünden, sind Sie sicher. In diesem Zustand der Achtsamkeit sind Sie wahrhaftig Sie selbst. Die Lampe ist entzündet, und die Möglichkeit, die Dinge klarer zu sehen, ist groß.

Nehmen Sie an, Sie befänden sich auf einem Schiff auf hoher See. Wenn Sie in einen Sturm geraten, bleiben Sie ruhig, geraten Sie nicht in Panik. Damit das gelingen kann, müssen Sie zu Ihrem Atem zurückkehren und Sie selbst sein. Und weil Sie dann ruhig sind, Ihre eigene Insel, wissen Sie, was zu tun und was zu lassen ist. Wenn nicht, könnte das Boot kentern. Wir zerstören uns selbst, indem wir Dinge tun, die wir besser nicht täten. Nehmen Sie in Achtsamkeit Zuflucht, und Sie werden die Dinge klarer sehen und wissen, was zu tun ist, um die Situation zu verbessern. Das ist eine sehr tiefgründige Übung. Achtsamkeit führt zu Konzentration, und Konzentration führt zu Einsicht und Weisheit. Das ist der sicherste Ort, um Zuflucht zu suchen – hier und jetzt, nicht erst in der Zukunft.

Wieviel Sicherheit und Stabilität Ihre Insel gewähren kann, hängt von Ihrer Übung ab. Alles – Kuchenbacken, Hausbauen, Volleyballspielen – hängt von Übung ab. Auch wenn Sie Anfänger sind und sich erstmals darin üben, jedesmal wenn es eng wird, zu Ihrer Insel zurückzukehren, erleben Sie schon ein wenig Achtsamkeit, Konzentration und Frieden. Von dem Augenblick an, da Sie anfangen zu üben, sind Buddha, Dharma und Sangha bis zu einem gewissen Grad für Sie verfügbar. Das kann man allerdings nicht mit dem Grad an Achtsamkeit, Konzentration und Frieden in jemandem vergleichen, der schon seit langer Zeit übt. Zuerst mag Ihr Buddha bloß ein bißchen Information sein, die Sie aus Büchern über ihn gewonnen haben, Ihr Dharma bloß etwas, das Sie von einem Freund gehört und

Ihr Sangha eine Gemeinschaft, die Sie flüchtig kennengelernt haben. Wenn Sie mit der Übung fortfahren, werden
Buddha, Dharma und Sangha sich Ihnen mehr und mehr
enthüllen. Ihr Buddha ist nicht mit meinem Buddha identisch. Beide sind sie Buddha, aber wie weit sie sich enthüllen, hängt von unserer Übung ab.

Der Buddha hat drei grundlegende Merkmale des Lebens
gelehrt: Vergänglichkeit, Nicht-Selbst und Nirvāna. Eine
Lehre, die irgendeinem dieser Drei Siegel widerspricht, ist
keine authentisch buddhistische Lehre. Wenn wir nicht
wissen, daß alles vergänglich ist, leiden wir. Wenn wir
nicht wissen, daß alles ohne Selbst, ohne absolute Identität
ist, leiden wir. Es gibt jedoch die Möglichkeit, nicht zu
leiden – Nirvāna. Nirvāna ist die Abwesenheit von
Verblendung hinsichtlich Vergänglichkeit und Nicht-
Selbst. Wenn Sie die Natur der Wirklichkeit betrachten
und das Wesen von Vergänglichkeit und Nicht-Selbst
erkennen, sind Sie frei vom Leiden. Vielleicht denken Sie
jetzt, Nirvāna sei das Gegenteil von Vergänglichkeit
und Nicht-Selbst. Aber wenn Sie fortfahren zu üben,
werden Sie herausfinden, daß Nirvāna nur in der Welt
von Vergänglichkeit und Nicht-Selbst gefunden werden
kann.

Stellen Sie sich den Ozean mit seinen unzähligen Wellen
vor. Einerseits können wir erkennen, daß alle Wellen
geboren werden und sterben, seien es kleine oder große,
tiefe oder hohe. Wenn wir in ihr Wesen schauen, erkennen
wir, daß die Wellen vergänglich sind und ohne Selbst.
Wenn wir jedoch noch tiefer schauen, erkennen wir, daß
die Wellen auch Wasser sind. In dem Augenblick, in dem
die Welle erkennt, daß sie Wasser ist, verliert sie alle Angst
vor Tod, Vergänglichkeit und Nicht-Selbst. Wasser ist
gleichzeitig Welle und Nicht-Welle, Wellen aber sind immer nur Wasser. Merkmale wie groß oder klein, hoch oder
niedrig, Anfang oder Ende kann man auf Wellen anwen-

den, das Wasser aber ist frei von solchen Unterscheidungen. Nirvāna findet sich im Herzen des Lebens, das von Geburt und Tod gekennzeichnet ist. Aus diesem Grunde werden auch Sie, wenn Sie die Zuflucht aufrichtig üben, eines Tages erkennen, daß Sie frei sind von Geburt und Tod. Von allen Gefahren, die Sie bedroht haben, sind Sie tatsächlich frei. Wenn Sie das erkennen können, sind Sie in der Lage, ein Boot zu bauen und auf den Wogen von Geburt und Tod zu reiten, lächelnd wie ein Bodhisattva. Sie werden Geburt und Tod nicht mehr fürchten. Sie müssen diese Welt nicht mehr aufgeben und nach einem fernen Paradies suchen, um frei zu sein.

Der Buddha sprach nur selten über Nirvāna, das Unkonditionierte. Er wußte, wenn er darüber spräche, würden auch wir unsere ganze Zeit damit verbringen, Worte darüber zu verlieren, anstatt zu üben. Aber einige wenige Aussagen hat er doch über das Nirvāna gemacht. Lesen wir die Erklärung in *Udāna* VIII,3: «Wahrlich, es gibt ein Ungeborenes, Nicht-Verursachtes, Ungeschaffenes, Ungeformtes. Gäbe es dieses Ungeborene, Nicht-Verursachte, Ungeschaffene, Ungeformte nicht, wäre ein Entkommen aus der Welt des Geborenen, Verursachten, Geschaffenen, Geformten nicht möglich.» Der frühe Buddhismus besaß nicht jenen ontologischen Zug, den wir im späteren Buddhismus finden. Der Buddha beschäftigte sich mehr mit der phänomenalen Welt. Seine Lehre war sehr pragmatisch. Theologen verbrauchen eine Menge Tinte, Zeit und Atem im Sprechen über Gott. Eben das wollte der Buddha bei seinen Schülern nicht. Er wollte, daß sie Zeit hätten zur Übung von *samātha* (innehalten, beruhigen), *vipassanā* (tief schauen) und Zuflucthnahme zu den Drei Juwelen, den Fünf Richtlinien und so weiter.

An anderen Stellen enthüllt uns die Lehre des Buddha das Unkonditionierte. So sagt er zum Beispiel: «Wenn die Bedingungen ausreichend sind, nehmen wir die Augen als

existent wahr. Wenn die Bedingungen nicht mehr ausreichend sind, nehmen wir die Augen nicht als existent wahr.
Die Augen sind nicht von irgendwoher aus dem Raum
gekommen. Die Augen gehen nicht irgendwohin in den
Raum.» Die Ideen des Kommens, Gehens, Seins und
Nicht-Seins sind Vorstellungen und Begriffe, die ausge-
löscht werden müssen. Wenn es etwas gibt, worüber man
nicht sprechen kann, dann sollte man es am besten gar nicht
erst versuchen. Ludwig Wittgenstein schreibt in seinem
Tractatus logico-philosophicus: «Wovon man nicht sprechen
kann, darüber muß man schweigen.» Wir können nicht
darüber reden, aber wir können es erfahren. Wir können
das Ungeborene, Unsterbliche, Unanfängliche und Unendliche erfahren, weil es die Wirklichkeit selbst ist. Der
Weg zu dieser Erfahrung besteht im Aufgeben unserer
Gewohnheit, alles über Begriffe und Vorstellungen wahrzunehmen. Theologen haben Jahrtausende damit zuge-
bracht, über Gott zu sprechen – als Vorstellung. Das nennt
man Onto-Theologie, und es ist Reden über das, worüber
nichts gesagt werden kann.

Der Buddha, den wir hier und jetzt erfahren, ist Achtsamkeit. Achtsamkeit ist ein mentales Gebilde wie jedes
andere auch. Sie erwächst aus unserem individuellen und
kollektiven Bewußtsein. Achtsamkeit ist ein tief in der Erde
verborgenes, kostbares Juwel, das wir entdecken und erforschen können. Wenn wir es ausgraben, können wir die
ganze Situation transformieren. Das ist das Erscheinen
eines Buddha – nicht aus dem Nichts, nicht aus dem Nicht-
Sein, sondern aus einem Buddha-Samen, der Buddha-
Natur. Die Buddha-Natur ist – vor allem anderen – Acht-
samkeit. Die Übung der Achtsamkeit ist die Übung, den
Buddha im gegenwärtigen Moment zum Leben zu erwek-
ken. Sie ist der wahre Buddha. Darum wird der Buddha im
Mahāyāna-Buddhismus auch manchmal Tathāgata (der
oder die aus der Soheit, aus der Wirklichkeit-wie-sie-Ist

Gekommene) genannt. Soheit kann nicht beschrieben werden. Nirvāna, absolute Wahrheit, Wirklichkeit-wie-sie-Ist, ist das Objekt unserer gültigen Wahrnehmung und Einsicht. Ein Objekt der Wahrnehmung beinhaltet aber in jedem Fall ein Subjekt der Wahrnehmung. Mit Achtsamkeit können wir die Natur der Wirklichkeit klar erkennen. Achtsamkeit, unterstützt durch Konzentration, bewußtes Atmen und tiefe Betrachtung, wird zu einer Kraft, die direkt ins Herz der Dinge vordringen kann. Es handelt sich nicht um Spekulation, nicht um den Gebrauch von Worten und Begriffen, sondern um direktes Hinsehen. Schließlich enthüllt sich uns die wahre Natur der Wirklichkeit als Soheit. Die Wirklichkeit-wie-sie-Ist kann nicht beschrieben werden. Sie kann aber durchdrungen werden von *prājña,* von wahrem Verstehen. Man könnte die Achtsamkeit den Mutterschoß des Buddha (*tathāgata-garbha*) in uns allen nennen.

Wir alle sind Mütter des Buddha, denn wir alle gehen mit einem Buddha schwanger. Wenn wir für unseren Baby-Buddha richtig zu sorgen lernen, wird uns dieser Buddha eines Tages offenbart. Darum verbeugen wir uns in Plum Village zum Gruß voreinander und sagen dabei lautlos: «Ein Lotos für dich, zukünftiger Buddha.» Wir erkennen im Gegenüber die Mutter eines zukünftigen Buddha. In jedem von uns ist ein Buddha-Embryo, der Same der Achtsamkeit, und dazu müssen wir in unserem Alltagsleben Zuflucht nehmen. Man sagt vom Buddha, er habe zehn Namen. Der erste, Thatāgata, bedeutet: «der aus der Soheit kommt, in der Soheit weilt und zur Soheit zurückkehrt». So wie der Buddha kommen auch wir aus der Soheit, verweilen in der Soheit und kehren zur Soheit zurück. Wir bleiben nirgendwo, wir kommen nirgendwo her und gehen nirgendwo hin.

Nicht nur über die absolute Wirklichkeit kann man nicht sprechen. Nicht nur der Buddha ist so. Auch wir sind so.

Nichts kann wahrgenommen werden, über nichts kann man etwas aussagen. Ein Glas Orangensaft ist absolute Wirklichkeit. Wir können über Orangensaft nicht zu jemandem sprechen, der ihn noch nie gekostet hat. Gleichgültig, was wir sagen mögen, der andere kann Orangensaft nicht wirklich erfahren. Der einzige Weg dazu ist, Orangensaft zu trinken. Es ist wie mit der Schildkröte, die dem Fisch vom Leben auf dem Trockenen erzählen möchte. Es ist nicht möglich, einem Fisch das trockene Land zu erklären. Man kann die Dinge mit Worten und Begriffen nicht wirklich erfassen. Man kann sie nur durch direkte Erfahrung erleben.

Aus Wittgensteins «Wovon man nicht sprechen kann, darüber muß man schweigen» könnte man nun folgern, es gäbe Dinge, über die man sprechen kann, und andere, über die man nicht sprechen kann. Tatsächlich aber gibt es nichts, worüber man sprechen könnte, nichts, was der Wahrnehmung oder Beschreibung durch Vorstellungen zugänglich wäre. Wenn Sie über Dinge reden, die Sie nicht erfahren haben, verschwenden Sie Ihre Zeit und auch die Zeit anderer Menschen. Wenn Sie die Übung der Zuflucht fortführen, wird Ihnen das klarer und klarer werden, Sie werden viel Zeit, Papier und Veröffentlichungen sparen und mehr Zeit haben, Ihren Tee zu genießen und Ihren Alltag in Achtsamkeit zu leben.

Der Buddha hat viele Namen – er ist «der unserer Unterstützung und unseres Respekts Würdige», «der, dessen Wissen und Übung vollkommen sind», «der mit Wissen und Übung Ausgestattete», «der Willkommene», «der die Welt gut Kennende», «der unübertroffene Führer aller, die trainiert und gelehrt werden müssen», «der Lehrer der Götter und Menschen», «der Erleuchtete» und schließlich «der Gesegnete». Jedesmal wenn wir Zuflucht zum Buddha nehmen, nehmen wir Zuflucht zu jemandem, der die Merkmale aller zehn Buddhas besitzt. Wenn wir Zuflucht nehmen zu unserer Achtsamkeit, nehmen wir Zuflucht zur Quelle dieser Attribute in uns.

Im Mahāyāna-Buddhismus ist der Mutterschoß des Tathāgata, Tathāgata-Garbha, ein Synonym für den Dharmakāya, den Körper des Dharma. Wen wir über die Soheit oder Nirvāna sprechen, reden wir über das, worüber nichts gesagt werden kann. Der Buddha hat meistens darauf verzichtet, über diese Dinge zu sprechen, aber hie und da hat er, indem er über andere Dinge sprach, Hinweise gegeben. Die Lehre vom Nicht-Kommen, Nicht-Gehen, Nicht-Sein und Nicht-Nichtsein war auch im frühen Buddhismus schon sehr klar. Im Mahāyāna-Buddhismus wurden diese Ideen dann voll entwickelt – manchmal ein bißchen zu detailliert. Wir sollten nicht zu sehr in diesen Dingen schwelgen. Wir sollten die pragmatische Natur des Buddha-Dharma bewahren. Sonst werden wir zu Philosophen, nicht zu Übenden.

Wenn ich das Zufluchtnehmen zu meinem Atem übe, sage ich: «Einatmend kehre ich zu mir selbst zurück. Ausatmend nehme ich Zuflucht zu meiner eigenen Insel. Achtsamkeit ist der Buddha, der meinen Pfad erhellt.» Ich übe achtsames Atmen als Praxis der Zufluchtnahme.

Wir leben in einer Welt der Vergänglichkeit und des Nicht-Selbst, einer Welt, in der viele Wogen uns davonzutragen versuchen. Wir üben, in unserer Achtsamkeit als unserer eigenen Insel zu verweilen. Achtsamkeit ist der Buddha persönlich. Achtsamkeit ist auch Dharma und Sangha. Indem wir achtsames Atmen üben, werfen wir das Licht der Achtsamkeit auf die fünf *skandhas* oder Aggregate des Seins in uns: Körperlichkeit, Gefühle, Wahrnehmungen, geistige Formkräfte und Bewußtsein. Es gibt einen Sangha von fünf Elementen in uns, und vielleicht herrscht ein Mangel an Harmonie zwischen ihnen. Leiden ist das Ergebnis von Konflikten zwischen den Skandhas. Bewußtheit des Atems kann diese Konflikte beruhigen und die

Harmonie in uns wiederherstellen. Die Früchte dieser Übung sind Frieden und Freude.

Wenn Sie tief schauen, wird sich Ihnen die Natur von Nicht-Geburt, Nicht-Tod, Nicht-Kommen, Nicht-Gehen enthüllen, und die Furcht davor, dieses oder jenes zu verlieren, wird weichen. Sie müssen diese Welt nicht aufgeben. Sie müssen nicht in den Himmel kommen, um Zuflucht zu finden. Sie müssen nicht auf die Zukunft warten, um Zuflucht zu finden. Sie nehmen Zuflucht hier und jetzt. Die Tiefe Ihrer Zuflucht hängt von Ihrer Übung ab. Buddha, Dharma und Sangha stehen immer zur Verfügung. Der Mutterschoß des Tathāgata ist immer vorhanden. Wir müssen nur dorthin zurückkehren, um sicher zu sein.

Die Theologen der griechisch-orthodoxen Kirche bedienen sich einer «apophatischen» oder «negativen Theologie». «Apophatisch» kommt vom griechischen Wort *apophasis,* was soviel wie «Verneinung» bedeutet. Man sagt, Gott ist nicht dies, Gott ist nicht jenes, bis man schließlich alle Vorstellungen von Gott überwunden hat. Nāgārjuna, ein buddhistischer Philosoph des 2. Jahrhunderts, entwickelte eine ähnliche Dialektik zur Beseitigung aller Konzepte hinsichtlich der Wirklichkeit. Er beschrieb die Wirklichkeit nicht, denn die Wirklichkeit ist, was sie ist, und kann nicht beschrieben werden. Wenn Zen-Buddhisten sagen, man solle den Buddha töten, dann meinen sie, daß die Vorstellung von Buddha getötet werden muß, damit der wahre Buddha direkt erfahren werden kann.

Die Idee der Trinität ist in der orthodoxen Kirche recht tiefgründig und ausgefeilt. Manchmal sagen unsere Freunde von der orthodoxen Kirche, die Dreifaltigkeit sei ihr Spezialprogramm. Sie beginnen mit dem Heiligen Geist und dem Sohn. Den Vater zu berühren, über ihn zu sprechen und ihn zu verstehen, gilt als schwieriger. Der Vater gehört zum Bereich des Unausdrückbaren und sollte in der Sphäre der Mystik bleiben. Es ist jedoch möglich, den Sohn und den Heiligen Geist zu berühren. Ähnlich halten wir es im Buddhismus, wenn wir zuerst über Dharma und Sangha sprechen und erst später Nirvāna, den Tathāgata-Mutterschoß, berühren.

Der Heilige Geist erschafft den Sohn, damit der Sohn uns den Weg zum Vater weisen kann. Ich habe einem christlichen Mönch gesagt: «Es ist viel sicherer, mit dem Heiligen Geist anzufangen. Wir haben die Fähigkeit, die Präsenz des Heiligen Geistes zu erkennen, wo und wann immer sie sich zeigt. Er ist die Präsenz von Achtsamkeit, Verständnis und Liebe, die Energie, die nicht nur Jesus belebt, sondern uns alle. Diese Energie hilft uns, den lebendigen Christus zu erkennen und den Grund des Seins zu berühren, der Gottvater ist. Im Buddhismus nennen wir Ihren Heiligen Geist Achtsamkeit, Erwachen, Prājña, Maitrī und Karunā. Indem Sie diese Energie berühren, berühren Sie Buddha und Nirvāna.»

Die Idee der griechisch-orthodoxen Kirche von der Deifikation, die Vorstellung, daß der Mensch ein Mikrokosmos Gottes ist, finde ich sehr inspirierend. Diese Vorstellung gab es bereits im 4. Jahrhundert und sie ähnelt sehr der asiatischen Tradition, die sagt, daß «der Körper eines Menschen ein Mini-Kosmos» ist. Gott hat die Menschen geschaffen, damit die Menschen Gott werden können. Ein menschliches Wesen ist ein Mini-Gott, ein Mikro-Theos. Das kommt der Vorstellung nahe, daß der Tathāgata in jedem von uns ist. Wir gehen, um es noch einmal zu wiederholen, alle schwanger mit einem Buddha. Gemäß der Theologie der Deifikation sind die Menschen entstanden, um an der Göttlichkeit Gottes teilzuhaben – nicht als separate Geschöpfe. Deifikation bezieht sich nicht nur auf den Geist, sondern auch auf den Körper des Menschen. Laut der Trinitätslehre der orthodoxen Kirche ist der Vater die Quelle der Göttlichkeit, die den Sohn zeugt. Mit dem

«Wort» (griechisch: *logos*) schafft er den Geist, der im Sohn lebendig ist. Das ist vergleichbar mit der nicht-dualen Natur von Buddha, Dharma und Sangha.

Das wichtigste in einem multireligiösen Dialog ist, daß alle Seiten sich gegenseitig erklären, wie sie üben. Wenn wir für fünf oder zehn Tage zusammenkommen, sollten wir in der Lage sein, miteinander zu teilen, wie wir unseren Alltag leben, wie wir Zufluchtnahme üben, wie wir beten, wie wir meditieren und so weiter. Für mich sind die Fünf Wunderbaren Richtlinien eine Übung der Achtsamkeit. Die Dreifache Zuflucht ist ebenfalls eine Übung der Achtsamkeit. «Ich nehme Zuflucht zum Sangha» ist ganz eindeutig Übung und nicht bloß Verehrung.

Das Mysterium wird im Christentum oft als Dunkelheit beschrieben. Im 3. oder 4. Jahrhundert war die Idee von der Dunkelheit der griechisch-orthodoxen Kirche bereits vorhanden, und sie ist zu einer Quelle für die gesamte christliche Mystik geworden. Dunkelheit bedeutet, daß man es nicht wissen kann, daß man es mit dem Intellekt nicht fassen kann, daß es mysteriös ist. Als Victor Hugo seine Tochter, Leopoldine, verlor, klagte er: «Der Mensch sieht nur eine Seite der Dinge, die andere Seite ist in die Nacht furchterregenden Geheimnisses getaucht.» Im Buddhismus wird das Mysterium mit dem Begriff des Lichts beschrieben. Im *Avatamsaka-Sūtra* ist der Buddha Licht. Wenn Sie von einem seiner Strahlen getroffen werden, sind Sie erleuchtet. Im *Avatamsaka-Sūtra* hält Buddha in der Form des Buddha-Vairochana, das heißt als Dharmakāya-Buddha, eine Lehrrede und alle Menschen, Götter, Buddhas, Bodhisattvas, Schreiner, Könige, Polizisten – alle, die versammelt waren –, erfuhren Glückseligkeit, weil sie von den Strahlen des Lichts, das vom Buddha ausging, erfaßt worden waren. Im Buddhismus beschreibt das Wort *avidyā* die Abwesenheit von Weisheit, Einsicht und Licht. *Vidya,* Verstehen, besteht aus Licht. Alles, was mystisch und wundervoll ist, steht auf der Seite des Lichts, nicht auf der Seite der Dunkelheit. Obwohl dem begrifflichen Denken unzugänglich, ist es Licht.

In einer Kurzgeschichte erzählt Alphonse Daudet von einem Schäfer auf einem Berg, der sich bekreuzigt, als er eine Sternschnuppe erblickt. Es ist ein weitverbreiteter Volksglaube, daß eine Sternschnuppe anzeigt, daß eine Seele in den Himmel kommt. Das Kreuz zu schlagen ist eine Form, Zuflucht zu Vater, Sohn und Heiligem Geist zu nehmen. Wenn man glaubt, daß etwas die Verkörperung des Bösen sei, hält man ihm ein Kreuz entgegen, um es unschädlich zu machen. Im Volksbuddhismus ist es ähnlich. Wenn man etwas sieht, das als nicht heilsam gilt, ruft man den Namen Buddhas an. Das ist eine Praxis der Verehrung. Wenn Licht kommt, verschwindet die Dunkelheit.

Wenn wir aber das Prinzip der Nicht-Dualität lernen, verändert sich unser Verständnis. Es ist eine Übung der Achtsamkeit, den folgenden Vers zu rezitieren, wenn wir das Licht in einem Raum einschalten:

Vergeßlichkeit ist Dunkelheit,
Achtsamkeit ist Licht.
Ich erwecke nun die Achtsamkeit,
die alles Leben erhellt.

Wir verstehen das vielleicht als Kampf zwischen Licht und Finsternis, in Wirklichkeit aber ist es eine Umarmung. Achtsamkeit ist, wenn sie dauernd geübt wird, stark genug, Ihre Angst und Ihren Zorn zu umarmen und zu transformieren. Das Rezitieren eines Mantra ist nicht dasselbe, wie ein Kreuz zu halten, um das Böse zu bannen. Es sollte auf gewaltlose, nicht-dualistische Weise geübt werden.

Im Christentum wird die Zuflucktnahme vom Körper

Jesu repräsentiert. Für manche Menschen drückt das Zeichen des Kreuzes zu viel Leiden aus. Es muß doch Wege geben, Vater, Sohn und Heiligen Geist durch Freude, Frieden und Glück darzustellen statt durch das Bild des Kreuzes. Manche Menschen sagen, es erfülle sie mit mehr Frieden, den Buddha zu sehen, wie er dasitzt und lächelt. Einen Menschen anzuschauen, der vor zweitausend Jahren gekreuzigt wurde, ist nicht jedermanns Sache. Mir gefällt es sehr gut, daß die Praxis sich in einem Körper manifestiert, aber wie wäre es mit Jesus, der ein Lamm trägt? Das zöge vielleicht mehr Menschen an. Wenn wir Sitzmeditation üben, drücken wir die Übung mit unserem Körper aus. Wenn wir uns zu Boden werfen, ist dies ebenfalls ein körperlicher Akt der Zufluchtnahme. Alle fünf Elemente sind gleich ausgerichtet: auf den Pol der Achtsamkeit.

Im Christentum ist die Eucharistie ein Akt der Zufluchtnahme zu Jesus, zu Gott. Über die tiefe Erfahrung von Dharma und Sangha wird nicht viel gesagt. Ohne den Sangha aber, die Kirchengemeinde, und ohne das Essen von Brot und das Trinken von Wein in Achtsamkeit, kann es keinen Jesus geben. Der Sangha ist im Christentum immer bedeutsam gewesen. Niemals haben die Menschen die Eucharistie für sich allein gefeiert, sondern immer sind sie als Sangha zusammengekommen. In der frühen Kirche war der Ausdruck «wir sind ein Leib» weit verbreitet. Dann wurde die Hierarchie der Kirche jedoch überwältigend, und als Ergebnis wurde der Sangha schwächer.

In der buddhistischen Praxis betonen wir den Sangha. Wenn man den Sangha verläßt, so heißt es, ist es, als verließe der Tiger sein Gebirge. Ein Tiger, der sich in der Ebene verirrt, kann von Menschen gefangen und getötet werden. Ein Praktizierender ohne Sangha kann seine Übung verlieren.

Sangha bedeutet Gemeinschaft. Es gibt vier Gemeinschaften – Mönche, Nonnen, Laienanhänger und Laienanhängerinnen. Ich füge die unterstützenden Elemente hinzu, die nicht menschlich sind, wie Bäume, Kissen, Felsen, Wasser und Vögel. Ein Kiesel, ein Blatt, eine Dahlie, ein Baum, ein Vogel und ein Pfad, alles predigt das *Saddharmapundarīka-Sūtra,* wenn wir nur zuzuhören verstehen. Im Sūtra vom Reinen Land (*Sukhavātī-Vyūha-Sūtra*) heißt es, daß wir die Lehren von den Vier Pfeilern der Achtsamkeit, dem Achtfachen Pfad, den Vier Kräften und so weiter hören können, wenn nur der Wind durch die Bäume streicht. Der gesamt Kosmos predigt und übt den Buddha-Dharma. Wenn wir aufmerksam sind, können wir diesen Sangha berühren.

Jeder, der üben möchte, braucht einen Sangha. Wir müssen kleine Sanghas um uns herum errichten, die uns in unserer Übung unterstützen. Ohne Sangha werden wir keine Möglichkeit haben, uns zu stärken, wenn wir erschöpft sind. Indem wir einen kleinen Sangha bilden, können wir den größeren Sangha um uns und in uns finden.

Die Praxis der Zufluchtnahme kann man täglich üben, mehrmals täglich. Jedesmal wenn Sie sich unwohl, aufgeregt, traurig, ängstlich oder besorgt fühlen, können Sie zu Ihrer Insel der Achtsamkeit zurückkehren. Wenn Sie das Zurückkehren zu Ihrer Insel bereits dann üben, wenn Sie noch keine Schwierigkeiten haben, wird es einfacher und freudvoller sein, sollten Sie einmal Probleme haben. Warten Sie nicht ab, bis die Wellen über Ihnen zusammenschlagen. Üben Sie das Zurückkehren zu Ihrer Insel, indem Sie jeden Augenblick Ihres Lebens achtsam sind. Wenn die Übung zur Gewohnheit geworden ist, wird sie Ihnen in Augenblicken der Gefahr und der Schwierigkeiten ganz natürlich erscheinen und leichtfallen. Gehen, atmen, sitzen, schweigend essen und achtsam Tee trinken – das alles sind Übungen der Zufluchtnahme. Jede Achtsamkeitsübung enthält alle anderen Übungen. Wenn Sie nur Zufluchtnahme üben, üben Sie gleichzeitig auch den Achtfachen

Pfad, die Vier Pfeiler der Achtsamkeit und so weiter. Ein Dharma-Tor enthält alle anderen Dharma-Tore.

Zufluchtnahme ist keine Frage des Glaubens. Sie wurzelt tief in unserer Erfahrung. Sie wissen, daß Sie den Keim der Achtsamkeit in sich tragen. Sie haben die Insel in sich. Das ist keine Frage der Metaphysik. Ihr Einatmen und Ihr Ausatmen sind verfügbar. Zufluchtnahme ist eine Frage täglicher Übung. In unseren buddhistischen Tempeln gebrauchen wir die Worte *công phu* (chinesisch: *kung fu*), das heißt «tägliches Üben» und nicht «Kampfkünste». Wenn er oder sie zornig oder besorgt ist, geht ein guter Schüler oder Lehrer immer wieder zurück und nimmt Zuflucht zur Achtsamkeit des Atems.

Wenn wir schlechte Neuigkeiten hören und deshalb innerlich aufgewühlt sind, ist das Beste, was wir tun können, Zuflucht zu nehmen. Im Westen bittet man jemanden, dem man eine schlechte Nachricht mitzuteilen hat, sich erstmal hinzusetzen. Hinsetzen ist gut, der andere könnte ja ohnmächtig werden. Aber Sie können ihn auch bitten, ein- und auszuatmen, um ruhig und gefaßt zu werden. Selbst gute Nachrichten können einen umhauen. Wenn Sie hören, daß Sie gerade zehn Millionen in der Lotterie gewinnen haben, kann Sie sogar «der Schlag treffen».

Es ist nicht immer einfach, auf diese Weise Zufluchtnahme zu üben. Aufgrund unserer Tendenz, an ein permanentes Selbst zu glauben, müssen wir tief genug üben, um die Natur des Nicht-Kommens und Nicht-Gehens zu erkennen. Sonst werden wir immer an der Vorstellung klebenbleiben, daß wir vor unserer Geburt irgendwo gewesen seien und nach unserem Tod irgendwo hingingen. Und weil wir nicht wissen, wohin wir gehen werden, haben wir Angst. Die Lehren vom Reinen Land versichern den Menschen, daß sie ins Reine Land des Buddha Amida gelangen können, wenn sie in diesem Leben gut üben. Um im Reinen

Land wiedergeboren zu werden, müssen Sie die Vergegenwärtigung des Buddha üben. Während Ihres täglichen Lebens rufen Sie den Namen des Buddha an und richten Ihre Aufmerksamkeit auf ihn. Das ist eine Form der Zufluchtnahme. Sie üben entweder, indem Sie den Buddha mit seinen zweiunddreißig wunderbaren Merkmalen visualisieren oder indem Sie seinen Namen anrufen. Der Name des Buddha kann die guten Qualitäten Buddhas zum Vorschein bringen. Während Ihrer Übung verweilen Sie in dieser Art der Buddha-Zuflucht. Sie sind ihm nahe, der Insel nahe. Sie stärken die Samen der Buddhaschaft – Achtsamkeit und Güte – in sich selbst. Später lernen Sie von Ihrem Lehrer, daß das Reine Land sich in Ihrem Herzen befindet. Dies sind stufenweise Annäherungen an die Lehre vom Nicht-Kommen und Nicht-Gehen. Viele Menschen brauchen einen Platz, zu dem sie gehen können, bevor sie erkennen, daß sie nirgendwo hingehen müssen.

Wir dürfen nicht vergessen, daß Reine Länder vergänglich sind. Im Christentum ist das Königreich Gottes der Ort, an dem man für ewig weilt. Im Buddhismus aber ist das Reine Land eine Art Universität, an der man für einige Zeit mit einem Lehrer studiert, seinen Abschluß macht, um dann hierher zurückzukehren. Ein erleuchtetes Wesen namens Amida Buddha hat diejenigen, die eine Affinität zu dieser Praxis haben, eingeladen, zu ihm zu kommen, mit ihm zu üben, damit sie eines Tages den Abschluß machen und selbst zu erleuchteten Wesen werden. Wenn Sie erkennen, daß das Reine Land in Ihrem Herzen ist, wie es in den Lehren des *Avatamsaka-Sūtra* heißt, brauchen Sie keinen weit entfernten Ort, keine ferne Zeit, um das Reine Land zu erreichen. Sie können einen Sangha, ein Mini-Reines-Land, genau jetzt zu Hause haben.

Ich möchte die klassischen Zufluchtsformeln neu fassen: «Ich kehre heim und nehme Zuflucht zum Buddha *in mir selbst*. Ich gelobe, den Großen Weg zu verwirklichen, um den höchsten Geist entstehen zu lassen.» Der höchste Geist ist Bodhichitta, die Absicht oder das Gelübde, bis zur vollen Erleuchtung zu üben und zahllosen Lebewesen zu helfen. Es gibt Menschen, die üben ausschließlich, um sich selbst vom Leiden zu befreien. Sie denken nicht an das Leiden der anderen. Das ist nicht der höchste Geist.

«Ich kehre heim und nehme Zuflucht zum Dharma *in mir selbst*. Ich gelobe, Verständnis und Weisheit, so umfassend wie der Ozean, zu erlangen.» Der lebendige Dharma kann nur in der Manifestation eines Buddha, eines Sangha oder eines guten Übenden berührt werden.

«Ich kehre heim und nehme Zuflucht zum Sangha *in mir selbst*. Ich gelobe, mit allen Lebewesen einen Sangha aufzubauen, der frei ist von Hindernissen.» Wenn Sie von dem Wunsch beseelt sind, einen kleinen Sangha aufzubauen, um zu üben und Freunde mit der Übung glücklich zu machen, üben Sie die Dritte Zuflucht. Wenn Sie leiden, weil Sie kein Vertrauen in Ihre Übung haben, und drauf und dran sind, den Sangha zu verlassen, ist das ein Unglück. Wenn Sie sich in dem Sangha nicht wohl fühlen, wenn Sie meinen, Ihre Gemeinschaft sei zu schwierig, dann ist es das beste, sich Mühe zu geben und weiterzumachen. Ein vollkommener Sangha ist nicht nötig. Ein unvollkommener ist genug. Wir können unser Bestes tun, uns in ein positives Element des Sangha zu verwandeln, und den Rest der Gruppe ermutigen, sich von unserer Anstrengung inspirieren zu lassen.

Die Dreifache Zuflucht ist eine sehr tiefgründige Übung. Wir haben dafür folgende Formulierung gewählt, die so einfach ist, daß auch sehr junge Menschen sie leicht verstehen:

Ich nehme Zuflucht zum Buddha,
der mir den Weg in diesem Leben zeigt.
Ich nehme Zuflucht zum Dharma,
dem Weg von Verstehen und Liebe.

Ich nehme Zuflucht zum Sangha,
der Gemeinschaft, die in Harmonie und Bewußtsein lebt.

Wir wissen, daß die Drei Juwele einander bedingen und durchdringen. Ohne Dharma und Sangha ist ein Buddha kein Buddha. Selbst zukünftige Buddhas brauchen einen Dharma-Körper und einen Sangha-Körper. Es liegt an uns, sie zu schaffen. Unser Dharma-Körper muß ein lebendiger Körper sein, kein Satz von Dogmen oder Ideen. Unser Sangha-Körper muß eine lebendige Gemeinschaft sein und nicht bloß ein Traum, nach einem bestimmten Ort und nach gleichgesinnten Menschen zu suchen. Am besten manifestieren wir ihn hier und jetzt, machen diesen Sangha heute zu einem lebendigen Sangha, machen den Dharma, den wir gelernt haben, heute zu einem lebendigen Dharma. Wenn wir entschlossen sind, wird sich alles ergeben. Indem wir vom «Sutra über die Kenntnis des Besseren Wegs, allein zu leben» lernen, üben wir im gegenwärtigen Moment, uns des gegenwärtigen Moments zu freuen, und das ist unser Sangha hier und jetzt.

Ein Buddha wie Shākyamuni kann in seinem Dharma-Körper und seinem Sangha-Körper erkannt werden. Wenn man seinen Dharma-Körper oder seinen Sangha-Körper berührt, berührt man ihn. Wir sollten nicht darüber klagen, zweitausendfünfhundert Jahre zu spät geboren zu sein und ihm daher nicht begegnen zu können. Wir begegnen ihm. Wir berühren seinen Dharma-Körper und seinen Sangha-Körper eben jetzt. Auch wir zukünftigen Buddhas müssen uns alle durch unseren Dharma-Körper und unseren Sangha-Körper ausdrücken. Wenn jemand etwas zu uns sagt, um uns zu provozieren, können wir lächeln und zu unserem Atem zurückkehren. Er oder sie hat dann Gelegenheit, unseren Dharma-Körper zu berühren. Wenn wir achtsam und mitfühlend handeln, ist unser Dharma lebendiger Dharma. Wenn wir jedesmal, wenn wir Schwierigkeiten haben und es uns schlecht geht, zu unserem Atem zurückkehren und auf unserer Insel der Achtsamkeit weilen, kann jeder unseren lebendigen Dharma berühren. Wenn wir eine Gruppe von Freunden sind, die einander gegenseitig in ihrer Dharma-Praxis unterstützen, dann kann jeder, der mit uns eine Tasse Tee trinkt, unseren Sangha-Körper berühren.

Der Buddha sagte, daß sein Körper der Lehren bei seinen Schülern bleiben werde, aber daß es an ihnen läge, für seinen Fortbestand zu sorgen. Wenn wir nicht üben, wird es nur Bücher und Kassetten geben, wenn wir aber üben, wird der Dharma-Körper ein lebendiger Dharma sein. «Dharmakāya» nahm später die Bedeutung «Wesen des Buddha», «Geist des Buddha», «wahrer Buddha», «Grund des Buddha» an. Der Begriff bekam einen ontologischen Zug – «Grund aller Wesen», «Grund aller Erleuchtung». Schließlich wurde es zu einem Synonym für «Soheit», «Nirvāna» und «Tathāgata-Garbha» («Matrix des Buddha»). Das ist eine natürliche Entwicklung. Der Dharma ist die Tür, die jede dieser Bedeutungen erschließt. Wir müssen uns nur Gedanken machen, ob wir nicht zuviel Zeit mit dem Gespräch über diese Dinge verbringen.

Dharmakāya ist der Buddha in seiner Substanz. Manchmal nennen wir ihn Vairochana, den ontologischen Buddha, den Buddha als Basis, die Verkörperung des Dharma, immer leuchtend, stets Bäume, Gras, Vögel, Menschen und so weiter erhellend, immer Licht ausstrahlend. Es ist dieser Buddha, der das *Avatamsaka-Sūtra* predigt und zwar jetzt, nicht vor zweitausendfünfhundert Jahren. Wer in Kontakt mit Vairochana kommt, braucht keinen Shākyamuni. Shākyamuni ist bloß ein Bündel Lichtstrahlen, die von Vairochana ausgehen. Shākyamuni ist der *nirmānakāya,* der Transformations-Körper, ein Funke aus der Mitte des Feuers, ein Strahl von der Sonne. Wir müssen uns keine Gedanken machen, wenn ein Strahl aufhört, sichtbar zu sein. Die Sonne ist immer da. Der Dharmakāya ist immer da. Wenn Sie Shākyamuni nicht mehr direkt zuhören können, können Sie Vairochana hören, wenn Sie offen genug sind. Zusätzlich zu Shākyamuni predigen viele Transformations-Buddhas. Die Bäume, die Vögel, der violette Bambus, die gelben Chrysanthemen predigen alle denselben Dharma, den Shākyamuni vor zweitausendfünfhundert Jahren lehrte. Wir können durch jeden einzelnen mit dem Nirmānakāya in Kontakt kommen.

Der erste Körper ist der *Dharmakāya,* der zweite Körper ist der *Sambhogakāya* und der dritte ist der *Nirmanākaya.* Der Sambhogakāya ist der Körper der Glückseligkeit. Mit diesem Körper können Sie in Kontakt kommen, weil der Buddha seinen Wunsch nach völliger Erleuchtung erfüllt hat. Achtsamkeit ist die Basis für Verständnis, Mitgefühl, Frieden und Glück. Wenn wir ein- und ausatmen und uns des blauen Himmels bewußt werden, genießen wir es. Wenn wir unseren Tee in Achtsamkeit trinken, sind wir in Kontakt. Friede, Freude und Glück sind die Früchte der Achtsamkeit. Der Buddha, der Achtsamkeit übt, besitzt grenzenlosen Frieden, grenzenlose Freude und grenzenloses Glück, und diesen Körper der Freude können wir berühren. Jedesmal, wenn Sie etwas in Harmonie berühren, etwas, das leuchtet, berühren Sie den Sambhogakāya des Buddha. Das ist der Körper der Belohnung, der Körper der Freude. Er symbolisiert den Frieden und das Glück des Buddha, die Frucht seiner Übung.

Der Körper der Belohnung kann auf zweierlei Weise beschrieben werden. Die erste ist eigene Freude. Die zweite ist die Freude, die andere erfahren. Wenn Sie Achtsamkeit üben, genießen Sie in sich die Frucht dieser Übung. Ihre Mitmenschen genießen Ihr Glück und die Frucht Ihrer Übung aber ebenfalls. Wenn jemand glücklich und friedvoll ist, strahlen Glück und Frieden auch nach außen und erfreuen andere. Wenn Sie gut üben, werden Sie in der Lage sein, viele Sambhogakāyas in die Welt zu senden, um das Leiden der Lebewesen lindern zu helfen. Ein Mensch hat die Fähigkeit, viele Lebewesen zu verwandeln, wenn sie den Samen der Erleuchtung in sich zu nutzen verstehen.

Eines Tages kam mir im Flugzeug folgender Gedanke: Wenn der Pilot jetzt plötzlich mitteilen würde, daß das Flugzeug abstürzt – was würde ich tun? Mir war klar, daß ich achtsames Atmen und Lächeln üben würde. Das wäre in dem Moment das beste, was ich tun könnte. Und wenn Sie dort unten wüßten, daß ich in diesem schwierigen Augenblick Atmen und Lächeln übe, hätten Sie selbst auch Vertrauen. Wesentlich ist, daß wir nicht bis zu solchen kritischen Momenten warten, um mit unserer Übung zu beginnen.

Während Start und Landung übe ich stets achtsames Atmen. Das heißt nicht, daß ich nicht auch zwischendurch daran denken würde, aber in diesen Minuten tue ich es immer. Nicht weil ich Angst habe, es ist mir einfach zur Gewohnheit geworden. Ich reise so viel. Ich habe es mir auch zur Gewohnheit gemacht, auf Flughäfen Gehmeditation zu üben. Ich versuche immer, möglichst früh zum Flughafen aufzubrechen, damit ich dort dann nicht unter Zeitdruck gerate. Alle hetzen sich ab, aber ich weiß, daß es sogar an diesem Ort möglich ist, man selbst zu bleiben und Gehmeditation zu üben.

Die Drei Juwele und die Fünf Wunderbaren Richtlinien sind beides Lehren über die Übung der Achtsamkeit. Die Drei Juwele enthalten jede Übung und sind Grundlage für jede Übung. Das ist die Art von Übung, nach der man sich einschätzen kann. Sie erkennen den Fortschritt, den Sie machen. Ihr Vertrauen in die Drei Juwele wird von Tag zu Tag stärker.

Es mag sich so anhören, als seien devotionale und transformative Praxis vollkommen verschieden voneinander, aber dem ist nicht so. Beide sind aktive Übungen. Devotionale Praxis kann auch transformativ sein. Devotionale Praxis stützt sich mehr auf den anderen, obwohl auch eigener Einsatz vorhanden ist. Transformative Praxis baut auf das, was in einem vorhanden ist, da sie aber eines Sangha und eines Lehrers bedarf, zählt man ebenfalls auf die anderen. Die Unterscheidung ist nicht absolut, aber es gibt einen Unterschied.

Die Übung der Achtsamkeit findet sich sowohl in der devotionalen als auch in der transformativen Praxis. Viele Menschen glauben, die Übung der Achtsamkeit sei die einzige buddhistische Praxis. Achtsames Atmen vereint Körper und Geist. Das ist die Grundvoraussetzung, wenn Sie etwas anderes berühren wollen, selbst ein höheres Wesen. Wenn Sie achtsames Atmen üben, werden Sie friedvoll und gefestigt, und Ihr Wesen ist bereits erhöht.

Im Leben gibt es nichts, das man,
wenn man in sich selbst schaut
nicht lösen könnte. Finde Dich
Selbst und sei glücklich und frei.

In der Ruhe liegt die
Kraft.

TEIL IV

Das *Sūtra vom Weißgewandeten Schüler*

Das *Sūtra vom Weißgewandeten Schüler*

Die folgenden Worte des Buddha habe ich zu einer Zeit vernommen, als der Erhabene im Jetavana-Hain-Kloster, nahe Shrāvastī, weilte, das ein Geschenk des Laienanhängers Anāthapindika war. An jenem Tag war Anāthapindika mit fünfhundert anderen Laienanhängern zu dem Platz gekommen, wo sich Sārīputra aufhielt. Alle neigten respektvoll ihr Haupt vor Sārīputra und setzten sich zu seiner Seite nieder. Der ehrwürdige Sārīputra gab ihnen angemessene Belehrungen und weckte damit in ihnen große Freude und ein starkes Vertrauen in die Drei Juwele und die Praxis des rechten Dharma. Danach begaben sich Sārīputra, Anāthapindika und die fünfhundert Laienanhänger und Laienanhängerinnen zum Buddha. Sie warfen sich zu seinen Füßen nieder und setzten sich dann neben ihn hin. Als der Buddha sah, daß alle einen Platz gefunden hatten, wandte er sich an Sārīputra:

«Sārīputra, wenn Laienanhänger des Buddha – jene also, die weiß gewandet sind – die Fünf Richtlinien und die Vier Kontemplationen studieren und üben, erlangen sie ohne Mühe die Fähigkeit, glücklich im gegenwärtigen Augenblick zu verweilen, in der Gewißheit, daß sie künftig niemals mehr in die Daseinsbereiche der Höllen, der Hungrigen Geister, der Tiere oder in andere leidvolle Regionen geraten werden.

Diese Männer und Frauen haben die Frucht des Stromeintritts erlangt und haben keinerlei Furcht mehr, künftig auf dunkle Wege zu geraten. Diese Menschen werden nur noch sieben weitere Male in die Welt der Götter oder

Menschen zurückkehren müssen, bevor sie vollkommene Befreiung erlangen und damit das Ende allen Leidens.

Sāriputra, auf welche Weise sollten aber nun Laienanhänger des Buddha – jene also, die weiß gewandet sind – die Fünf Richtlinien und die Vier Kontemplationen studieren und üben?

Laienanhänger des Buddha nehmen Abstand vom Töten, setzen dem Töten ein Ende, entledigen sich aller Waffen, lernen Bescheidenheit gegenüber anderen und Demut in sich selbst. Sie üben Liebe und Mitgefühl und schützen alle Lebewesen, selbst das kleinste Insekt. Sie beseitigen in sich sämtliche Wurzeln der Absicht zu töten. Dies ist die Art und Weise, in der Laienanhänger des Buddha die Erste Richtlinie befolgen.

Laienschüler des Buddha nehmen Abstand davon, sich etwas anzueignen, was ihnen nicht gegeben wurde, setzen dem Nehmen dessen, was nicht gegeben wurde, ein Ende. Sie finden ihre Freude in der Großzügigkeit, ohne Gegenleistungen zu erwarten. Ihr Geist ist nicht von Gier und Sehnsucht getrübt. Sie bewahren stets ihre Ehrlichkeit und beseitigen in sich sämtliche Wurzeln der Absicht, sich zu nehmen, was ihnen nicht gegeben wurde. Dies ist die Art und Weise, in der Laienanhänger des Buddha die Zweite Richtlinie befolgen.

Laienanhänger des Buddha nehmen Abstand von sexuellem Fehlverhalten, setzen sexuellem Fehlverhalten ein Ende und beschützen jedermann – jene, die unter der Fürsorge ihres Vaters, ihrer Mutter oder beider Eltern stehen, unter der Fürsorge einer älteren Schwester, eines älteren Bruders, der Schwiegereltern oder anderer Verwandter, jene von gleichem Geschlecht und die Ehefrau, die Tochter, den Ehemann und den Sohn eines anderen, ebenso diejenigen, die vergewaltigt, belästigt oder sexuell gequält wurden oder die der Prostitution nachgehen. Laienanhänger des Buddha beseitigen in sich sämtliche Wurzeln der Absicht, sexuell verantwortungslos zu handeln. Dies ist die Art und Weise, in der Laienanhänger des Buddha die Dritte Richtlinie befolgen.

Laienanhänger des Buddha nehmen Abstand davon, die Unwahrheit zu sagen, setzen der Unwahrheit ein Ende. Sie sagen nur, was wahr ist, und haben große Freude am Sprechen der Wahrheit. Stets bleiben sie bei der Wahrheit, sind ganz und gar verläßlich und verachten niemals andere. Sie beseitigen in sich sämtliche Wurzeln der Absicht, die Unwahrheit zu sprechen. Dies ist die Art und Weise, in der Laienanhänger des Buddha die Vierte Richtlinie befolgen.

Laienanhänger des Buddha nehmen Abstand vom Alkohol, setzen dem Trinken von Alkohol ein Ende. Sie beseitigen in sich die Wurzeln der Gewohnheit, Alkohol zu trinken. Dies ist die Art und Weise, in der Laienanhänger des Buddha die Fünfte Richtlinie befolgen.

Sāriputra, auf welche Weise sollen Laienanhänger des Buddha – jene also, die weiß gewandet sind – die Vier Kontemplationen verwirklichen und gelassen und ohne Mühe glücklich im gegenwärtigen Moment verweilen?

Sie üben sich im Gewahrsein des Buddha. Sie meditieren über den, der aus der Soheit kommt und zur Soheit zurückkehrt, als einen, der wahrhaftig und vollständig erwacht ist, ohne jede Verhaftung; als einen, dessen Verständnis und Übung vollkommen sind; als den Wohlgegangenen; als den, der die Welt kennt und die Welt völlig versteht; als den, der das Höchste erreicht hat; als den, der gezähmt hat, was zu zähmen ist; als den Lehrer der Menschen und Götter; als den Erwachten; und als den von der Welt Verehrten. Wenn Laienanhänger des Buddha auf diese Weise meditieren und üben, hören alle unheilsamen Begierden auf und unreine, sorgenvolle oder ängstliche Gedanken entstehen nicht mehr in ihren Herzen. Dank einer solchen Kontemplation des Buddha sind ihre Gedanken klar, fühlen sie sich froh und erreichen die Erste der Vier Kontemplationen.

Glücklich verweilen sie so im gegenwärtigen Augenblick, unbeschwert und ohne jede Anstrengung.

Sāriputra, Laienanhänger des Buddha üben sich im Gewahrsein des Dharma, indem sie folgendermaßen meditieren: Der Dharma wurde vom Buddha mit großem Geschick gelehrt; er kann zu völliger Befreiung führen; er kann zum Zustand ohne Leid führen; der Schmerz der Hitze ist nicht in ihm vorhanden; er ist von zeitlosem Wert. Wenn Laienanhänger des Buddha den Dharma auf diese Weise üben und meditieren, hören alle unheilsamen Begierden auf und unreine, sorgenvolle oder ängstliche Gedanken entstehen nicht mehr in ihren Herzen. Dank einer solchen Kontemplation des Dharma sind ihre Gedanken klar, fühlen sie sich froh und erreichen die Zweite der Vier Kontemplationen. Glücklich verweilen sie so im gegenwärtigen Augenblick, unbeschwert und ohne jede Anstrengung.

Sāriputra, Laienanhänger des Buddha üben sich im Gewahrsein des Sangha, indem sie folgendermaßen meditieren: Die edle Gemeinschaft des Tathāgata schreitet in der rechten Richtung fort; sie ist auf dem rechten Pfad, an den Lehren ausgerichtet und lebt die Lehren so, wie sie gelebt werden sollten. In dieser Gemeinschaft finden sich die Vier Paare und die Acht Stufen – vollendete Arhats und solche, die die Frucht der Arhatschaft gerade vollenden; Nicht-Wiederkehrer und solche, die die Frucht der Nicht-Wiederkehr gerade vollenden; Einmal-Wiederkehrer und solche, die die Frucht der Einmal-Wiederkehr gerade vollenden; Stromeingetretene und solche, die die Frucht des Stromeintritts gerade vollenden. Die edle Gemeinschaft des Tathāgata hat die Übung der Richtlinien (*sila*) erfolgreich umgesetzt sowie die Übung der Konzentration (*samādhi*) und die Übung der Einsicht (*prājña*). Sie erfährt die Befreiung und befreite Sicht. Sie verdient Respekt, Ehrerbietung, Dienste und Gaben. Sie wirkt als ein wunderbares Feld des Verdienstes in unserem Leben. Dank einer solchen Kontemplation des Sangha sind die Gedanken der Betrachtenden klar, fühlen sie sich froh und erreichen die dritte der Vier Kontemplationen. Glücklich verweilen sie so im gegenwärtigen Augenblick, unbeschwert und ohne jede Anstrengung.

Sāriputra, Laienanhänger des Buddha üben sich im Gewahrsein der Richtlinien, indem sie folgendermaßen meditieren: Die Richtlinien haben keine Nachteile, keinen Makel, keine Unreinheiten und keine unvernünftigen Inhalte. Sie helfen uns, im Reich des Tathāgata zu weilen. Die Richtlinien sind ihrer Natur nach ohne Falsch. Sie werden von den Heiligen stets gepriesen, angenommen, geübt und eingehalten. Dank einer solchen Kontemplation der Richtlinien sind die Gedanken der Betrachtenden klar, fühlen sie sich froh und erreichen die Vierte der Vier Kontemplationen. Glücklich verweilen sie so im gegenwärtigen Augenblick, unbeschwert und ohne jede Anstrengung.

Sarīputra, bitte denke daran, daß weißgewandete Schüler des Buddha, die auf diese Weise üben, nicht mehr in die Daseinsbereiche der Höllen, Hungrigen Geister, der Tiere oder in irgendwelche anderen leidvollen Bereiche geraten können. Sie haben die Frucht des Stromeintritts erlangt, was bedeutet, daß sie nie mehr den Pfaden der Schwierigkeiten oder Übeltaten verfallen können. Indem sie in den Strom eintreten, können sie nur noch auf das rechte Erwachen zustreben. Sie müssen lediglich sieben weitere Male zur Welt der Götter oder Menschen zurückkehren, bevor sie schließlich die Schwelle vollständiger Befreiung überschreiten und alles Leiden überwinden.

An jenem Punkt seiner Rede verkündet der Von-der-Welt-Geehrte die folgenden Verse:

Ein intelligenter Mensch mit Familie,
der erkennt, wie schrecklich die Höllen sind,
sollte sich den rechten Lehren zuwenden,
sie üben und allen Pfaden zum Leiden ein Ende setzen.

Sie studiert und kann ihre Praxis vertiefen –
keinem Wesen nimmt sie das Leben,
sie spricht von den Dingen, wie sie tatsächlich sind,
und nichts nimmt sie, was ihr nicht gegeben wird.

Er bleibt der Vermählten treu,
nimmt Abstand von der Gewohnheit sexuellen
  Fehlverhaltens,
ist entschlossen, sich nicht zu berauschen,
und hält seinen Geist frei von aller Ruhelosigkeit.

Stets ist sie sich des Buddha bewußt,
betrachtet auch Dharma und Sangha
und kontempliert die Richtlinien.
Ihr Geist erlangt Freiheit, Frieden und Freude.

Wenn er sich in Großzügigkeit üben möchte,
um den Garten des Glücks zu bestellen,
dann sollte seine Richtschnur sein,
den Pfad von Befreiung und Erwachen zu lernen.

Sārīputra, merke auf
und laß dir folgenden Punkt erklären:
Betrachte einmal genau
die Herde von Ochsen dort.

Da gibt es weiße und gelbe Ochsen,
manche sind schwarz, manche rot,
andere sind braun mit gelben Flecken,
wieder andere sind grau wie die Tauben.

Von welcher Farbe sie auch sein mögen,
gleichgültig, wo geboren,
ihr Wert für uns besteht allein
in ihrer Fähigkeit, Lasten zu ziehen.

Die gesunden und starken
ziehen den Karren kraftvoll und schnell.
Sie können viele Karren ziehen
und viele Reisen machen.
Sie sind daher die nützlichsten.

In unserer Menschenwelt
gibt es Brahmanen, Krieger,
Gelehrte, Händler
und Handwerker.

Die wahrhaft tugendhaften Menschen aber
sind solche, die die Richtlinien üben
und fähig sind, sich zu befreien.
So, wie der Wohlgegangene, leben auch
sie in wahrer Freiheit.

Es tut nicht not zu unterscheiden
gemäß Familie oder Kaste.
Das größte Glück entsteht allein daraus,
daß man den wahrhaft Tugendhaften beschenkt.

Jemand, dem es an Tugend mangelt
und der an Einsicht arm ist,
kann anderen den Weg nicht weisen.
Deshalb bringt es nur wenig Freude,
wenn einem solchen man etwas schenkt.

Söhne und Töchter des Buddha,
die den Weg der Einsicht üben
und ihren Geist dem Buddha zugewendet haben,
besitzen starke, feste Wurzeln
und werden nur im Glück wiedergeboren.

Zu den Welten von Göttern und Menschen
kehren sie nicht mehr als siebenmal zurück,
bis sie Nirvāna erlangen
und all ihr Leiden
in Reinheit und Freude verwandeln.

Dies sprach der Buddha. Der ehrwürdige Sārīputra, die anderen Mönche und Nonnen, der Laienanhänger Anāthapindika sowie die fünfhundert anderen Laienanhängerinnen und Laienanhänger vernahmen diese Worte des Buddha und freuten sich darauf, sie sogleich in die Praxis umzusetzen.

Kommentare zum Sūtra

Viele Menschen halten den Buddhismus für eine Religion. Der Wahrheit kommen wir jedoch näher, wenn wir ihn eine Lebenseinstellung nennen. Leben ist die Kunst, uns selbst und andere glücklich zu machen. Wenn wir selbst nicht glücklich sind, können wir andere nicht glücklich machen; wenn andere nicht glücklich sind, können auch wir nicht wirklich glücklich sein. Um die Kunst zu üben, uns selbst und andere glücklich zu machen, müssen wir an etwas glauben, auf etwas vertrauen, das wir für richtig und schön halten, das mit der Wahrheit in Einklang steht und Grundlage für echtes und dauerhaftes Glück sein kann. Weil wir einen solchen Glauben brauchen, nennen wir den Buddhismus auch eine Religion. Glaube bedeutet in diesem Zusammenhang jedoch nicht, an einen Schöpfergott oder ein metaphysisches Grundprinzip zu glauben, dessen Existenz nicht bewiesen werden kann. Glaube meint hier das Vertrauen in etwas Schönes und Wahres, das glücklich macht und das wir tatsächlich berühren können.

Das *Sūtra vom Weißgewandeten Schüler* ist eine der grundlegenden Lehrreden des Buddha. Es ist leicht zu verstehen und einfach umzusetzen. Sein Thema ist die Entwicklung von Glauben in einem glücklichen Leben. Der Buddha wandte sich nicht an übernatürliche Wesen; er sprach zu Menschen wie du und ich. Jeder kann diese Lehren in die Tat umsetzen und damit hier und jetzt sein eigenes Glück ebenso erreichen wie das Glück seiner Lieben und das Glück der anderen – Tiere, Pflanzen und Mineralien eingeschlossen.

Das *Sūtra vom Weißgewandeten Schüler* präsentiert zwei grundlegende Übungen für buddhistische Laienanhänger: die Fünf Wunderbaren Richtlinien und die Vier Kontemplationen. Wenn wir nach den Anweisungen dieses Sūtra üben, leben wir glücklich im gegenwärtigen Moment, in der Gewißheit, daß wir nicht an schwierige oder leidvolle Daseinsorte gezogen werden. Da die Fünf Richtlinien die Frucht der Achtsamkeit sind, garantiert ihre Einhaltung Sicherheit, Freiheit und Glück, weil wir mit ihnen die Achtsamkeit selbst üben.

Als Frucht der Achtsamkeitspraxis enthalten die Fünf Richtlinien auch die Drei Juwele – Buddha, Dharma und Sangha. Ihre Essenz sind die Einsicht und das Mitgefühl des Buddha selbst. Der Buddha ist kein Gott. Buddhaschaft nis, den wir alle in uns tragen. Buddhisten sagen manchmal, der Geist sei Buddha. Dharma ist der Weg von Verständnis und oder Buddha-Natur ist der Same von Liebe und VerständLiebe, den der Buddha lehrt. Und Sangha ist die Gemeinschaft derer, die in Harmonie leben und unter Leitung des Buddha den Dharma üben. Die Praxis der Richtlinien ist ein Ausdruck von Glauben und Vertrauen in die Drei Juwele und stellt uns unter ihren Schutz. Die Vier Kontemplationen von Buddha, Dharma, Sangha und den Fünf Richtlinien sind dasselbe. Es sind mit den Fünf Richtlinien verbundene Übungen, die uns helfen, deren Tiefe auszuloten, um die Energien von Liebe und Verständnis zu entdecken, die die Essenz der Fünf Richtlinien darstellen.

Im buddhistischen Hauptkanon (*tripitaka*) der Chinesen trägt diese Lehrrede den Titel *Upāsaka-Sūtra*. Sie wird auch mit «Der Weißgekleidete Schüler» oder mit «Der Träger der Weißen Robe» überschrieben. Es handelt sich um Sūtra 128 im *Mādhyamāgama* und Nummer 26 in *Taishō*. Gegen Ende des 4. Jahrhunderts, in den Jahren 397/98, während der östlichen Chin-Dynastie, wurde der Text von Gotama

Sanghadeva aus dem Sanskrit ins Chinesische übersetzt und von der Schule der Saravastīvadins in Kaschmir überliefert. Im Pali-Kanon lautet die entsprechende Lehrrede *Sutta vom Haushälter* und findet sich im *Anguttara-Nikāya* (A III, 211). Schriftlich niedergelegt wurden diese Texte erstmals im ersten vorchristlichen Jahrhundert. Dennoch sind die beiden Versionen, das *Upāsaka-Sūtra* und das *Sutta vom Haushälter,* essentiell identisch, was geradezu an ein Wunder grenzt. Während ich das *Upāsaka-Sūtra* übersetzte und diesen Kommentar schrieb, zog ich wiederholt das *Sutta vom Haushälter* zu Rate und war sehr dankbar, beide Versionen zur Verfügung zu haben.

Die Umstände, unter denen das Sūtra gegeben wurde

Der Buddha hielt diese Lehrrede vor einer Zuhörerschaft von Laienanhängern und Laienanhängerinnen unter Führung von Anāthapindika im Jetavana-Hain-Kloster in Shrāvastī. Anāthapindika hatte dem Buddha und dem Sangha, der Gemeinschaft der Übenden, immer von ganzem Herzen gedient. Er hat auch den Hain außerhalb von Shrāvastī von Prinz Jeta gekauft und aus dem schönen Park eine Klosteranlage gemacht. Er war unter den Kaufleuten Shrāvastīs, der Hauptstadt des Königreichs Kosala, hoch angesehen und ein so bekannter Beschützer und Wohltäter der Armen, daß die Menschen ihn Anāthapindika nannten: «Er, der die Armen und Verlassenen unterstützt.» Sein eigentlicher Name war Sudatta. Sein Vertrauen in die Drei Juwele – Buddha, Dharma und Sangha – war stark, und er und seine Angehörigen übten gemäß den Lehren des Buddha. Sowohl seine Gefährtin wie auch seine drei Töchter und sein Sohn setzten großes Vertrauen in die Praxis der Lehren des Buddha. Anāthapindikas Familie war sehr glücklich.

Wie wir uns gut vorstellen können, hatte der Laienanhänger Anāthapindika im Geschäftsleben und in intellektuellen Kreisen viele Freunde, die er häufig mit dem Buddha und dem Sangha in Kontakt brachte. An dem Tag, da der Buddha das *Sūtra vom Weißgewandeten Schüler* lehrte, hatte Anāthapindika seine Freunde zum Jetavana-Hain-Kloster mitgebracht, um Sārīputra zu besuchen und eine Dharma-Rede von ihm zu hören. Nachdem Sārīputra gesprochen hatte, besuchten er und seine Freunde noch den Buddha. In Anwesenheit von Sārīputra lehrte der Buddha dann dieses Sūtra. Im Sūtra selbst ist davon die Rede, daß an diesem Tage Anāthapindika mit einer Gruppe von fünfhundert Freunden erschienen sei. Allerdings ist diese Zahl symbolisch zu verstehen, sie soll nur besagen, daß es sich um eine beachtliche Versammlung gehandelt hat. Dieses Sūtra bildet das Fundament für die Praxis von Laienanhängern. Sowohl in der Pali-Version als auch in der chinesischen werden die Laienanhänger als die «Weißgewandeten» bezeichnet. Mönche und Nonnen tragen niemals weiße Kleidung. Daher hat das Sūtra den Titel *Sūtra vom Weißgewandeten Schüler.*

Die Beziehung zwischen Sārīputra und Anāthapindika war von ganz besonderer Art. Anāthapindika war dem Buddha erstmals im Bambus-Hain-Kloster nahe Rajagriha, der Hauptstadt Magadhas, begegnet. Er liebte und achtete den Buddha sehr, und es war sein tiefer Wunsch, daß der Buddha in sein Heimatland, Kosala, kommen möge, um auch dort den Weg des Erwachens zu lehren. Zu seiner großen Freude nahm der Buddha seine Einladung an. Er gestattete Sārīputra, mit Anāthapindika nach Shrāvastī vorauszureisen, um Vorbereitungen für seinen Besuch zu treffen. Als die beiden in Shrāvastī ankamen, stellte Anāthapindika Sārīputra seine Familie und Freunde vor und lud ihn ein, in der Hauptstadt zu bleiben und Belehrungen zu geben, während er selbst über Land reiste, um einen passenden Ort für den Buddha und die Gemeinschaft der Mönche zu suchen. Es gelang ihm, Prinz Jeta einen schönen Hain abzukaufen. Dieser Park wurde dann die Anlage des Anāthapindika-Klosters. Wenn wir im *Sūtra vom Weißgewandeten Schüler* erfahren, daß Anāthapindika in Begleitung von fünfhundert Freunden Sārīputra besucht, werden wir an die tiefe Freundschaft erinnert, die seit der gemeinsamen Wanderung von Magadha nach Kosala zwischen den beiden bestand. Einige Jahre später, als Anāthapindikas Leben sich dem Ende zuneigte, war es wieder Sārīputra, der an seinem Bett saß und ihn lehrte, in der Meditation Geburt und Tod tief zu betrachten, was Anāthapindika half, sein Leben mit einem Herzen voller Frieden und Freude loszulassen.

Der Buddha lehrte dieses Sūtra für Laienanhänger in der Gegenwart Anāthapindikas und seiner Freunde, richtete seine Worte jedoch an Sārīputra – ein weiterer Beweis für die freundschaftliche Beziehung zwischen Anāthapindika und Sārīputra.

Die chinesische Version des Sūtra trägt den Titel *Upāsaka-Sūtra*. Wörtlich übersetzt bedeutet *upāsaka* «Nahestehender». In diesem Zusammenhang bezeichnet es jemanden, der den Mönchen und Nonnen nahesteht, um zu lernen und zu üben. Die weibliche Form lautet *upāsika*. Es gibt auch ein Mahāyāna-Sūtra mit dem Titel *Upāsaka-Sila-Sūtra* (*Taisho* 1488), in dem die Drei Juwele und die Fünf Richtlinien im Sinne des Mahāyāna dargelegt werden. Dies Sūtra ist eine Weiterentwicklung des *Sigalavadāna-Sūtra* (*Taisho* 16). Es spricht von der Erzeugung von Bodhichitta, dem Wunsch, allen Wesen zur Erleuchtung zu verhelfen, mit Energie die Richtlinien einzuhalten und meditative Konzentration und Einsicht zu üben. Dies steht in Verbindung mit den Bodhisattva-Gelübden im *Mahāyāna-Brahmajala-Sūtra* (*Taisho* 1484). Das *Upāsaka-Sūtra* («Der Weißgekleidete Schüler») darf nicht mit dem *Upāsaka-Sila-Sūtra* verwechselt werden.

Der Inhalt des Sūtra

Das *Sūtra vom Weißgewandeten Schüler* liefert die Grundlage für die Praxis der Laienanhänger des Buddhismus und macht die Objekte ihres Glaubens und Vertrauens deutlich, die zum Pfad des Glücks und der Befreiung für einen selbst und für andere führen. In dem Sūtra lehrt der Buddha, daß Laienanhänger, die stetig die Fünf Richtlinien und die Vier Kontemplationen – von Buddha, Dharma, Sangha und den Richtlinien – üben, die Fähigkeit besitzen, freudig und in Frieden im gegenwärtigen Moment zu leben und die Frucht des Stromeintritts (*shrotāpanna*) erlangen, was bedeutet, daß sie niemals mehr in die Daseinsbereiche der Höllen, der Hungrigen Geister oder der Tiere geraten werden.

Die Fünf Richtlinien

Um die Fünf Richtlinien üben zu können, müssen wir Vertrauen in ihre Wirksamkeit haben. Richtlinien beschreiben eine Art zu leben, die zu Frieden, Freude und Glück führt. Wir können gläubiges Vertrauen in die Richtlinien entwickeln als Verkörperung all dessen, was wahr, heilsam und schön ist. Die Richtlinien zeigen uns den Weg in diesem Leben. Sie schützen uns, unsere Familie und unsere Gesellschaft und können als Fundament für das Glück der Familie und der Gesellschaft betrachtet werden. Weil sie uns davor bewahren, in den Abgrund falscher Sichtweisen und zerstörerischer Handlungen zu fallen, sind die Richtlinien das Objekt unseres gläubigen Vertrauens. Glaube ist in diesem Zusammenhang nicht blinder Glaube oder grundlose Annahme. Es ist die Art gläubigen Vertrauens, die auf Erfahrung beruht. Wenn wir die Richtlinien studieren und üben, verstehen wir sie von Tag zu Tag tiefer.

Dank dem Studium und der Übung der Fünf Richtlinien

erkennen wir, wie notwendig sie für uns, unsere Familien und unsere Gesellschaft tatsächlich sind. Sie sind so wichtig wie der Sonnenschein für die Pflanzen und der Sauerstoff für uns. Die Fünf Richtlinien sind eine Frucht der Erfahrung des Buddha und der Erfahrungen vieler Generationen von Übenden. Wenn wir achtsam leben, können wir erkennen, daß wir, unsere Familien und unsere Gesellschaft ins Unglück und in die Zerrüttung rennen, wenn wir diese Richtlinien nicht anwenden. Die Fünf Richtlinien sind nicht nur Lebenskunst, sondern auch die Basis unseres gläubigen Vertrauens. Der Buddha hat gelehrt, daß zu wissen, wie man die Fünf Richtlinien übt, bedeutet, im Hier und Jetzt glücklich zu sein.

Die Erste Richtlinie – Nicht töten

«Laienanhänger des Buddha nehmen Abstand vom Töten, setzen dem Töten ein Ende, entledigen sich aller Waffen, lernen Bescheidenheit gegenüber anderen und Demut in sich selbst, üben Liebe und Mitgefühl und schützen alle Lebewesen, selbst das kleinste Insekt. Sie beseitigen in sich sämtliche Wurzeln der Absicht zu töten.»

Die Erste Richtlinie ist Ausdrucks des Prinzips, Leben zu schützen – nicht nur das Leben der Menschen, sondern aller Lebensformen, selbst der kleinsten Wesen.

Unsere Übung ist hier nicht auf die äußere Form begrenzt. Die Lehre des Buddha ist klar: «Sie beseitigen in sich sämtliche Wurzeln der Absicht zu töten.» Diese Richtlinie ist zuallererst eine Richtlinie für unseren Geist. Wir können das Leben mit unserem Körper und mit Worten beschützen, aber diese Richtlinie verlangt zuerst, das Leben mit unserem Geist zu schützen. Wenn wir jegliche Absicht zu töten beseitigen wollen, müssen wir die Vier Großen Motivationen üben: Bescheidenheit gegenüber dem anderen, Demut uns selbst gegenüber, Mitgefühl und liebevolle Güte. Bescheidenheit gegenüber anderen bedeutet, unsere eigene Schwäche im Vergleich mit anderen zu erkennen und zu sehen, wie andere auf eine Art und Weise in der Lage sind, Leben zu schützen, die uns noch nicht gelingt. Demut uns selbst gegenüber bedeutet, uns unserer eigenen Unzulänglichkeit bewußt zu sein, wenn wir ein Lebewesen verletzen oder nicht in der Lage sind, das Leben eines anderen Wesens zu schützen. Liebevolle Güte bedeutet, anderen Freude zu bringen. Freude ist das Ergebnis, wenn man in Frieden lebt und nicht von Gewalt bedroht wird. Mitgefühl bedeutet, jemandes Schmerz zu lindern, sein Leiden infolge eines Lebens in Unsicherheit und Angst. Dies sind die Vier Großen Motivationen eines Bodhisattva. Wenn wir uns regelmäßig in ihnen üben, werden wir ganz von selbst die Absicht zu töten in uns entwurzeln können. Als Ergebnis sind wir entschlossen, alle Lebensformen zu schützen. Wir «entledigen uns aller Waffen» und geben jede Form des Tötens auf. Wenn wir diese Richtlinie empfangen und üben, entsteht in uns die Energie, anderen zu dienen. Diese Energie erwächst aus der Absicht, bescheiden gegenüber anderen und demütig gegenüber uns selbst zu sein, zu lieben und Mitgefühl zu haben.

Wir leben nicht isoliert. Unser Leben steht in Beziehung zu anderen Menschen und anderen Lebensformen. Die Natur zu schützen bedeutet gleichzeitig, die Menschheit zu schützen. Um das Leben zu schützen, müssen wir die Umwelt und die ganze Erde – Luft, Berge, Wälder, Gewässer, Flüsse, Seen und Ozeane – schützen. Der Buddha lehrt, daß es uns gelingen wird zu erkennen, daß «dies ist, weil jenes ist; dieses nicht ist, weil jenes nicht ist; dieses geboren wird, weil jenes geboren wird; dieses zerstört wird, weil jenes zerstört wird». Mit dieser Einsicht können wir das Leben auf intelligente Art schützen. Die Spezies, die wir belebt nennen, werden sterben, wenn wir die unbelebt genannten Formen vergiften. Das *Diamant-Sūtra* sagt, daß der Begriff «Lebewesen» transzendiert werden muß. Lebende oder fühlende Wesen können nicht ohne unbelebte Formen existieren. Die Grenze zwischen belebt und unbelebt entsteht durch unsere unterscheidenden Vorstellungen und entspricht nicht den Dingen, wie sie tatsächlich sind.

Wenn wir in unserem Leben lernen, aufmerksam zu beobachten und die Dinge tief zu würdigen, werden wir die Erste Richtlinie immer üben. Nur indem wir diese Richtlinie üben, hat unser Planet mit seinen abermillionen Lebensformen eine Zukunft, und Frieden und Freude werden für alle Spezies zur Wirklichkeit.

Die Zweite Richtlinie – Nicht nehmen, was nicht gegeben wird

«Laienschüler des Buddha nehmen Abstand davon, sich etwas anzueignen, was ihnen nicht gegeben wurde, setzen dem Nehmen dessen, was nicht gegeben wurde, ein Ende. Sie finden ihre Freude in der Großzügigkeit, ohne Gegenleistungen zu erwarten. Ihr Geist ist nicht von Gier und Sehnsucht getrübt. Sie bewahren stets ihre Ehrlichkeit und beseitigen in sich sämtliche Wurzeln der Absicht, sich zu nehmen, was ihnen nicht gegeben wurde.»

Diese Richtlinie ist Ausdruck des Prinzips von Ehrlichkeit sowie des Wunsches, soziale Gerechtigkeit herzustellen. Wie bei der Ersten Richtlinie ist auch hier der Geist die Basis. Die Grundlage der Übung besteht darin, «sämtliche Wurzeln der Absicht, sich zu nehmen, was nicht gegeben wurde, in sich zu beseitigen». Das bedeutet, Gier zu beseitigen, indem man eine solche geistige Verfassung nicht mehr entstehen und das Bewußtsein trüben läßt. Im Zusammenhang mit dieser Richtlinie üben wir, die Gier in unserem

Geist zu transformieren, wie tief sie auch in unserem Bewußtsein verwurzelt sein mag.

Das Prinzip und die Methode der Übung dieser Richtlinie ist die Idee sozialer Gerechtigkeit. Der Buddha lehrt seine Schüler, Großzügigkeit zu üben, das erste der *Sechs Pāramitās*. *Pāramitā* bezeichnet etwas, das uns ans andere Ufer bringen kann – das Ufer von Frieden, Freude und der Befreiung vom Leiden. «Sie finden ihre Freude in der Großzügigkeit, ohne Gegenleistungen zu erwarten.» Der Mahāyāna-Buddhismus liegt direkt unter der Oberfläche dieser Aussage. Das ist der Geist der «Zeichenlosigkeit».

«Großzügigkeit» bedeutet hier, jemandem auf eine Weise Freude zu bereiten, die nicht von der äußeren Form bestimmt ist. Sie kann nicht auf Angeberei gegründet sein, weil sie aus Liebe und Mitgefühl entspringt. Liebe und Mitgefühl sind die Energiequellen, die uns die Kraft verleihen, Großzügigkeit zu üben. Auf diese Weise zu üben bedeutet, das Ideal des Bodhisattva zu entwickeln, der bereits in uns angelegt ist. So wie wir uns in der Ersten Richtlinie üben, Leben zu schützen, so üben wir hier, motiviert von Großzügigkeit, Freude zu bereiten. Das Ideal unseres Dienens ist ein Gefühl von Freude. Das ist der Sinn des Satzes: «Sie finden ihre Freude in der Großzügigkeit, ohne Gegenleistungen zu erwarten.»

Die Objekte der Übung dieser Richtlinie sind nicht nur Menschen, sondern auch alle anderen Lebewesen, einschließlich Pflanzen, Felsen und der Erde. Das Ziel unserer Praxis ist nicht nur eine gerechte menschliche Gesellschaft, sondern ebenso der Friede und die Freude aller Lebensformen auf der Erde.

«Laienanhänger des Buddha nehmen Abstand von sexuellem Fehlverhalten, setzen dem sexuellen Fehlverhalten ein Ende und beschützen jedermann – jene, die unter der Fürsorge ihres Vaters, ihrer Mutter oder beider Eltern stehen, unter der Fürsorge einer älteren Schwester, eines älteren Bruders, der Schwiegereltern oder anderer Verwandter stehen, jene von gleichem Geschlecht und die Ehefrau, die Tochter, den Ehemann und den Sohn eines anderen, ebenso diejenigen die vergewaltigt, belästigt oder sexuell gequält wurden oder die der Prostitution nachgehen. Laienanhänger des Buddha beseitigen in sich sämtliche Wurzeln der Absicht, sexuell verantwortungslos zu handeln.»

Diese Richtlinie zielt auf die Unversehrtheit von Individuen, Paaren und Familien. Wie in den beiden ersten Richtlinien geht es vor allem um den Geist. Wenn wir diese Richtlinie in unserem Herzen und in unserem Bewußtsein beachten, entwurzeln wir die Tendenz zu sexuellem Fehlverhalten. Wir können unserem Wunsch, das Glück anderer zu beschützen, ganz mühelos nachkommen, wenn wir diese Richtlinie von Herzen üben. Sehr viele Tragödien sind das Ergebnis sexuellen Fehlverhaltens, eines verantwortungslosen Lebenswandels. So viele Familien sind wegen sexuellen Fehlverhaltens zerbrochen; so viele Kinder wurden Opfer sexuellen Mißbrauchs. Wenn uns wirklich etwas am Glück und am zukünftigen Wohlergehen der anderen liegt, wenn wir fähig werden wollen, sie zu beschützen, wird nicht einmal der Gedanke an sexuelles Fehlverhalten in uns auftauchen.

Die Vierte Richtlinie – Nicht lügen

«Laienanhänger des Buddha nehmen Abstand davon, die Unwahrheit zu sagen, setzen der Unwahrheit ein Ende. Sie sagen nur, was wahr ist, und haben große Freude am Sprechen der Wahrheit. Stets bleiben sie bei der Wahrheit, sind ganz und gar verläßlich und verachten niemals andere. Sie beseitigen in sich sämtliche Wurzeln der Absicht, die Unwahrheit zu sprechen.»

«Laienanhänger des Buddha setzen der Unwahrheit ein Ende» wird in den Worten des Sūtra als Entstehenlassen eines Geistes beschrieben, der «stets bei der Wahrheit bleibt und ganz und gar verläßlich ist». Jemand, der stets bei der Wahrheit bleibt, ist für andere ein Objekt des Vertrauens und auf diese Weise in der Lage, die Aufgabe, anderen zu helfen, zu transformieren. Der Mensch, der diese Richtlinie einhält, nimmt nicht nur «Abstand davon, die Unwahrheit zu sagen, setzt der Unwahrheit ein Ende», sondern «hat große Freude am Sprechen der Wahrheit». Die Wahrheit bringt uns Vertrauen, Klarheit und Stabilität. Sie erleuchtet unseren Weg. Jeder, der diese Richtlinie befolgt, bleibt nicht nur stets bei der Wahrheit, sondern findet auch Wege, andere zu tieferer Akzeptanz der Wahrheit zu inspirieren. Nichtsdestoweniger ist ein solcher Mensch alles andere als selbstgerecht oder stolz. Er behauptet niemals, im Alleinbesitz der Wahrheit zu sein, und kann daher mit großer Aufmerksamkeit und einem lernbereiten Herzen zuhören, was andere zu sagen haben. Seine Haltung ist immer bescheiden, daher sagt das Sūtra: «Niemals verachtet er andere.»

Unsere Worte können anderen Glück und ein Gefühl des Vertrauens verschaffen, ebenso können sie aber auch Leid und Zerstörung bringen. Indem wir diese Richtlinie üben, vermeiden wir nicht nur, Leid und Zerstörung zu verursachen, sondern bilden gleichzeitig Vertrauen und machen viele Menschen glücklich. Zu diesem Zweck sprechen wir nicht nur konstruktiv, sondern hören auch aufmerksam zu. Wenn wir mit großer Aufmerksamkeit zuhören, können wir andere von ihrem Leiden befreien. Sprechen und Zuhören sind die beiden wichtigsten Übungen im Zusammenhang mit der Vierten Richtlinie.

Die Fünfte Richtlinie – Kein Gebrauch von Rauschmitteln

«Laienanhänger des Buddha nehmen Abstand vom Alkohol, setzen dem Trinken von Alkohol ein Ende. Sie beseitigen in sich die Wurzeln der Gewohnheit, Alkohol zu trinken.»

Alkohol zerstört unseren Körper und ebenso unseren Geist. Er kann Familien zerstören und tiefe Wunden in den Herzen junger Menschen schlagen, die in Familien aufwachsen, in denen es Alkoholiker gibt. Zur Zeit des Buddha war Alkohol das gängigste Rauschmittel. Heutzutage gibt es eine Vielzahl weiterer Rauschmittel mit zerstörerischer Wirkung. Aus diesem Grunde müssen wir danach streben, die Gewohnheit des Rauschmittelgebrauchs in uns zu überwinden.

Alkohol und andere Rauschmittel haben schon viele Familien zerstört und ein viele Generationen währendes Chaos verursacht. Ein erheblicher Teil der Verwirrung in unserer Gesellschaft ist auf Rauschmittelmißbrauch zurückzuführen. Wir üben die Fünfte Richtlinie zuallererst, um uns und unsere Familie zu schützen. Wir haben damit jedoch auch die Gelegenheit, etwas für die Gesellschaft zu tun, weil viele unserer Mitbürger im Teufelskreis einer Sucht gefangen sind. Viele Regierungen bemühen sich zwar, dem Drogenhandel ein Ende zu setzen, die Ursache der Sucht liegt jedoch in den Herzen der Menschen. Wenn jemand das Gefühl hat, sein Leben sei sinnlos, wenn er sich von Familie und Gesellschaft alleingelassen fühlt, wenn er unzufrieden und unglücklich ist, sucht er Mittel und Wege, alles zu vergessen, und experimentiert vielleicht mit Drogen. Den Drogenhandel einzudämmen rührt nicht an den Kern des Problems. Die endgültige Lösung besteht darin, den Menschen Vertrauen und Glauben zurückzugeben. Darum lehrt der Buddha die Übung der Vier Kontemplationen. Diese Übung pflanzt Vertrauen und Glauben in uns. Sie ist ein Licht, das uns in diesem Leben den Weg weisen kann.

Die Vier Kontemplationen

«Wenn Laienanhänger des Buddha, jene also, die weiß gewandet sind – die Fünf Richtlinien und die Vier Kontemplationen studieren und üben, erlangen sie ohne Mühe die Fähigkeit, glücklich im gegenwärtigen Augenblick zu verweilen, in der Gewißheit, daß sie künftig niemals mehr in die Daseinsbereiche der Höllen, der Hungrigen Geister, der Tiere oder in andere leidvolle Regionen geraten werden.»

Die Chinesen haben unter den Vier Kontemplationen die Fähigkeit des Geistes verstanden, sich in etwas Schönes zu verwandeln. Diese vier tiefgründigen und schönen Geisteszustände sind vier Arten, mit Achtsamkeit auf ein bestimmtes Objekt zu schauen. In unserem Zusammenhang handelt es sich dabei um Buddha, Dharma, Sangha und die Richtlinien. Diese Achtsamkeitsübungen bringen unser gläubiges Vertrauen zur Entfaltung und führen zu Frieden, Ruhe und Glück im gegenwärtigen Augenblick. Sie verleihen uns die Kraft, die Lehren zu üben und zu übertragen, und unsere Ideale zu leben.

Die erste achtsame Meditationsübung ist die Kontemplation des Buddha:

«*Sie üben sich im Gewahrsein des Buddha. Sie meditieren über den, der aus der Soheit kommt und zur Soheit zurückkehrt, als einen, der wahrhaftig und vollständig erwacht ist, ohne jede Verhaftung; als einen, dessen Verständnis und Übung vollkommen sind; als den Wohlgegangenen; als den, der die Welt kennt und die Welt völlig versteht; als den, der das Höchste erreicht hat; als den, der gezähmt hat, was zu zähmen ist; als den Lehrer der Menschen und Götter; als den Erwachten; und als den von der Welt Verehrten.*»

Tathāgata ist einer der Titel des Buddha. Er bedeutet: der aus der Soheit kommt und zur Soheit geht. Soheit (Sanskrit: *tathāta*) ist die wunderbare Natur der Wirklichkeit, die begrifflich nicht faßbar ist. Der Tathāgata «ist wahrhaftig und vollständig erwacht, ohne Anhaftung». Ein Buddha ist jemand, der die höchste Stufe des Erwachens und Verstehens erreicht hat und damit die Stufe vollständiger Befreiung. «Befreiung» bedeutet frei zu sein von den Fesseln des Leidens, die die meisten Lebewesen binden. Die Befreiten sind dem Gefängnis aus Gier und Anhaftung, Haß und Zorn, Unwissenheit und Verwirrung, Mißtrauen und Zweifel, Eifersucht und Stolz entkommen. Tathāgataschaft ist die Idealform menschlichen Seins, nach der wir alle streben. «Dessen Verständnis und Übung vollkommen sind» bedeutet, daß die Übung und das Verständnis dieses Menschen eine sehr hohe Ebene erreicht haben. Die drei speziellen Merkmale vollkommenen Verständnisses und perfekter Übung sind: die Einsicht, die den Raum durchdringt, die Einsicht, die die Zeit durchdringt und die Einsicht, die alle unsere Verstrickungen löst. Der «Wohlgegangene» hat geschickt erkannt, was Geburt und Tod zugrunde liegt, und ist ans andere Ufer gelangt. «Der die Welt kennt und die Welt völlig versteht» ist jemand, der den Geist und die innere Natur aller Wesen völlig durchschaut, seien sie belebt oder unbelebt. Ohne Verständnis kann es keine Liebe geben. Einsicht führt zu Liebe und

Mitgefühl. Da ein Buddha jemand ist, der die Welt mit Verständnis durchschaut, ist der Buddha jemand, der die Welt wahrhaft liebt. «Der das Höchste erreicht hat» ist eine Person, die die höchste Stufe des Menschseins verwirklicht hat. «Der gezähmt hat, was zu zähmen ist» beschreibt die Fähigkeit, Menschen zu zügeln, zur Ordnung zu rufen, zurückzuhalten und auszubilden – selbst jene, die schwierig im Umgang sind. Das entsprechende Bild ist ein Wagenlenker, der sein Pferd gut kennt und es leicht kontrollieren kann. «Lehrer der Menschen und Götter»: Götter sind Lebewesen, deren frühere gute Taten sie in einen glücklicheren Zustand – verglichen mit dem des Menschen – gebracht haben. Das Wort «Buddha» bedeutet «der Erwachte». Es ist das Partizip Perfekt des Verbs *budh,* «erwachen», im Sinne von Verstehen. Ein Buddha ist also jemand, dessen Verständnis geweckt wurde. «Der von der Welt Verehrte» beschreibt den Buddha als den, der für seine große Menschlichkeit, seine Liebe und sein Verständnis verehrt wird.

Die chinesische Version des Sūtra enthält eine der Nennungen nicht: «Der des Empfangs von Opfergaben Würdige» (Sanskrit: *arhat*). Dieses Wort kann auch bedeuten: «Der die Wurzeln des Leidens vernichtet.» Wenn wir den Buddha kontemplieren, können wir uns dieser zehn Namen bedienen, um die essentielle Natur eines erwachten Wesens zu erkennen – ein vorbildlicher Mensch, der in Frieden und Freude frei lebt, jemand, zu dem wir Zuflucht nehmen möchten, dem wir zu folgen wünschen.

Buddha ist nicht der Name nur eines Menschen. Shākyamuni Buddha ist nur einer aus einer ganzen Reihe von Menschen, die die höchste Frucht des Erwachens verwirklicht haben. Shākyamuni Buddha selbst sprach von sieben Buddhas, die vor ihm erschienen waren – Vipassi, Sikhī, Vessabhū, Kakusandha, Kongāmana und Kāshyapa. Er sprach auch vom zukünftigen Buddha, Maitreya. Die essentielle Natur eines Buddha ist «Erwachen», das Erwachen von Verständnis und Liebe, das zu einer tiefen und schönen Menschlichkeit führt. Diese Fähigkeit zum Erwachen haben wir alle. Sie wird Buddha-Natur oder rechte Achtsamkeit genannt. Unser Vertrauen in den Buddha zu setzen bedeutet, unser Vertrauen in die Buddha-Natur zu setzen, und das ist nichts anderes, als die Fähigkeit, Verständnis und Liebe in uns selbst und anderen zu wecken. Das Objekt unseres Glaubens darf nichts Abstraktes sein. Es ist etwas, das wir berühren können. Jeder Tag, an dem wir rechte Achtsamkeit üben, ist ein Tag, der das Licht der Achtsamkeit in uns heller werden läßt. Achtsamkeit ist ein strahlendes Licht, das Freude bringt und Leiden transformiert. Vertrauen in die Buddha-Natur können wir jeden Tag berühren und aufs neue üben. Dieses Vertrauen in unserem Herzen ist jene Quelle großer Energie, die wir Bodhichitta nennen. Diese Energie gibt unserem Leben Richtung, hält uns auf dem Weg, erhellt den Weg für uns und verhindert, daß wir in die Abgründe von Fehlern und Übeltaten fallen. Bodhichitta zu entwickeln bedeutet, an das zu glauben, was schön, wahr und gut ist und in der Lage, unserem Leben Richtung zu geben. Dann hat unser Leben Sinn, und wir fühlen die Energie in uns überfließen und uns befähigen, anderen Freude zu bringen. Im Mahāyāna-Buddhismus wird dieser Vorgang – «Geburt von Bodhichitta» genannt – sehr betont.

«Wenn sie auf diese Weise meditieren und üben, hören alle unheilsamen Begierden auf und unreine, sorgenvolle oder ängstliche Gedanken entstehen nicht mehr in ihren Herzen. Dank einer solchen Kontemplation des Buddha sind ihre Gedanken klar, fühlen sie sich froh und erreichen die Erste der Vier Kontemplationen. Glücklich verweilen sie so im gegenwärtigen Augenblick, unbeschwert und ohne jede Anstrengung.»

Die achtsame Kontemplation des Buddha ist eine Übung von großem Nutzen. Sie stärkt unser gläubiges Vertrauen in den Buddha und in uns selbst, weil die erwachte Natur – die Fähigkeit, Verständnis zu wecken – bereits jetzt in uns vorhanden ist. Wenn wir achtsam den Buddha kontemplieren, gewinnen wir Stabilität und fühlen uns geschützt, denn rechte Achtsamkeit ist die Buddha-Essenz in uns, die die Kapazität besitzt, uns zu schützen und Licht auf unseren Weg zu werfen. Achtsame Kontemplation des Buddha bringt Freude und transformiert Leiden. Als Sāriputra Anāthapindika auf seinem Sterbebett in einer Meditation über den Buddha anleitete, empfand Anāthapindika tiefen Frieden, und seine körperlichen Schmerzen ließen stark nach. Achtsame Kontemplation des Buddha bringt das erwachte Wesen zum Vorschein, das tief in uns angelegt ist, die Quelle erleuchteten Verstehens, die wir gewöhnlich Buddhaschaft nennen. Buddhisten sagen häufig, daß der Buddha unser eigener Herz-Geist ist.

In der buddhistischen Tradition finden sich viele Methoden der achtsamen Kontemplation des Buddha, wie etwa die Rezitation des Namens des Buddha oder seine Visualisierung. Wenn wir den Namen des Buddha rezitieren, konzentrieren wir unseren Geist ganz und gar auf Namen und Beinamen des Buddha, zum Beispiel *Namo Sakyamunaye Buddhaya* oder *Namo Amitābhaya Buddhaya*. Wir visualisieren den Buddha, wie er sehr gelassen am Fuße eines Baumes sitzend Belehrungen gibt. Während wir uns auf den Namen oder die Form des Buddha konzentrieren, müssen wir im Sinn behalten, daß Buddha Achtsamkeit ist. Der Name oder die Form bringt uns immer zur Essenz des Buddha: Achtsamkeit. Wir dürfen nicht bloß einen Namen oder eine Form anbeten.

Auf eine weitere Art kontemplieren wir achtsam den Buddha, wenn wir ein Buch über sein Leben lesen. Wenn wir aus Büchern oder Gesprächen etwas über das Leben des Buddha erfahren, sehen wir sein Leben, sein Verhalten, seine Weisheit und Liebe klarer. Dadurch werden die Samen der Buddhaschaft in unserem eigenen Bewußtsein genährt und wachsen. Darum sollten wir so oft wie möglich die Lebensgeschichte des Buddha lesen, hören und weitererzählen. Jeden Tag können wir rezitieren: «Ich nehme Zuflucht zum Buddha, der mir in meinem Leben den Weg zeigt», denn Buddha ist ja unsere Zuflucht und unser Schutz. Die Übung der achtsamen Kontemplation des Buddha fördert die Arbeit der Erkenntnis.

Die achtsame Kontemplation des Buddha ist nicht schwierig, wenn sie aus unserem gläubigen Vertrauen hervorgeht. Nach buddhistischer Sicht ist Vertrauen die Mutter jeder Erkenntnis. Unter den Fünf Kräften des buddhistischen Weges ist die erste gläubiges Vertrauen. Dann folgt die Kraft der Energie – der Energie weiterzugehen. Danach kommt Achtsamkeit, rechte Achtsamkeit. Die vierte Kraft ist die Fähigkeit zur Konzentration – zur meditativen Konzentration. Und die fünfte Kraft schließlich ist Einsicht oder Weisheit. Ohne gläubiges Vertrauen finden wir nicht die Richtung und haben auch nicht die Energie weiterzugehen.

Die zweite achtsame Kontemplation ist die Kontemplation des Dharma:

«Laienanhänger des Buddha üben sich im Gewahrsein des Dharma, indem sie folgendermaßen meditieren: Der Dharma wurde vom Buddha mit großem Geschick gelehrt; er kann zu völliger Befreiung führen; er kann zum Zustand ohne Leid führen; der Schmerz der Hitze ist nicht in ihm vorhanden; er ist von zeitlosem Wert. Wenn Laienanhänger des Buddha den Dharma auf diese Weise üben und meditieren, hören alle unheilsamen Begierden auf und unreine, sorgenvolle oder ängstliche Gedanken entstehen nicht mehr in ihren Herzen. Dank einer solchen Kontemplation des Dharma sind ihre Gedanken klar, fühlen sie sich froh und erreichen die Zweite der Vier Kontemplationen. Glücklich verweilen sie so im gegenwärtigen Augenblick, unbeschwert und ohne jede Anstrengung.»

In diesem Zitat ist einer der wichtigsten Sätze: «Glücklich verweilen sie so im gegenwärtigen Augenblick.» Zu üben bedeutet nicht, in die Zukunft zu investieren und dafür den gegenwärtigen Augenblick zu opfern. Den Dharma zu studieren und zu üben bedeutet vielmehr, frei, friedlich und froh im Hier und Jetzt zu leben. Nur dann werden wir auch in Zukunft Freiheit, Frieden und Freude haben. Jemand, der die Fünf Richtlinien und die Vier Kontemplationen übt, ist hier, in diesem Augenblick, glücklich. Man übt, ohne auf die Zukunft zu warten. Glück ist kein leerer Traum am fernen Horizont. Glück ist etwas, das wir sofort finden können, wenn wir die Fünf Richtlinien und die Vier Kontemplationen üben. Das ist die grundlegende Botschaft des *Sūtra vom Weißgewandeten Schüler*.

Der Dharma ist die Lehre des Buddha – die Art der Übung, die zum Erwachen, zum Frieden, zur Freude, zum Verständnis und zur Liebe führt. Es ist der Pfad zur Befreiung. Ist Vertrauen in den Buddha entstanden, dann besteht auch Vertrauen in seine Lehre. Wir kontemplieren den Dharma folgendermaßen: «Der Dharma wurde vom Buddha mit großem Geschick gelehrt.» Geschickt lehren heißt schön lehren. Buddha ist Lokavid, einer «der die Welt kennt und die Welt völlig versteht». Ein Buddha ist jemand, der mit Verständnis Zugang zu den Herzen aller Wesen findet. Daher kann er seine Lehre so ausdrücken, daß sie den Bedürfnissen eines jeden Wesens gerecht wird. Solche Lehren sind am Anfang schön, schön, wenn wir uns in ihnen üben, und schön, wenn wir schließlich ihre Frucht erfahren. «Er kann zu völliger Befreiung führen; er kann zum Zustand ohne Leid führen; der Schmerz der Hitze ist nicht in ihm vorhanden.» Diese Lehre hat die Kraft, Leiden zu lindern und zu verwandeln, und darüber hinaus kann sie ins Nirvāna führen, einen Zustand ohne Hitze, wenn alle Wurzeln der Leids transformiert sind und wir uns in völliger Befreiung erfrischt fühlen. «Er ist von zeitlosem Wert.»

Diese Lehren überschreiten Raum und Zeit, denn ihre essentielle Natur ist die Quelle des Lebens selbst. Der Dharma ist keine Doktrin, die nur zu einer bestimmten Zeit oder an einem bestimmten Ort Gültigkeit besitzt. Dieser Dharma kann hier und jetzt erkannt werden. Er hat die Kraft, uns auf dem Pfad zu leiten und kann direkt erfahren werden. Jemand mit Einsicht, der versteht, wenn er hört, kann ihn von selbst verstehen.» So heißt es in einer Pali-Version.

«Dieser Dharma kann hier und jetzt erkannt werden» meint, daß wir sowohl mit dem Inhalt als auch mit dem Wert dieser Lehren zugleich in direkten Kontakt kommen können. «Er hat die Kraft, uns auf dem Pfad zu leiten» bedeutet, daß wir die Fähigkeit besitzen, zu uns selbst zurückzukehren und Befreiung zu verwirklichen. Er muß «direkt erfahren werden». «Komm und sieh!» könnte man sagen – ein Vermittler wird nicht gebraucht. «Jemand mit Einsicht, der versteht, wenn er hört, kann ihn aus sich heraus verstehen» heißt, daß wir den Dharma mit unserer eigenen Einsicht und Erkenntnisfähigkeit verstehen können – eben ohne Vermittler oder Experten.

Achtsame Kontemplation des Dharma ist ebenso nötig wie achtsame Kontemplation des Buddha. Dharma ist ja der Weg zur Verwirklichung des Erwachens, das den Buddha hervorbringt. Dharma ist die Essenz des Buddha. Es gibt Schulen, die die Namen und Beinamen des Dharma rezitieren. So rezitiert man zum Beispiel in der japanischen Nichiren-Schule den Satz: «Namo Myo Ho Renge Kyo» – «Verehrung dem wunderbaren Mahāyāna-*Lotos Sūtra*». Den Dharma zu achten, ihn zu studieren und umzusetzen ist nicht weniger wirkungsvoll, als achtsam den Buddha zu betrachten.

Wann immer wir die Sūtras, die Richtlinien oder die Kommentare lesen, rezitieren oder studieren, kontemplieren wir achtsam den Dharma und nähren Dharma-Samen in unserem Bewußtsein. Unser Leben nimmt eine heilsame Richtung und unsere Weisheit entwickelt sich. Während gesunde Samen genährt werden, werden unheilsame Samen allmählich transformiert. Darum heißt es im Sūtra: «Wenn Laienanhänger des Buddha den Dharma auf diese Weise meditieren und üben, hören alle unheilsamen Begierden auf und unreine, sorgenvolle oder ängstliche Gedanken entstehen nicht mehr in ihren Herzen.» Auch Dharma ist unsere Zuflucht. Täglich sollten wir rezitieren: «Ich nehme Zuflucht zum Dharma, dem Weg von Verständnis und Liebe.» Verständnis ist hier erwachtes Verständnis, und Liebe ist Mitgefühl und liebevolle Güte. Verständnis und Liebe sind die Essenz des Buddhismus schlechthin, das Fundament unserer Übung. Dies sind keine Ideen, die allein durch Studium begriffen werden können.

Die dritte achtsame Kontemplation ist die Kontemplation des Sangha:

«Sāriputra, Laienanhänger des Buddha üben sich im Gewahrsein des Sangha, indem sie folgendermaßen meditieren: Die edle Gemeinschaft des Tathāgata schreitet in der rechten Richtung fort; sie ist auf dem rechten Pfad, an den Lehren ausgerichtet und lebt die Lehren so, wie sie gelebt werden sollten. In dieser Gemeinschaft finden sich die Vier Paare und die Acht Stufen – vollendete Arhats und solche, die die Frucht der Arhatschaft gerade vollenden; Nicht-Wiederkehrer und solche, die die Frucht der Nicht-Wiederkehr gerade vollenden; Einmal-Wiederkehrer und solche, die die Frucht der Einmal-Wiederkehr gerade vollenden; Stromeingetretene und solche, die die Frucht des Stromeintritts gerade vollenden. Die edle Gemeinschaft des Tathāgata hat die Übung der Richtlinien (sila) erfolgreich umgesetzt sowie die Übung der Konzentration (samādhi) und die Übung der Einsicht (prājña). Sie erfährt die Befreiung und befreite Sicht. Sie verdient Respekt, Ehrerbietung, Dienste und Gaben. Sie wirkt als ein wunderbares Feld des Verdienstes in unserem Leben. Dank einer solchen Kontemplation des Sangha sind die Gedanken der Betrachtenden klar, fühlen

*sie sich froh und erreichen die Dritte der Vier Kontemplationen.
Glücklich verweilen sie so im gegenwärtigen Augenblick, unbeschwert und ohne jede Anstrengung.»*

Sangha ist die Gemeinschaft jener, die den Lehren des
Buddha folgen und die es verstehen, in Harmonie und
Achtsamkeit zu leben. Sangha wird manchmal mit «edle
Gemeinschaft» übersetzt. Sangha ist nicht nur die Gemeinschaft der Mönche und Nonnen. Auch die «weißgewandeten» Laienanhänger, die gemäß den Fünf Richtlinien und
den Vier Kontemplationen leben, gehören dazu. Ein
Sangha besteht aus vier Gruppen: Mönchen, Nonnen,
Laienanhängern und Laienanhängerinnen. Ein Mönch oder
eine Nonne, die mit Eifer übt, wird die Früchte der Praxis
genießen; dasselbe gilt für Laienanhänger.

«Die edle Gemeinschaft des Tathāgata schreitet in der
rechten Richtung fort.» Eine edle Gemeinschaft ist der
Übung verpflichtet. Im Leben der Gemeinschaft sind
Buddha und Dharma gegenwärtig. Dann handelt es sich
um einen authentischen Sanghakāya (Sangha-Körper), weil
die Essenz des Buddhakāya (Buddha-Körper), Erwachen,
und die Essenz des Dharmakāya (Dharma-Körper), Befreiung, die Essenz des Sanghakāya, edle Heilsamkeit,
hervorbringen. In der rechten Richtung voranzuschreiten
bedeutet, auf Befreiung und Erwachen hin zu üben. Die
edle Gemeinschaft des Tathāgata «ist auf dem rechten Weg»
bedeutet, seinen Weg nicht in unheilsamer Übung zu
verlieren. Damit ist jede Praxis gemeint, die nicht auf Liebe
und Verständnis hin ausgerichtet ist. Die edle Gemeinschaft
des Tathāgata «richtet sich am Dharma aus» bedeutet, daß
die Übung in Einklang steht mit einem Ideal und nicht
hinter das Ideal zurückfällt. Die edle Gemeinschaft des
Tathāgata «lebt die Lehren so, wie sie gelebt werden
sollten» bedeutet, daß die Lehren ihren Ausdruck nicht so
sehr in Worten finden sollten, sondern eher in der Art und
Weise, wie die Übenden sie im Leben umsetzen.

«In dieser Gemeinschaft finden sich die Vier Paare und die Acht Stufen – vollendete Arhats und solche, die die Frucht der Arhatschaft gerade vollenden; Nicht-Wiederkehrer und solche, die die Frucht der Nicht-Wiederkehr gerade vollenden; Einmal-Wiederkehrer und solche, die die Frucht der Einmal-Wiederkehr gerade vollenden; Stromeingetretene und solche, die die Frucht des Stromeintritts gerade vollenden.» Arhatschaft ist die Stufe, auf der man erkennt, daß es Geburt und Tod nicht gibt. Es ist darüber hinaus die Ebene, auf der alle Wurzeln des Leidens transformiert sind. Jemand, der die Frucht der Nicht-Wiederkehr erfährt, erkennt, daß keinerlei Notwendigkeit besteht, jemals wieder in den Bereich der Begierde zurückzukehren und sich wieder in seinen Leiden und Fesseln zu verfangen, sondern daß er oder sie nur noch einmal im Bereich der Form oder der Formlosigkeit wiederkehren muß, um die Frucht der Arhatschaft zu verwirklichen. Einmal-Wiederkehrer müssen nur noch einmal in den Begierde-Bereich zurückkehren, bevor sie die Frucht der Arhatschaft verwirklichen können. Ein Stromeingetretener ist jemand, der in den edlen Strom eingetreten ist und nur noch siebenmal in den Bereich der Begierde zurückkehren muß, bevor er ein Arhat wird. Stromeingetretene sind Menschen, die die Fünf Richtlinien und die Vier Kontemplationen stetig üben. Das Erreichen des Zustands der Arhatschaft nennt man die Frucht der Arhatschaft. Von jemandem, der sich auf die Arhatschaft zubewegt, sagt man, er befinde sich auf dem Weg in Richtung Arhatschaft. Ebenso gibt es die Frucht der Nicht-Wiederkehr und den Weg in Richtung Nicht-Wiederkehr, die Frucht der Einmal-Wiederkehr und den Weg in Richtung Einmal-Wiederkehr, die Frucht des Stromeintritts und den Weg in Richtung Stromeintritt. Die verschiedenen Ebenen von Frucht und Richtung nennt man die Vier Paare und die Acht Stufen. Jeder, der sich am Leben der Gemeinschaft beteiligt, befindet sich auf einer der Acht Stufen.

«Die edle Gemeinschaft des Tathāgata hat die Übung der Richtlinien (*sila*) erfolgreich umgesetzt.» Diese Richtlinien sind einfach der Ausdruck eines achtsamen Lebens. Richtlinien schützen uns, indem sie verhindern, daß wir uns auf dem Pfad verirren. Sie nähren die Kraft der Konzentration. Darum heißt es im Sūtra auch: «Die edle Gemeinschaft des Tathāgata hat die Übung der Konzentration (*samādhi*) erfolgreich umgesetzt.» Samādhi ist meditative Konzentration. «Die edle Gemeinschaft des Tathāgata hat die Übung der Einsicht erfolgreich umgesetzt. Sie erfährt die Befreiung und befreite Sicht.» Einsicht (*prājña*) ist das Verständnis, das zur Befreiung (*vimukti*) führt, mit anderen Worten, uns von allem löst, was uns bindet. «Befreite Sicht» bedeutet, daß wir bestimmte Dinge erst dann sehen oder hören können, wenn wir frei sind – die Natur von Nicht-Geburt und Nicht-Tod, Nicht-Kommen und Nicht-Gehen, Nicht-Eins und Nicht-Viele, Nicht-Dauerhaftigkeit und Nicht-Vernichtung – anders ausgedrückt: die Erfahrung von Nirvāna selbst. «Die edle Gemeinschaft des Tathāgata verdient Respekt, Ehrerbietung, Dienste und Gaben. Sie wirkt als ein wunderbares Feld des Verdienstes in unserem Leben.» Gemeinschaften, die sich dem Studium und der Übung widmen, sie zu achten, sie zu ehren, ihnen zu dienen und sie zu unterstützen, ist eine intelligente Investition, die für die Welt von großem Nutzen sein kann. Der Sangha-Körper ist ein fruchtbarer Acker, in den wir unsere kostbarsten Samen legen können. Es gibt kein schöneres Feld, um die Samen des Glücks auszusäen, als eine praktizierende Gemeinschaft. Daher der Name «höchstes Verdienstfeld».

Wenn wir ohne den Körper des Sangha üben, werden wir nur sehr schwer Erfolg haben. Der Sangha-Körper ist unsere Zuflucht und eine stete Quelle für unsere Inspiration und unser Wohlbefinden. Wenn wir entmutigt und erschöpft sind, gibt unser Sangha-Körper uns neue Kraft, denn es ist immer jemand da, der eifrig übt, mit Einsicht, Mitgefühl und Frische. In Vietnam sagen wir, daß ein Mönch, der seine Praxisgemeinschaft verläßt, einem Tiger gleicht, der von seinen Bergen herabsteigt. Wenn der Tiger seine Berge verläßt und in die Ebene kommt, wird er von den Menschen gefangen und umgebracht. Der Praktizierende gibt seine Übung zu schnell auf, wenn er oder sie ohne Sangha ist. Darum nehmen wir Zuflucht zum Sangha: «Ich nehme Zuflucht zum Sangha, der Gemeinschaft, die in Harmonie und Achtsamkeit lebt.» Die besonderen Qualitäten des Sangha sind Harmonie und Achtsamkeit. Es ist unsere Aufgabe, diese Qualitäten auf einer hohen Stufe zu halten. Wir sollten nicht die Ausrede gebrauchen, daß die Qualität nicht hoch genug sei. Wir sollten uns anstrengen, diese besondere Qualität bis zur höchsten Stufe zu entwikkeln, anstatt die Sangha zu verlassen.

Gute Übende haben immer den Aufbau des Sangha im Sinn. Der Aufbau eines Sangha ist die Arbeit von Monaten und Jahren. Wenn der Sangha-Körper gesund ist, entwikkeln sich Übung und Transformation eines jeden, der in diese Gemeinschaft kommt, schnell und einfach. Lassen wir uns nicht von dem Sprichwort blenden: «Wenn er übt, erlangt er Verwirklichung; wenn sie übt, erlangt sie Verwirklichung.» Wir müssen alle unsere Kräfte zusammentun, um einen wahren Sangha zu bauen.

Durch achtsame Kontemplation von Buddha, Dharma und Sangha bringen wie die wahren Wurzeln der Drei Juwele in uns selbst zum Vorschein. Der wahre Buddha ist keine Gottheit, die Verdienst und Tadel verteilt. Der wahre Buddha besteht aus erwachtem Verständnis, erwachter Liebe und erwachtem Mitgefühl. Die wahren Lehren können studiert und umgesetzt werden, indem wir stets Vergänglichkeit, Ichlosigkeit und Nirvāna berücksichtigen. Die wahren Lehren sind kein Aberglaube. Die wahre Gemeinschaft basiert auf den Richtlinien, auf Konzentration und Einsicht ebenso wie auf Offenheit, Frische und Glück. Ein wahrer Sangha kämpft nicht um Ruhm und Profit. In einem wahren Sangha finden sich immer Zeichen des wahren Buddha und des wahren Dharma.

Die vierte der achtsamen Kontemplationen ist die Kontemplation der Richtlinien:

«Laienanhänger des Buddha üben sich im Gewahrsein der Richtlinien, indem sie folgendermaßen meditieren: Die Richtlinien haben keine Nachteile, keinen Makel, keine Unreinheiten und keine unvernünftigen Inhalte. Sie helfen uns, im Reich des Tathāgata zu weilen. Die Richtlinien sind ihrer Natur nach ohne Falsch. Sie werden von den Heiligen stets gepriesen, angenommen, geübt und eingehalten. Dank einer solchen Kontemplation der Richtlinien sind die Gedanken der Betrachtenden klar, fühlen diese sich froh und erreichen die Vierte der Vier Kontemplationen. Glücklich verweilen sie so im gegenwärtigen Augenblick, unbeschwert und ohne jede Anstrengung.»

Wie wir bereits gesehen haben, sind die Richtlinien die Manifestation eines achtsamen Lebens. Die Richtlinien sind keine Gesetze, zu deren Einhaltung andere uns zwingen. Es ist unser eigener tiefster Wunsch, in Einklang mit ihnen zu leben. Weil wir die Achtsamkeit leben, entschließen wir uns, die Richtlinien zu empfangen und einzuhalten. Wir sehen in ihnen den geschicktesten Weg, uns selbst zu schützen und unsere Übung zu fördern. Wenn wir uns zum Beispiel all das Leiden und die Angst bewußt machen, die durch Töten entstehen, sind wir entschlossen, die Richtlinie des Nicht-Tötens zu befolgen. Indem wir uns in dieser Richtlinie üben, schützen wir uns und alle Lebewesen. Gleichzeitig geben wir unserer Liebe und unserem Mitgefühl Gelegenheit zu wachsen. Die Richtlinien wurden vom Buddha vorgeschlagen und seitdem von vielen Generationen von Buddhisten geübt und weiter geklärt. Die Richtlinien sind kein abergläubischer Verzicht mit mystischen Wirkungen, die wir nicht nachvollziehen könnten. Die

Richtlinien gründen sich auf Achtsamkeit, erwachte Einsicht, Liebe und Mitgefühl. Darum haben die Richtlinien «keine Nachteile, keinen Makel, keine Unreinheiten und keine unvernünftigen Inhalte». Die Richtlinien müssen auf intelligente Weise geübt werden; wir können Buddha, Dharma und Sangha in ihnen erkennen. Die Richtlinien sind ebenso tief, liebenswert und heilig wie Buddha, Dharma und Sangha. Gläubiges Vertrauen in die Richtlinien ist gleichzeitig gläubiges Vertrauen in Buddha, Dharma und Sangha, denn die Richtlinien sind die Essenz der Drei Juwele.

Die Richtlinien «helfen uns, im Reich des Tathāgata zu weilen». Dies ist wohl einer der schönsten Sätze im ganzen Sūtra. Das Reich des Tathāgata ist ein Ort der Sicherheit, des Friedens und der Freude, erhellt vom Licht der Liebe und des Mitgefühls. Indem wir die Richtlinien üben, betreten wir das Reich des Tathāgata, den Wohnort der Liebe, des Mitgefühls, der Freude und der Unvoreingenommenheit (die Vier Grenzenlosen Geisteshaltungen). Die Richtlinien zu beachten bedeutet gleichzeitig, Buddha, Dharma und Sangha achtsam zu kontemplieren. In jeder der Richtlinien sind Buddha, Dharma und Sangha vollständig enthalten.

«Die Richtlinien sind ihrer Natur nach ohne Falsch», weil sie auf Achtsamkeit, erwachtem Verständnis, Liebe und Mitgefühl basieren. Jeder kann sie verstehen und die Frucht ihrer Übung erfahren. Ohne sie kann niemand in meditativer Versenkung und Einsicht Fortschritte machen. Aus diesem Grund «werden sie von den Heiligen stets gepriesen, angenommen, geübt und eingehalten». Über die Richtlinien zu wachen bedeutet, daß wir sie stets üben und so zu einem Beispiel für die Übung der anderen werden. Die Übung der Richtlinien hat sich auf diese Weise über die ganze Welt verbreitet. So wie wir beim Auto fahren die Verkehrsregeln beachten, um keinen Unfall zu verursachen, damit wir alle sicher nach Hause kommen, so üben wir in unserem Alltag die Richtlinien, um uns und andere zu schützen, damit wir sicher an unserem gemeinsamen Ziel – der Verwirklichung des Ideals der Befreiung und des Erwachens – ankommen können. Wenn wir die Fünf Richtlinien und die Vier Kontemplationen üben, können wir ab sofort glücklich leben. Wir wissen, daß wir in Zukunft nicht mehr auf unheilsame, Unglück bringende Abwege geraten.

Der Satz, «glücklich verweilen sie im gegenwärtigen Augenblick», wird im Sūtra sechsmal wiederholt. Viele Menschen glauben, daß die Praxis schwierig sein müsse, damit sie in der Zukunft Erfolg bringen könne. Der Buddha hat jedoch in vielen Lehrreden deutlich gesagt, daß die Übung seiner Lehren in der Gegenwart Frieden und Freude bringt und ebenso in der Zukunft. Laut Buddha erfahren wir dann Frieden und Freude in der Zukunft, wenn wir bereits jetzt Frieden und Freude erleben (was uns niemals durch ein Leben achtloser Schwelgerei in sinnlichen Genüssen gelingt). Wenn wir in die Zukunft sehen wollen, müssen wir uns die Gegenwart anschauen. In der Gewißheit, daß sie stetig die Fünf Richtlinien und die Vier Kontemplationen übt, ist sich die weißgewandete Übende bewußt, daß sie bereits in den edlen Strom eingetreten und der Frucht des Stromeintritts teilhaftig ist. Das heißt, sie wird nie mehr in die Daseinsbereiche der Höllen, der Hungrigen Geister oder der Tiere geraten.

In vielen Sūtras lehrt uns der Buddha, im gegenwärtigen Augenblick zu leben und achtsam alles zu betrachten, was im Hier und Jetzt geschieht. Wenn wir die Gegenwart aufgeben, um verwirrt über die Vergangenheit oder die Zukunft zu tagträumen, tun wir genau das Gegenteil von dem, was die Erwachten gelehrt haben. Die Fünf Richtlinien und die Vier Kontemplationen zu üben bedeutet, uns unseres Schicksals im gegenwärtigen Moment anzunehmen. Wir schützen die Gegenwart, bauen an der Gegenwart und garantieren damit die Zukunft. Der beste Weg in eine gute Zukunft besteht darin, zutiefst verantwortungsbewußt, auf erwachte Art mit Liebe und Verständnis im Hier und Jetzt zu leben. Der Buddha hat auch gelehrt, daß Befreiung, Friede, Freude, Erwachen und das Reine Land in unserem Geist zu finden sind. Nur indem wir zu uns selbst zurückkehren, können wir diese Schätze in uns entdecken und wirklich in Kontakt mit ihnen sein. Nur im gegenwärtigen Augenblick können wir Licht auf etwas werfen. Friedlich und glücklich in der Gegenwart zu leben ist eine bedeutende Botschaft des Buddha. Es scheint jedoch, als wäre diese Botschaft in weiten Kreisen der praktizierenden Buddhisten in Vergessenheit geraten. Im Hier und Jetzt zu leben ist, gemäß den Lehren des Erwachten, durchaus nicht schwierig. Der Buddha lehrt, daß die Übung der Fünf Richtlinien und Vier Kontemplationen schon ausreicht dafür. Indem wir diese Dinge umsetzen, erreichen wir Frieden und Freude genau jetzt – «unbeschwert und ohne jede Anstrengung».

Abschließende Verse

Die wahrhaft tugendhaften Männer und Frauen jedoch,
sind solche, die die Wunderbaren Richtlinien üben.
Sie sind fähig, die Befreiung zu finden.
Wie der Wohlgegangene leben sie in wahrer Freiheit.

Dieser Vers berührt das Thema des Sangha-Bauens. Da der Sangha-Körper ein Verdienstfeld ist, müssen wir uns seine Qualitäten näher anschauen und entscheiden, ob es sich um eines handelt, in das zu investieren, mit dem zu üben sich lohnt. Die Kriterien sind Befreiung und Erwachen. Jeder Sangha-Körper, der Mitglieder aufweist, die ernsthaft und freudig die Richtlinien üben und Befreiung finden, ist ein Sangha-Körper von hoher Qualität, den man unterstützen sollte, der eine Zuflucht sein kann. Der Wert dieser Mitglieder liegt in ihrer reinen Übung der Richtlinien und in ihrer Befreiung, nicht jedoch in ihrem familiären Hintergrund, ihrer Kaste oder ihrer gesellschaftlichen Stellung. Selbst wenn sie aus einer edlen Familie stammten, die Richtlinien jedoch nicht übten und keine Befreiung gefunden hätten, wären sie von keinem großen Wert für das Sangha-Juwel:

In unserer Menschenwelt
gibt es Brahmanen, Krieger,
Gelehrte, Händler
und Handwerker.

Es tut nicht not zu unterscheiden
nach Familie oder Kaste.
Das größte Glück erwächst allein daraus,
daß man die wahrhaft Tugendhaften beschenkt.

Jemand, dem es an Tugend mangelt,
und der an Einsicht arm ist,
kann anderen den Weg nicht weisen.
Deshalb bringt es nur wenig Freude,
wenn einen solchen man mit Gaben bedenkt.

Söhne und Töchter des Buddha,
die den Weg der Einsicht üben
und ihren Geist dem Buddha zugewandt haben,
besitzen starke, feste Wurzeln
und werden nur im Glück wiedergeboren.

Ein Brahmane ist ein Vertreter der Priesterkaste. *Ksatriyā* bezeichnet die Kriegerkaste (Generäle und Politiker). Der Buddha bedient sich des Beispiels einer Ochsenherde, um den Wert des Sangha-Körpers zu veranschaulichen. Der Wert eines Ochsen liegt nicht in seiner Farbe oder seiner Herkunft. Sein Wert entspricht seiner Fähigkeit, Lasten zu ziehen. Jeder starke und gesunde Ochse mit der Fähigkeit, einen vollbeladenen Karren sicher und schnell zu ziehen, ist von hohem Wert.

Betrachte einmal genau
die Herde von Ochsen dort.

Da gibt es weiße und gelbe Ochsen,
manche sind schwarz, manche rot,
andere sind braun mit gelben Flecken,
wieder andere sind grau wie die Tauben.

Von welcher Farbe sie auch sein mögen,
gleichgültig, wo geboren,
ihr Wert für uns besteht allein
in ihrer Fähigkeit, Lasten zu ziehen.

Die gesunden und starken
ziehen den Karren kraftvoll und schnell.
Sie können viele Karren ziehen
und viele Reisen machen.
Sie sind daher die nützlichsten.

Schlußbemerkungen

Das *Sūtra vom Weißgewandeten Schüler* ist für unsere Übung wesentlich – nicht nur für die Übung der Laienanhänger, sondern ebenso für die Praxis von Mönchen und Nonnen. Wenn wir die Lehren dieses Sūtra in die Tat umsetzen, sehen wir die innere Verbundenheit der Fünf Richtlinien und der Vier Kontemplationen. Wenn wir eine Richtlinie sehr tief üben, beachten wir gleichzeitig alle anderen Richtlinien mit. Wenn wir die Erste Richtlinie – nicht töten – befolgen, erkennen wir schnell, daß es nicht möglich ist, diese Richtlinie wirklich wahrhaftig umzusetzen, wenn wir nicht gleichzeitig auch die anderen vier befolgen. Diebstahl, sexuelles Fehlverhalten, verantwortungsloses Reden sowie Alkohol- und Drogenmißbrauch führen nämlich auch zum Töten von Lebewesen. Wenn wir eine der Vier Kontemplationen sehr tief üben, erkennen wir, daß wir gleichzeitig auch die anderen üben. Wenn wir achtsam den Buddha kontemplieren, ist leicht zu sehen, daß wir gleichzeitig Dharma, Sangha und die Richtlinien betrachten. Jede Kontemplation enthält die anderen drei in sich. Darüber hinaus enthält jede der Fünf Richtlinien die Essenz von Buddha, Dharma und Sangha, und jede der Vier Kontemplationen beinhaltet alle Fünf Richtlinien. Die Essenz der Fünf Richtlinien und der Vier Kontemplationen ist rechte Achtsamkeit, erwachtes Verständnis, Liebe und Mitgefühl. Jede dieser Übungen durchdringt alle anderen. Das *Avatamsaka-Sutra* spricht von dieser Wahrheit als der «wechselseitigen Durchdringung».

In dem Moment, da der Buddha am Fuße des Bodhibaums das Erwachen verwirklichte, sagte er: «Wie eigenartig! Alle Lebewesen tragen die erwachte Qualität und liebevolles Mitgefühl in ihrem Herzen. Sie können es jedoch nicht erkennen und folgen immer weiter dem Kreislauf von Geburt und Tod. Großes Mitgefühl entsteht aus dieser Einsicht.» Glaube ist im Buddhismus der Glaube an die erwachte Natur, die Fähigkeit aufzuwachen, die wir alle besitzen. Der Buddha lädt uns ein, mit dieser Natur des Erwachens in Kontakt zu sein. Wenn wir die Übung achtsamen Atmens beginnen, sind wir bereits mit der Achtsamkeit in Kontakt. Wenn wir achtsam Buddha, Dharma, Sangha und die Richtlinien kontemplieren, sind wir bereits mit der Achtsamkeit in Kontakt, und unsere eigene erwachte Natur wird die Grundlage unseres Lebens. Achtsamkeit führt zu Klarsicht. Klarsicht ist Erwachen selbst. Die Quelle des Erwachens ist die erwachte Natur in uns. Ein Buddha ist ein Mensch, der die erwachte Natur in sich vollkommen entwickelt hat. Jemand, der gemäß den Lehren des Buddha übt, ist auf dem Weg, die erwachte Natur in sich zu entwickeln. Der Buddha verlangt keinen Glauben an einen Schöpfergott oder an ein metaphysisches Grundprinzip. Das Objekt unseres gläubigen Vertrauens muß etwas Reales sein, etwas, das wir berühren können. Achtsamkeit und erwachtes Verständnis sind real. Die Fünf Richtlinien und die Vier Kontemplationen sind die Art und Weise, in der Achtsamkeit ihren Ausdruck findet. Die Fünf Richtlinien und die Vier Kontemplationen sind Übungen, die Achtsamkeit und erwachtes Verständnis hervorbringen. Das ist im Buddhismus das Objekt unseres Glaubens.

Glaube ist die Energiequelle, die nötig ist, um die Lehren zu üben und sie an andere weiterzugeben. Glaube führt zu engagiertem Durchhaltevermögen, und als Ergebnis entwickeln wir Achtsamkeit, die uns zu Konzentration führt und schließlich zu der Einsicht, die wir erwachtes Verständnis nennen. Die Einsicht des erwachten Verständnisses läßt nun wiederum unseren Glauben stärker werden. Glauben, Energie, Achtsamkeit, Konzentration und Einsicht sind die fünf Energiequellen, die wir auf dem Pfad zum Erlernen der Praxis dringend brauchen. Das *Sūtra vom Weißgewandeten Schüler* legt die Methoden der Übung der Fünf Richtlinien und der Vier Kontemplationen als Objekte unseres Glaubens dar.

Menschen können nicht glücklich leben, ohne an etwas Wahres, Heilsames und Schönes zu glauben. Ohne Glauben leben wir ohne jede Verantwortung und zerstören unseren eigenen Körper, unsere Seele, unsere Familie und unsere Gesellschaft. Unsere Zeit ist die Ära des verlorenen

Glaubens. Die Menschen haben den Glauben an Gott, an die Wissenschaft, an Ideale und Ideologien verloren. Die ältere Generation möchte, daß ihre Kinder ihren Glauben übernehmen. Dieser Glaube ist jedoch häufig vage, und für viele auch nicht wirklich überzeugend. Darum gelingt es ihnen nicht, die Essenz des Glaubens so darzustellen, daß die jüngere Generation ihn erkennen, verstehen und akzeptieren kann. In der Pali-Version des *Sūtra vom Weißgewandeten Schüler* sagt der Buddha sehr deutlich: «Die Lehren können hier und jetzt erkannt werden. Es ist ihre Aufgabe, uns in die richtige Richtung zu lenken. Sie laden jeden ein, sie zu prüfen und direkt zu erfahren, und jeder, der die Weisheit besitzt, diese Prüfung anzustellen, kann sie, indem er sie hört, verstehen.»

Das *Sūtra vom Weißgewandeten Schüler* enthält kein Geheimnis und keinen nebulösen verborgenen Sinn. Alles, was das Sūtra lehrt, ist begreifbar; alles kann berührt und erfahren werden. Das Studieren, Üben und Darlegen dieses Sūtra kann jungen Menschen helfen, ihre eigene erwachte Natur zu entdecken und sie zum Objekt ihres Glaubens zu machen. Die Lehren des Buddha haben nur den Zweck, die Geburt dieses Glaubens zu unterstützen. Ist der Glaube einmal entstanden, haben wir eine neue Energiequelle in uns, die uns erlaubt, freudig, frisch und glücklich im Hier und Jetzt zu leben. Wir wissen Körper, Geist und Seele zu schützen und können eine neue Familie und eine neue Gesellschaft aufbauen. Unser Leben beginnt, einen Sinn zu haben.

Alle spirituellen Traditionen haben die Aufgabe, Glauben zu initiieren und zu entwickeln. Wenn wir in alten Sichtweisen verharren, können wir dieser Verantwortung nicht nachkommen. Die Menschen, die religiöse Traditionen verantwortlich vertreten, sollten sich dieser Tatsache sehr bewußt sein.

Sie sollten niemals die nachfolgende Generation – im

Namen der Tradition – zwingen, Dinge zu akzeptieren, die die jungen Menschen nicht selbst erfahren können, denn das würde nur zur Folge haben, daß sie sich von diesen Dingen generell abwenden. Wir leben im Zeitalter der Wissenschaft. Wir können junge Menschen nicht zwingen, an vage, abstrakte Ideen zu glauben, die sie selbst nicht direkt erfahren können. Wir müssen uns auf die Dinge in unseren Traditionen besinnen, die wirklich tief und kostbar sind, und die wahren Werte wiederentdecken, die unter zahllosen Schichten verkrusteter Formen begraben liegen. Nur dann finden wir die Einsicht und die richtigen Worte, um die wahren Objekte unseres gläubigen Vertrauens weiterzugeben.

Der Dharma ist eine lebendige Wirklichkeit. Wie ein großer Baum, der immer weiterwächst, entwickelt sich auch der Buddhismus weiter. Die Fünf Richtlinien sind als Quellen gläubigen Vertrauens immer noch lebendig. Wir können sie von ganzem Herzen in unserer Zeit, in unserem Alltag umsetzen.

TEIL V

Zeremonien

Übertragung der Drei Juwele und der Fünf Wunderbaren Richtlinien

Gehmeditation
(Dreißig Minuten, mit vorangehender Anleitung)

Sitzmeditation
(Zwanzig Minuten, mit vorangehender Anleitung)

Weihrauch darbringen
Voll Dankbarkeit bringen wir diesen Weihrauch allen
Buddhas und Bodhisattvas überall in Raum und Zeit dar.
Möge er duften wie die Erde selbst, indem er unser sorgfäl-
tiges Bemühen, unsere volle Achtsamkeit und die langsam
reifende Frucht des Verstehens widerspiegelt. Mögen wir
und alle Lebewesen Gefährten der Buddhas und Bodhisattvas sein. Mögen wir aus der Vergeßlichkeit erwachen und
unser wahres Heim erkennen.
(Glocke)

Verbeugung
Vor Shākyamuni Buddha, dem Erleuchteten, der den Weg
der Bewußtheit inmitten von Leid und Verwirrung lehrt
und lebt, verbeugen wir uns in Dankbarkeit.
(Glocke)

Vor Mañjushrī, dem Bodhisattva des Großen Verstehens,

der das Unwissen durchschneidet und Herz und Geist erweckt, verbeugen wir uns in Dankbarkeit.
(Glocke)

Vor Samantabhadra, dem Bodhisattva der Großen Tat, der achtsam und voll Freude zum Wohle aller Wesen wirkt, verbeugen wir uns in Dankbarkeit.
(Glocke)

Vor Avalokiteshvara, dem Bodhisattva des Großen Mitgefühls, der auf das Leiden eingeht, indem er den Geschöpfen auf unzählige Weisen hilft, verbeugen wir uns in Dankbarkeit.
(Glocke)

Vor Maitreya, dem Buddha der Zukunft, dem Keim des Erwachens und der liebenden Güte in Kindern, Schößlingen und allen Wesen, verbeugen wir uns in Dankbarkeit.
(Glocke)

Vor der Ahnenreihe der früheren Lehrer, die den Weg furchtlos und voll Mitgefühl offenbaren, verbeugen wir uns in Dankbarkeit.
(Zwei Glockenklänge)

Sūtra-Eröffnungsvers
Der Dharma ist tiefgründig und wunderbar.
Jetzt bietet sich die Gelegenheit, ihn zu sehen,
zu studieren und zu praktizieren.
Wir geloben, seinen wahren Sinn zu verwirklichen.

(Glocke)

Das Herz der Prajñā-Pāramitā
Der Bodhisattva Avalokita,
tief im Strom vollkommenen Verstehens,
durchschaute die Fünf Skandhas
und fand sie gleichermaßen leer.
Mit dieser Einsicht überwand er alles Leiden.
Höre, Sārīputra:
Form ist Leerheit, Leerheit ist Form.
Form ist nichts anderes als Leerheit.
Leerheit ist nichts anderes als Form.
Dasselbe gilt für Empfindungen, Wahrnehmungen,
geistige Bildekräfte und Bewußtsein.
Höre, Sārīputra:
Alle Dinge sind durch Leerheit gekennzeichnet.
Weder entstehen sie, noch vergehen sie,
sie sind weder unrein noch rein,
weder zunehmend noch abnehmend.
Daher gibt es in der Leerheit weder Form
noch Empfindungen, noch Wahrnehmungen,
noch geistige Bildekräfte, noch Bewußtsein;
kein Auge, kein Ohr, keine Nase, keine Zunge, keinen
Körper, keinen Geist;
nicht Form, nicht Klang, nicht Geruch, nicht
Geschmack, nicht Berührbares, nicht geistige Objekte;
nicht die elementaren Bereiche
(von den Augen bis zum Geistbewußtsein);
nicht das bedingt Entstandene und nicht dessen
Verlöschen
(vom Unwissen bis zu Tod und Verfall);
kein Leiden, keine Ursache des Leidens,
kein Ende des Leidens und keinen Pfad;
kein Verstehen, kein Erlangen.
Weil es kein Erlangen gibt,
begegnen den Bodhisattvas
– gestützt auf Vollkommenes Verstehen –

keine Hindernisse in ihrem Geist.
Ohne Hindernisse überwinden sie die Angst,
befreien sich ein für allemal von Täuschung
und erreichen das unübertreffliche Nirvāna.
Alle Buddhas der Vergangenheit, Gegenwart und
Zukunft gelangen dank dieses Vollkommenen
Verstehens zur vollen, wahren und universellen
Erleuchtung.
Deshalb sollte man wissen,
daß vollkommenes Verstehen
das höchste Mantra ist, das Mantra ohnegleichen,
Zerstörer allen Leidens, unbestechliche Wahrheit.
Das Mantra der Prajñā-Pāramitā sollte daher verkündet
werden.
Dies ist das Mantra:

Gate gate paragate
Parasamgate
Bodhi Svāhā.

(Drei Glockenklänge)

Einleitende Worte
Heute ist die Gemeinschaft hier zusammengekommen, um
unseren Brüdern und Schwestern (*Namen...*) spirituelle
Unterstützung zu geben, die Zuflucht zu den Drei Juwelen
nehmen und das Gelöbnis ablegen, die Fünf Richtlinien zu
üben. Die ganze Gemeinschaft möge sich bitte mit innerer
Freude ihres Atmens bewußt werden und aufmerksam
sein, sobald die Glocke dreimal ertönt. Der Klang der
Glocke ist die Stimme des Buddha, die uns zurückbringt zu
unserem wahren Selbst.
    (Drei Glockenklänge)

Tiefe Verbeugung in Dankbarkeit
Die Kandidaten für die Ordination mögen jetzt mit gefalteten Händen vor die Drei Juwele treten. Wenn ihr nach der Rezitation jeder Zeile den Klang der Glocke hört, verbeugt euch bitte einmal tief.

In Dankbarkeit Mutter und Vater gegenüber, die ihnen das Leben schenkten, verbeugen sich die Kandidaten tief vor den Drei Juwelen in den zehn Himmelsrichtungen.
(Glocke)

In Dankbarkeit ihren Lehrern gegenüber, die ihnen den Weg zeigen, verbeugen sich die Kandidaten nun tief vor den Drei Juwelen in den zehn Himmelsrichtungen.
(Glocke)

In Dankbarkeit ihren Freunden gegenüber, die ihnen Führung und Hilfe auf dem Pfad bieten, verbeugen sich die Kandidaten tief vor den Drei Juwelen in den zehn Himmelsrichtungen.
(Glocke)

In Dankbarkeit allen Geschöpfen in den Tier-, Pflanzen- und Mineralienwelten gegenüber verbeugen sich die Kandidaten tief vor den Drei Juwelen in den zehn Himmelsrichtungen.
(Glocke)

Die Dreifache Zuflucht
Heute hat sich die Gemeinschaft an diesem Platz versammelt, um denen Unterstützung zu bieten, die fest entschlossen zu den Drei Juwelen Zuflucht nehmen und die Fünf Wunderbaren Richtlinien empfangen und üben möchten. Ihr habt Gelegenheit gehabt, den Weg des Verstehens und der Liebe – den Lehrer über viele Jahrhunderte hinweg bis

zu uns übermittelt und am Leben erhalten haben – zu studieren und zu beachten. Und heute habt ihr entschieden, Zuflucht zu den Drei Juwelen zu nehmen und die Fünf Richtlinien zu empfangen.

Zufluchtnahme zu den Drei Juwelen bedeutet, sich vertrauensvoll an Buddha, Dharma und Sangha um Schutz zu wenden. Buddha, Dharma und Sangha sind drei wertvolle Juwele.

Zufluchtnahme zum Buddha bedeutet, Zuflucht zu einem erwachten Menschen zu nehmen, der uns den Weg in diesem Leben zu zeigen vermag. Zufluchtnahme zum Dharma bedeutet, Zuflucht zum Weg von Verstehen, Liebe und Mitgefühl zu nehmen. Zufluchtnahme zum Sangha bedeutet, Zuflucht zu einer Gemeinschaft zu nehmen, die im Einklang mit dem Weg von Verstehen, Liebe und Mitgefühl übt und auf erwachte Weise lebt.

Buddha, Dharma und Sangha sind in jedem Winkel des Universums gegenwärtig, ebenso in jedem Menschen und in allen anderen Lebensformen.

Darüber hinaus bedeutet Zufluchtnahme zu Buddha, Dharma und Sangha Vertrauen in unsere eigene Fähigkeit zum Erwachen zu fassen, Verstehen und Liebe in uns zu entwickeln und auszudrücken und den Weg zu unserem eigenen Wohl sowie zum Wohle der Gemeinschaft zu üben. Die Kandidaten mögen jetzt bitte die Drei Großen Zufluchtsgelöbnisse nachsprechen:

Ich nehme Zuflucht zum Buddha, der mir den Weg in diesem Leben zeigt.
(Glocke)

Ich nehme Zuflucht zum Dharma, dem Weg von Verstehen und Liebe.
(Glocke)

Ich nehme Zuflucht zum Sangha, der Gemeinschaft, die in Harmonie und Bewußtheit lebt.
(Glocke)

Schlußworte
Brüder und Schwestern, ihr habt offiziell die Dreifache Zuflucht genommen, um die Drei Juwele in eurem Herzen zu erkennen und sie in eurem täglichen Leben umzusetzen. Heute seid ihr Schüler des Erwachten geworden und habt das Gelöbnis abgelegt, ein erwachtes Leben zu führen. Vom heutigen Tag an werdet ihr euch bemühen, den Weg von Verstehen, Liebe und Mitgefühl zu studieren und zu üben – das heißt, die euch eigene Fähigkeit des Verstehens und Liebens zu nähren. Ihr werdet künftig auch Zuflucht zu eurem Sangha nehmen, um zu lernen und zu üben. Ihr werdet künftig an Achtsamkeitstagen und Achtsamkeitsretreats sowie an Rezitationen der Richtlinien und anderen Aktivitäten eures Sangha teilnehmen. Derjenige, der euch die Zuflucht übermittelt hat, ist [*Name des Übermittlers*], und er bzw. sie wird einen Dharma-Namen für euch auswählen. Ihr solltet Zuflucht zu eurem Lehrer und eurem Sangha nehmen, um den Weg zu studieren und zu üben.

Übertragung der Fünf Richtlinien
Kandidaten für die Ordination, jetzt ist der Zeitpunkt für die Übertragung der Fünf Richtlinien gekommen. Die Fünf Wunderbaren Richtlinien haben die Fähigkeit, Leben zu beschützen und es wahrhaft schön zu gestalten. Die Fünf Richtlinien bestärken uns in der Richtung von Frieden, Freude, Befreiung und Erwachen. Sie sind die Basis für individuelles Glück sowie für das Glück der Familie und der Gesellschaft. Wenn wir gemäß den Fünf Richtlinien üben,

befinden wir uns bereits auf dem Weg richtiger Übung. Die Fünf Richtlinien bieten Schutz und helfen uns, Fehler zu vermeiden, die weiterhin Leiden, Furcht und Verzweiflung schaffen würden. Indem wir die Fünf Richtlinien üben, lernen wir, Frieden und Glück in uns selbst, unserer Familie und unserer Gesellschaft hervorzubringen.

Ich werde jetzt die Fünf Wunderbaren Richtlinien rezitieren. Bitte, hört genau und mit einem ruhigen, klaren Geist zu. Sagt jedesmal «Ja, ich will», wenn ihr fühlt, daß ihr die vorgetragene Richtlinie entgegennehmen, lernen und praktizieren könnt.

Brüder und Schwestern, seid ihr bereit?

Kandidaten: Ja, ich bin bereit.

Dies ist die Erste Richtlinie:
Im Bewußtsein des Leides, das durch die Zerstörung von Leben entsteht, gelobe ich, Mitgefühl zu entwickeln und Wege zu lernen, das Leben von Menschen, Tieren, Pflanzen und Mineralien zu schützen. Ich bin entschlossen, nicht zu töten, das Töten durch andere zu verhindern und keine Form des Tötens zu dulden, sei es in der Realität, in meinen Gedanken oder in meiner Lebensführung.

Dies ist die erste der Fünf Richtlinien. Wollt ihr sie entgegennehmen und geloben, sie zu studieren und zu üben?

Kandidaten: Ja, ich will.
  (Glocke)

Dies ist die Zweite Richtlinie:
Im Bewußtsein des Leides, das durch Ausbeutung, soziale Ungerechtigkeit, Diebstahl und Unterdrückung entsteht, gelobe ich, liebevolle Güte zu entwickeln und Wege zu lernen, die dem

Wohlergehen der Menschen, Tiere, Pflanzen und Mineralien dienen. Ich gelobe, Großzügigkeit zu üben, indem ich meine Zeit, Energie und materiellen Mittel mit denen teile, die sie wirklich brauchen. Ich bin entschlossen, nicht zu stehlen und mir nichts anzueignen, was anderen zusteht. Ich will das Eigentum anderer achten, aber auch andere davon abhalten, sich durch menschliches Leid oder durch das Leiden anderer Lebensformen auf der Erde zu bereichern.

Dies ist die zweite der Fünf Richtlinien. Wollt ihr sie entgegennehmen und geloben, sie zu studieren und zu üben?

Kandidaten: Ja, ich will.
  (Glocke)

Dies ist die Dritte Richtlinie:
Im Bewußtsein des Leides, das durch sexuelles Fehlverhalten entsteht, gelobe ich, Verantwortungsbewußtsein zu entwickeln und Wege zu lernen, die Sicherheit und Integrität von Individuen, Paaren, Familien und der Gesellschaft zu schützen. Ich bin entschlossen, keine sexuelle Beziehung aufzunehmen ohne Liebe und die Absicht einer dauerhaften Bindung. Um mein eigenes Glück und das der anderen zu bewahren, will ich die von mir und anderen eingegangenen Bindungen achten. Ich will alles mir Mögliche tun, um Kinder vor sexuellem Mißbrauch zu schützen und um zu verhindern, daß Paare und Familien infolge sexuellen Fehlverhaltens auseinanderbrechen.

Dies ist die dritte der Fünf Richtlinien. Wollt ihr sie entgegennehmen und geloben, sie zu studieren und zu üben?

Kandidaten: Ja, ich will.
  (Glocke)

244

Dies ist die Vierte Richtlinie:

Im Bewußtsein des Leides, das durch unachtsame Rede und durch die Unfähigkeit, anderen zuzuhören, entsteht, gelobe ich, liebevolles Sprechen und aufmerksames, mitfühlendes Zuhören zu entwickeln, um meinen Mitmenschen Freude und Glück zu bereiten und ihre Sorgen lindern zu helfen. In dem Wissen, daß Worte sowohl Glück als auch Schmerz hervorrufen können, gelobe ich, wahrhaftig und einfühlsam reden zu lernen und Worte zu gebrauchen, die Selbstvertrauen, Freude und Hoffnung fördern. Ich bin entschlossen, keine Information weiterzugeben, ohne ganz sicher zu sein, daß sie der Wahrheit entspricht, und nichts zu kritisieren oder zu verurteilen, worüber ich nichts Genaues weiß. Ich will keine Worte gebrauchen, die Haß oder Zwietracht säen oder zum Zerbrechen von Familien und Gemeinschaften führen können. Ich will mich stets um Versöhnung und um die Lösung von Konflikten bemühen – so klein diese auch sein mögen.

Dies ist die vierte der Fünf Richtlinien. Wollt ihr sie entgegennehmen und geloben, sie zu studieren und zu üben?

Kandidaten: Ja, ich will.
(Glocke)

Dies ist die Fünfte Richtlinie:

Im Bewußtsein des Leides, das durch unachtsamen Umgang mit Konsumgütern entsteht, gelobe ich, auf körperliche und geistige Gesundheit zu achten, bei mir selber, bei meiner Familie und meiner Gesellschaft, indem ich achtsames Essen, Trinken und Konsumieren übe. Ich will nur das zu mir nehmen, was das Wohl, den Frieden und das Glück meines Körpers und meines Geistes fördert und ebenso der allgemeinen körperlichen und geistigen Gesundheit dient. Ich bin entschlossen, auf Alkohol oder andere Rauschmittel zu verzichten sowie auf alles, was eine zerrüttende Wirkung hat, wie zum Beispiel bestimmte Fernsehprogramme,

Zeitschriften, Bücher, Filme und Gespräche. Ich bin mir bewußt,
daß ich meinen Vorfahren, meinen Eltern, der Gesellschaft und
den zukünftigen Generationen Unrecht tue, wenn ich meinen
Körper und mein Bewußtsein derart schädigenden Einflüssen
aussetze. Ich will an der Überwindung und Transformation von
Gewalt, Angst, Ärger und Verwirrung in mir selbst und in der
Gesellschaft arbeiten, indem ich versuche, maßvoll zu leben. Mir
ist bewußt, daß eine solche maßvolle Lebensführung für die
Veränderung meiner selbst ebenso entscheidend ist wie für die
Veränderung der Gesellschaft.

Dies ist die fünfte der Fünf Richtlinien. Wollt ihr sie
entgegennehmen und geloben, sie zu studieren und zu
üben?

Kandidaten: Ja, ich will.
   (Glocke)

Brüder und Schwestern, ihr habt die Fünf Wunderbaren
Richtlinien empfangen. Sie sind das Fundament des Glücks
in Familie und Gesellschaft. Sie sind die Grundlage des
Bestrebens, anderen zu helfen. Ihr solltet die Richtlinien
häufig rezitieren – wenigstens einmal im Monat –, so daß
Verstehen und Übung der Fünf Richtlinien von Tag zu Tag
tiefer werden können.
   Eine Zeremonie zur Rezitation der Richtlinien kann
entweder im Praxiszentrum oder zu Hause mit Freunden
organisiert werden. Wenn ihr die Richtlinien nicht mindestens einmal alle drei Monate rezitiert, verliert ihr die
gerade gegebene Übertragung, und die heutige Zeremonie
wird null und nichtig. Brüder und Schwestern, als Schüler
des Buddha solltet ihr entschlossen den Weg üben, den der
Buddha gelehrt hat, um Frieden und Glück für euch und
alle Lebewesen herbeizuführen. Wenn ihr den Klang der
Glocke hört, steht bitte auf und verneigt euch dreimal tief,

246

um eure Dankbarkeit gegenüber den Drei Juwelen zum
Ausdruck zu bringen.
(Drei Glockenklänge)

Das Lesen der Richtlinien-Bestätigung
Brüder und Schwestern, jetzt lese ich die Bestätigung der
Richtlinien vor.
*(Der Übermittler der Richtlinien liest die Bestätigung vor, die
den Dharma-Namen des Kandidaten sowie den Namen seines
Lehrers enthält. Die Kandidaten knien der Reihe nach nieder,
während sie dem Vorlesen ihrer bzw. seiner Bestätigung zuhören.
Dann wird ihr oder ihm die Bestätigung überreicht.)*

Rezitation zur Unterstützung der Kandidaten
Edle Gemeinschaft, um unseren gerade ordinierten Brüdern
und Schwestern spirituelle Unterstützung zu geben, rezitiert bitte mit tiefer Achtsamkeit die Dreifache Zuflucht:

Buddham saranam gacchami.
Dharmam saranam gacchami.
Sangham saranam gacchami.

Abschlußverse
Die Übertragung der Richtlinien
und die Übung des Wegs der Bewußtheit
führen zu Nutzen ohne Ende.
Ich gelobe, die Früchte mit allen Geschöpfen zu teilen.
Ich gelobe, Eltern, Lehrern, Freunden und den zahllosen
    Wesen,
die Führung und Hilfe auf dem Pfad geben,
Anerkennung zu zollen.

(Drei Glockenklänge)

Rezitation der Drei Juwele, der Zwei Versprechen und der Fünf Wunderbaren Richtlinien

Sūtra-Eröffnungsvers
Der Dharma ist tiefgründig und wunderbar.
Jetzt bietet sich die Gelegenheit, ihn zu sehen,
zu studieren und zu praktizieren.
Wir geloben, seinen wahren Sinn zu verwirklichen.
(Glocke)

Einführungsworte
Heute hat sich die Gemeinschaft versammelt, um die Drei Juwele, die Zwei Versprechen und die Fünf Wunderbaren Richtlinien zu rezitieren. Zuerst rezitieren wir die Drei Juwele und die Zwei Versprechen.

Mögen die jüngeren Mitglieder der Gemeinschaft bitte vortreten.

Ihr Jüngeren, wenn ihr die Glocke hört, verbeugt euch bitte dreimal vor Buddha, Dharma und Sangha, um eure Dankbarkeit zu bekunden.

(Glocke)

Die Drei Juwele
Junge Schüler des Buddha, ihr habt eure Zuflucht zum Buddha genommen, der uns den Weg in diesem Leben zeigt; zum Dharma, dem Weg von Verstehen und Liebe; und zum Sangha, der Gemeinschaft, die in Harmonie und

Bewußtheit lebt. Es ist von großem Vorteil, die Dreifache Zuflucht regelmäßig zu rezitieren. Möge die ganze Gemeinschaft, gemeinsam mit den Jüngeren, mir nun bitte nachsprechen:

Ich nehme Zuflucht zum Buddha, der mir den Weg in diesem Leben zeigt.

Ich nehme Zuflucht zum Dharma, dem Weg von Verstehen und Liebe.

Ich nehme Zuflucht zum Sangha, der Gemeinschaft, die in Harmonie und Bewußtheit lebt.

Die Zwei Versprechen
Junge Schüler des Buddha, wir haben nun die Drei Juwele rezitiert. Jetzt rezitieren wir die Zwei Versprechen, die ihr vor Buddha, Dharma und Sangha abgelegt habt. Möge die ganze Gemeinschaft, gemeinsam mit den Jüngeren, mir nun bitte nachsprechen:

Ich gelobe, Mitgefühl zu entwickeln, um alles Leben liebevoll zu beschützen, sei es das Leben von Menschen, Tieren, Pflanzen oder Mineralien.

Dies ist das erste Versprechen, das ihr vor dem Buddha, unserem Lehrer, abgelegt habt. Habt ihr versucht, es während der vergangenen zwei Wochen genauer zu studieren und einzuhalten?
(Glocke)

Ich gelobe, Verstehen zu entwickeln, damit ich lieben kann und in Einklang mit Menschen, Tieren, Pflanzen und Mineralien lebe.

Dies ist das zweite Versprechen, das ihr vor dem Buddha, unserem Lehrer, abgelegt habt. Habt ihr versucht, es während der vergangenen zwei Wochen genauer zu studieren und einzuhalten?

(Glocke)

Junge Schüler des Erleuchteten, Verstehen und Liebe sind die beiden wichtigsten Lehren des Buddha. Wenn wir uns nicht bemühen offen zu sein und die Leiden anderer zu verstehen, wird uns auch die Fähigkeit fehlen, sie zu lieben und in Harmonie mit ihnen zu leben. Außerdem sollten wir versuchen, das Leben von Tieren, Pflanzen und Mineralien zu verstehen und zu beschützen sowie in Einklang mit ihnen zu leben. Wenn wir nicht verstehen, können wir auch nicht lieben. Der Buddha lehrt uns, alles Lebendige mit den Augen der Liebe und des Verstehens zu betrachten. Bitte lernt, diese Lehre zu praktizieren.

Ihr Jüngeren, sobald ihr den Klang der Glocke hört, steht bitte auf und verbeugt euch dreimal vor den Drei Juwelen. Danach könnt ihr die Meditationshalle verlassen.

(Glocke)

Sangha-Karman-Zeremonie
Sangha Karman: Hat sich die ganze Gemeinschaft versammelt?

Antwort: Die ganze Gemeinschaft hat sich versammelt.

Sangha Karman: Herrscht Harmonie in der Gemeinschaft?

Antwort: Ja, es herrscht Harmonie.

Sangha Karman: Gibt es irgend jemanden, der jetzt nicht anwesend sein kann, aber um Vertretung gebeten hat? Hat diese Person erklärt, daß sie die Richtlinien nach bestem Vermögen studiert und geübt hat?

Antwort: Nein, es gibt niemanden.

oder

Antwort: Ja, _____(Name)_____, kann aus gesundheitlichen Gründen an der heutigen Rezitation nicht teilnehmen. Er/sie hat deshalb _____(Name)_____ gebeten, ihn/sie zu vertreten und hat erklärt, daß er/sie die Richtlinien nach bestem Vermögen studiert und geübt hat.

Sangha Karman: Was ist der Grund für die heutige Versammlung der Gemeinschaft?

Antwort: Die Gemeinschaft hat sich versammelt, um die Rezitation der Fünf Richtlinien zu üben.

Sangha Karman: Edle Gemeinschaft, hört bitte zu. Der heutige _____(Datum)_____ wurde als Tag für die Rezitation der Richtlinien festgelegt. Wir haben uns hier zur vereinbarten Zeit getroffen. Die edle Gemeinschaft ist bereit, die Richtlinien in einer Atmosphäre der Harmonie zu hören und zu rezitieren, und die Rezitation kann jetzt beginnen. Ist das zutreffend?

Alle Anwesenden: Ja, das ist zutreffend.

Einführende Bemerkungen

Brüder und Schwestern, nun ist es an der Zeit, die Fünf Wunderbaren Richtlinien zu rezitieren. Es mögen sich bitte jene, die zum *Upāsaka* oder zur *Upāsika* ordiniert worden sind, mit gefalteten Händen in Richtung des Buddha, unseres Lehrers, hinknien.

Brüder und Schwestern, hört bitte zu. Die Fünf Richtlinien sind die Grundlage für ein glückliches Leben. Sie haben die Kraft, Leben zu beschützen und es wahrhaft schön und lebenswert zu machen. Sie sind auch das Tor, das zur Erleuchtung und Befreiung führt. Bitte hört jeder Richtlinie genau zu und antwortet jedesmal still mit «Ja», wenn ihr wißt, daß ihr euch wirklich Mühe gegeben habt, sie zu studieren und zu üben.

Die Fünf Wunderbaren Richtlinien

Die Erste Richtlinie
Im Bewußtsein des Leides, das durch die Zerstörung von Leben entsteht, gelobe ich, Mitgefühl zu entwickeln und Wege zu lernen, das Leben von Menschen, Tieren, Pflanzen und Mineralien zu schützen. Ich bin entschlossen, nicht zu töten, das Töten durch andere zu verhindern und keine Form des Tötens zu dulden, sei es in der Realität, in meinen Gedanken oder in meiner Lebensführung.

Dies ist die erste der Fünf Richtlinien. Habt ihr euch während der letzten zwei Wochen Mühe gegeben, sie zu studieren und zu praktizieren?

(Glocke)

Die Zweite Richtlinie
Im Bewußtsein des Leides, das durch Ausbeutung, soziale Ungerechtigkeit, Diebstahl und Unterdrückung entsteht, gelobe ich, liebevolle Güte zu entwickeln und Wege zu lernen, die dem Wohlergehen der Menschen, Tiere, Pflanzen und Mineralien dienen. Ich gelobe, Großzügigkeit zu üben, indem ich meine Zeit, Energie und materiellen Mittel mit denen teile, die sie wirklich brauchen. Ich bin entschlossen, nicht zu stehlen und mir nichts anzueignen, was anderen zusteht. Ich will das Eigentum anderer achten, aber auch andere davon abhalten, sich durch menschliches Leid oder durch das Leiden anderer Lebensformen auf der Erde zu bereichern.

Dies ist die zweite der Fünf Richtlinien. Habt ihr euch während der letzten zwei Wochen Mühe gegeben, sie zu studieren und zu praktizieren?

(Glocke)

Die Dritte Richtlinie

Im Bewußtsein des Leides, das durch sexuelles Fehlverhalten entsteht, gelobe ich, Verantwortungsbewußtsein zu entwickeln und Wege zu lernen, die Sicherheit und Integrität von Individuen, Paaren, Familien und der Gesellschaft zu schützen. Ich bin entschlossen, keine sexuelle Beziehung aufzunehmen ohne Liebe und die Absicht einer dauerhaften Bindung. Um mein eigenes Glück und das der anderen zu bewahren, will ich die von mir und anderen eingegangenen Bindungen achten. Ich will alles mir Mögliche tun, um Kinder vor sexuellem Mißbrauch zu schützen und um zu verhindern, daß Paare und Familien infolge sexuellen Fehlverhaltens auseinanderbrechen.

Dies ist die dritte der Fünf Richtlinien. Habt ihr euch während der letzten zwei Wochen Mühe gegeben, sie zu studieren und zu praktizieren?

(Glocke)

Die Vierte Richtlinie

Im Bewußtsein des Leides, das durch unachtsame Rede und durch die Unfähigkeit, anderen zuzuhören, entsteht, gelobe ich, liebevolles Sprechen und aufmerksames, mitfühlendes Zuhören zu entwickeln, um meinen Mitmenschen Freude und Glück zu bereiten und ihre Sorgen lindern zu helfen. In dem Wissen, daß Worte sowohl Glück als auch Schmerz hervorrufen können, gelobe ich, wahrhaftig und einfühlsam reden zu lernen und Worte zu gebrauchen, die Selbstvertrauen, Freude und Hoffnung fördern. Ich bin entschlossen, keine Information weiterzugeben, ohne ganz sicher zu sein, daß sie der Wahrheit entspricht, und nichts zu kritisieren oder zu verurteilen, worüber ich nichts Genaues weiß. Ich will keine Worte gebrauchen, die Haß oder Zwietracht säen oder zum Zerbrechen von Familien und Gemeinschaften führen können. Ich will mich stets um Versöhnung und um die Lösung von Konflikten bemühen – so klein diese auch sein mögen.

Dies ist die vierte der Fünf Richtlinien. Habt ihr euch während der letzten zwei Wochen Mühe gegeben, sie zu studieren und zu praktizieren?

(Glocke)

Die Fünfte Richtlinie

Im Bewußtsein des Leides, das durch unachtsamen Umgang mit Konsumgütern entsteht, gelobe ich, auf körperliche und geistige Gesundheit zu achten, bei mir selber, bei meiner Familie und meiner Gesellschaft, indem ich achtsames Essen, Trinken und Konsumieren übe. Ich will nur das zu mir nehmen, was das Wohl, den Frieden und das Glück meines Körpers und meines Geistes fördert und ebenso der allgemeinen körperlichen und geistigen Gesundheit dient. Ich bin entschlossen, auf Alkohol oder andere Rauschmittel zu verzichten sowie auf alles, was eine zerrüttende Wirkung hat, wie zum Beispiel bestimmte Fernsehprogramme, Zeitschriften, Bücher, Filme und Gespräche. Ich bin mir bewußt, daß ich meinen Vorfahren, meinen Eltern, der Gesellschaft und den zukünftigen Generationen Unrecht tue, wenn ich meinen Körper und mein Bewußtsein derart schädigenden Einflüssen aussetze. Ich will an der Überwindung und Transformation von Gewalt, Angst, Ärger und Verwirrung in mir selbst und in der Gesellschaft arbeiten, indem ich versuche, maßvoll zu leben. Mir ist bewußt, daß eine solche maßvolle Lebensführung für die Veränderung meiner selbst ebenso entscheidend ist wie für die Veränderung der Gesellschaft.

Dies ist die fünfte der Fünf Richtlinien. Habt ihr euch während der letzten zwei Wochen Mühe gegeben, sie zu studieren und zu praktizieren?

(Glocke)

Abschluß

Brüder und Schwestern, wir haben die Fünf Wunderbaren Richtlinien rezitiert, das Fundament für das Glück des einzelnen, der Familie und der Gesellschaft. Wir sollten sie regelmäßig rezitieren, so daß Studium und Übung der Richtlinien von Tag zu Tag tiefer werden können. Sobald ihr die Glocke hört, verbeugt euch bitte dreimal vor Buddha, Dharma und Sangha, um eure Dankbarkeit zu bekunden.

(Drei Glockenklänge)

Abschlußverse

Bitte sprecht mir jede Zeile der Abschlußverse mit gefalteten Händen nach:

Die Übertragung der Richtlinien
und die Übung des Wegs der Bewußtheit
führen zu Nutzen ohne Ende.
Ich gelobe, die Früchte mit allen Geschöpfen zu teilen.
Ich gelobe, Eltern, Lehrern, Freunden und den zahllosen
    Wesen,
die Führung und Hilfe auf dem Pfad geben,
Anerkennung zu zollen.